康震讲

康震 著

欧阳修 曾巩

中华书局

图书在版编目（CIP）数据

康震讲欧阳修　曾巩/康震著. —北京:中华书局,2018.1
(2021.2 重印)
ISBN 978 - 7 - 101 - 13061 - 4

Ⅰ.康…　Ⅱ.康…　Ⅲ.①欧阳修(1007～1072) – 人物研究
②曾巩(1019～1083) – 人物研究　Ⅳ.K825.6

中国版本图书馆 CIP 数据核字(2018)第 008860 号

书　　　名	康震讲欧阳修　曾巩
著　　者	康　震
责任编辑	傅　可
出版发行	中华书局
	（北京市丰台区太平桥西里 38 号　100073）
	http://www.zhbc.com.cn
	E - mail:zhbc@ zhbc.com.cn
印　　刷	北京瑞古冠中印刷厂
版　　次	2018 年 1 月北京第 1 版
	2021 年 2 月北京第 7 次印刷
规　　格	开本/710 × 1000 毫米　1/16
	印张 22　插页 10　字数 200 千字
印　　数	38001 – 48000 册
国际书号	ISBN 978 - 7 - 101 - 13061 - 4
定　　价	52.00 元

目录

序

《中国诗词大会》火了！

一时间，人人争说诗词好，诗词魅力不得了。我很荣幸，参与了《诗词大会》的策划与现场点评，切身感受到亿万观众重温中华诗词的巨大热情。这热情，点燃了每个人内心的诗词世界，也点燃了弘扬中华优秀传统文化的燎原之火。

中华诗词是中华文化最优美的篇章，中华诗人是中华民族最深情的歌者。我认为，无论新兴传媒多么发达，要真正深入了解诗人、理解诗词，根本之道还是要下笨功夫读书。只有一行行、一页页地认真读，反复看，才能记得准、记得牢、记得久，才能将那些优美深情的诗词刻在心里、融入血脉、化为基因。

阅读的过程，也是体验的过程，更是与诗人们面对面举杯小酌、谈心交心的过程：李白是一阵清风，只要他愿意，便可飞越重重关山，飞向他想去的任何方向；杜甫是一条长河，蜿蜒曲折，波澜壮阔，承载着不尽的忧思和希望；韩愈是一柄宝剑，利刃出鞘，无所畏惧，锋芒所及，披靡所向；柳宗元是一叶孤舟，在浪涛汹涌中起落沉浮，但从不曾放弃自己的执着与立场；欧阳修是一座大山，山间林泉磊落，万木竞秀，生机勃发，郁郁苍苍；苏洵是一株老树，根深叶茂，繁密成荫，在他的近旁，新松茁壮，材堪栋梁；曾巩是一方青砚，纯正坚实，温润如玉，尺寸虽小，墨韵悠长；王安石是一团烈火，敢于烧毁一切落后陈腐，意志坚定，勇于担当；苏辙是一座火山，表面沉静，内心炽热。为人谦和敦厚，为政刚柔并济，处置有方；李清照宛如一枝腊梅，芳香宜人，端庄淡雅，看似柔弱如花，实则骨气刚强；至于苏轼，很难用一句话来形容，他是"秉性难改的乐天派，是悲天悯人的道德家，是黎民百姓的好朋友，是散文作家，是新派的画家，是伟大的书法家，是酿酒的实验者，是工程师，是假道学的反对者，是瑜珈术的修炼者，是佛教徒，是士大夫，是皇帝的秘书，是饮酒成癖者，是心肠慈悲的法官，是政治上的坚持己见者，是月下的漫步者，是诗人，是生性诙谐爱开玩笑的人"（林语堂《苏东坡传》）。

我常常想，如果我的身边有这样一群诗人、朋友，我会成为一个怎样的人？我会拥有怎样的人生？

古诗云：年年岁岁花相似，岁岁年年人不同。《中国诗词大会》，像传承中国诗词文化的锦绣繁花，年年都在春节这个中国人最幸福、最重要的时刻，在全家人、全村人、全县人、全国人的面前美丽绽放。我相信，每个中国人，都会由衷点赞《诗词大会》。因为我们都是中国诗词的忠实粉丝，不论我们身在何方、身处何时，只要心头浮现那些经典诗句，我们就会露出会心的微笑，即便远隔千山万水，也能从诗词中感受到浓浓的亲情、友情与爱情，也会分享到深深的惬意、美意与诗意。中华诗词，就这样陪伴着我们，成就了每个人的生长、生活与生命。

衷心感谢每一位翻开这本书的读者。这10册小书，是我研读诗人、诗词、文章的一点心得，不揣浅陋拿出来与大家分享，希望大家喜欢。书中错谬、不足之处难免，也请多提宝贵意见。感谢您分享我的文字和感受。我们可能并不相识，但从这一刻起，我们开始相遇相识，因为我们拥有共同的理想与朋友：中华诗词。

康震

2017 年 7 月 1 日

康震讲欧阳修

第一讲

醉翁之意在哪里

唐宋八大家当中，唐代有韩愈、柳宗元两大家，宋代则有六大家，首先要提到的就是欧阳修。

作为北宋数一数二的大文学家、大政治家，欧阳修的一生可谓波澜起伏、有声有色。当我们走近他的时候，会发现他的身上有许许多多个谜。比如：

二十出头的欧阳修，靠骈体文这块砖头敲开了进士科的大门，从此走上仕途，但他本人对骈体文一直都很不热衷，古文才是他的最爱。那么从写骈体文的考生到成长为北宋古文运动的领袖人物，这期间，欧阳修经历了怎样的心路历程呢？

四十岁那年，欧阳修的仕途正如日中天，却突然被贬滁州，有人说这是因为他与一桩不干不净的通奸案有关，事实的真相究竟如何？如果没有这场蹊跷的官司，欧阳修还能写出《醉翁亭记》这篇流传千古的名篇吗？

五十岁的时候，欧阳修主持科举考试，录取的进士当中，有苏轼、苏辙两兄弟，曾巩一家六位兄弟，还有后来成为著名哲学家的张载、程颢，这一榜真可谓宋代的"龙虎榜"了！那么，欧阳修是如何修炼出如此明亮的"慧眼"，发现如此之多的俊彦之才的呢？

狄青是北宋最杰出的军事家之一，因战功卓著位居枢密使，成为最高军事首长。他为人质朴忠诚，然而在欧阳修等人的一再弹劾下，却被罢免了枢密使之职，不久郁郁而终。这究竟是私仇在作怪，还是积习在捣鬼？

谁也想不到，花甲之年的欧阳修，居然再次深陷"乱伦门"事件，我们不禁要问，为什么"桃色事件"总是纠缠着欧阳修？他本人能给我们一个合理的解释与说法吗？

所有这些难题，需要我们来一一解读、解释、解密，当我们深入其中，探知其理，也就慢慢走近了欧阳修，走进了他的生活，走进了他的内心世界。

唐代韩、柳两大家中，我们先介绍韩愈，宋代六大家中，我们要先介绍欧阳修。为什么？因为欧阳修是宋代六大家的第一大家，这个评价不是空穴来风，而是言之有据的。这个"据"就是欧阳修的三个领袖地位。

首先，欧阳修是北宋政坛、文坛的领袖人物。欧阳修是北宋最重要的政治家、改革家之一，他不仅在中央担任过各种不同性质的重要官职，而且在地方上做过多任行政首长。特别是在担任参知政事（副宰相）期间，多次主持、参与决策国家的重大政治改革活动与政治事件；他是著名的史学家，主持编撰了著名的《新唐书》《新五代史》，要知道，在"二十四史"的作者当中，以一人之力主持修撰两部史书的并不多见；他是著名的经学家，对于《诗经》《周易》《春秋》都有深入的研究；他是著名的金石学家，家藏周代以至隋唐时期的金石碑铭遗文拓本，欧阳修对其进行整理题跋，编成的《集古录》一书，是中国现存最早的金石学著作。

欧阳修是宋代最重要的文学家之一，一生创作诗歌八百余首，词两百多首，散文、辞赋五百多篇，是宋诗、宋词、宋代散文风格最重要的奠基者之一；欧阳修是著名的文学理论家，他的《六一诗话》是古代第一部以诗话命名的文学理论著作，开启了"诗话"这种文学评论的形式；欧阳修的书法造诣也很深厚，其书法深受颜真卿的影响。朱熹说："欧阳公作字如其为文，外若优游，中实刚劲。"是很中肯的评价。

其次，欧阳修在六大家当中处于领袖的地位。宋代六大家中，其他五大家要么是欧阳修的门生，要么曾经得到过他的提携与奖掖。比如苏轼、苏辙、曾巩，他们三人都是宋仁宗嘉祐二年（1057）欧阳修主持科举考试时录取的同科进士。曾巩在后世的名气虽然不很大，但是他在当时却深受王安石、苏轼、秦观等人的推崇。欧阳修对他这个学生非常器重，曾多次向朝廷举荐。应该说，曾巩之所以能够成为北宋杰出的文学家、思想家，与欧阳修的关怀、教诲有着直接的关系。苏轼是北宋最杰出的文学家，也是中国古代最杰出的全才之一。苏轼以自己卓越的才华震惊了欧阳修，而欧阳修也以豁达的胸怀为自己的得意门生登上文坛宗主的座位铺平了道路；苏辙也深得欧阳修的器重与关爱，他后来不仅成为宋代的大散文家，还官至参知政事，是当时颇具影响力的政治家。

苏轼兄弟的父亲苏洵一辈子没做过什么像样的官，他也不是欧阳修的门生，甚至最初与欧阳修并不熟识。但是当欧阳修认识到苏洵的才华之后，便极力向朝廷举荐，并在文坛内外反复揄扬褒奖苏洵父子的文章。正是由于欧阳修的努力，苏洵父子的文章才能在较短的时间内获得文人士大夫的普遍认同，这对于奠定苏洵在北宋文坛的地位有直接的作用。王安石也不是欧阳修的门生，但通过曾巩的介绍，欧阳修对王安石非常欣赏，曾赋诗一首，称许王安石的诗文可与李白、韩愈比肩。然而，骄傲的王安石对曾巩的推荐、欧阳修的器重似乎并不很在意。虽然如此，欧阳修依然在适当的时候向朝廷全力推荐王安石，在推荐信中，他称赞王安石"守道安贫，刚而不屈"（《荐王安石吕公著札子》），对他寄予很高的期望。

第三，欧阳修在整个唐宋八大家当中也居于领袖地位。苏轼曾这样评价自己的老师：

愈之后二百有余年而后得欧阳子，其学推韩愈、孟子以达于孔子，著礼乐仁义之实，以合于大道。其言简而明，信而通，引物连类，折之于至理，以服人心，故天下翕然师尊之。自欧阳子之存，世之不说者，哗而攻之，能折困其身，而不能屈其言。士无贤不肖不谋而同曰："欧阳子，今之韩愈也。"（《六一居士集序》）

大意是说：韩愈去世后二百多年，欧阳修出世，他推崇韩愈、孟子、孔子礼乐仁义的学说。欧阳修的文章简洁明快，诚实通畅，善于比喻联想，写得有理有据，令人折服，所以天下人都尊崇他为导师。欧阳修在世的时候，不喜欢他的人，纷纷攻击他，但也只能对他进行人身攻击，却奈何不了他的言论。天下的读书人，无论是好人还是坏人，都会不约而同地说：欧阳修，这就是当代的韩愈啊！

也就是说，在唐宋八大家当中，真正率领天下读书人尊奉孔孟之道，提倡写作古文的领袖人物就是两个：唐代的韩愈，宋代的欧阳修。

所以我们说，欧阳修的这三个领袖地位决定了他是宋代六大家中的第一大家。对一般的读者朋友来说，欧阳修最为大家所熟悉的还是他的散文名篇《醉翁亭记》。关于这篇散文，首先一个疑问就是：年纪并不太大的欧阳修，为什么要自称醉翁呢？在《醉翁亭记》中，他说自己醉翁之意不在酒，那么，他的醉翁之意到底在哪儿呢？难道仅仅是在山水之间吗？

还是让我们来好好看看这篇《醉翁亭记》，文章一开篇就说：

环滁皆山也。其西南诸峰，林壑尤美，望之蔚然而深秀者，琅琊也。山行六七里，渐闻水声潺潺，而泻出于两峰之间者，酿泉也。峰回路转，有亭翼然临于泉上者，醉翁亭也。

　　环绕滁州城四面的全是山，朝西南望去，那儿的森林与山谷特别幽美。远远望去，那郁郁葱葱幽深秀丽的地方，就是琅琊山啊。沿着山路走六七里，渐渐听到潺潺的流水声，从两座山峰之间飞泻而出，这就是酿泉呀。峰回路转之际，看到一座亭子在酿泉之上如鸟儿展翼欲飞，非常精巧，这就是醉翁亭啦。

　　那么，这亭子是欧阳修修建的吗？非也。

　　　　作亭者谁？山之僧曰智仙也。名之者谁？太守自谓也。太守与客来饮于此，饮少辄醉，而年又最高，故自号曰醉翁也。醉翁之意不在酒，在乎山水之间也。山水之乐，得之心而寓之酒也。

　　建造亭子的是山里的僧人智仙，给醉翁亭取名儿的就是我这个滁州太守欧阳修呀！我跟朋友们来这醉翁亭饮酒，才喝了一点点就醉倒了，我的年纪最大，所以给自己取个别号叫"醉翁"。我这个醉翁饮酒的本意并不在酒，而在于山水之间呐！秀丽幽美的山水之乐趣，领会在内心深处，饮酒只不过是一种寄托罢了。

　　这篇文章一开始，就有两个关键词，一个是醉，一个是乐。作者说自己来这亭子与朋友们饮酒，喝一点点就醉了，难道是心里贪杯，却没有贪杯的本事？不是，作者告诉我们，他是被滁州美丽的风景醉倒了。他说："醉翁之意不在酒，在乎山水之间也。山水之乐，得之心而寓之酒也。"我饮酒的本意并不是贪杯，我贪恋的是眼前的美景，这喜悦藏在心里，这醉意浮现在酒中。酒不过是为我欣赏美景而助兴的啊！

　　所以，作者是因为美景而醉倒而喜悦。可是，醉则醉矣，作者为什么要称自己为"醉翁"呢？要知道，宋仁宗庆历六年（1046）的欧阳修不过才刚刚四十岁，不惑之年，称翁，称老头子，实在是太早了。有人可能会说，这也不奇怪，苏轼四十岁任密州知州时，就曾写下"老夫聊发少年狂，左牵黄，右擎苍"的词句，苏轼不也是自称老夫吗？杜甫诗云："人生七十古来稀。"七十岁对古人而言已经算是高寿了，也许，他们对四十岁的感觉就相当于我们今天对五十岁甚至六十岁的感觉，是可以称之为老夫、老翁的。古人不像现代人，总想把自己装扮得更年轻一点，他们似乎总喜欢将自己装扮得更老一些，总喜欢将自己称为老夫、老翁，这样似乎更有味道，更有厚度，也带有一些游戏人生、人生苦短的味道。

欧阳修说自己喝了一点酒就醉了，在喝酒的人当中，自己年龄又最大，所以自号醉翁。其实，不管是不是醉翁，只要心理是年轻的，内心是快乐的，哪怕真的是八十岁的老翁也没关系。可是，紧接着，在文章中，这个所谓的醉翁似乎真变成了一个精神颓废、容颜苍老的老头子了：

> 宴酣之乐，非丝非竹；射者中，弈者胜；觥筹交错，起坐而喧哗者，众宾欢也。苍颜白发，颓然乎其间者，太守醉也。

聚会的快乐并不在于有音乐相伴，而是大家在一起快乐地玩耍游戏。你看，朋友们觥筹交错，你来我往，尽情欢乐，好不热闹！可是在人群中，却有一个人容颜苍老、头发花白，很颓废地醉倒了，这个人是谁？就是我，滁州太守欧阳修啊！

这是怎么回事？刚才不是还说滁州的山水如何美丽，如何令自己心醉，如何令自己快乐吗？这才多长时间，怎么突然就真的变成了一个苍颜白发的老头子了？怎么突然就如此颓废地醉倒在人群中了？我们不禁要问，在欧阳修身上，究竟发生了什么事情？他这个所谓的醉翁到底有什么心事？欧阳修说自己的醉翁之意在乎山水之间，在乎山水之乐，但是我们却很想知道，欧阳修究竟为什么会喝醉，而他的醉翁之意又到底在哪里呢？

我们来看看欧阳修在滁州期间的一首诗：

> 四十未为老，醉翁偶题篇。醉中遗万物，岂复记吾年。……山花徒能笑，不解与我言。惟有岩风来，吹我还醒然。（《题滁州醉翁亭》）

四十岁怎么能算是老呢？我这个醉翁在这亭子里偶尔留下了一篇文章。一个人喝醉了就可以忘掉所有的烦恼，哪里还会记得自己的年龄呢？山间的花朵在那里开放、微笑，但是却不能理解我的内心，只有山间的清风吹来，让我从醉态中醒来。

后来，欧阳修在给朋友的一首诗中也曾说道："我昔被谪居滁山，名虽为翁实少年。"想当初我被贬到滁州的时候，虽然自称是醉翁，实际不过是个少年郎啊！

看来，欧阳修这个醉翁并没有完全醉倒，他的头脑非常清醒，只不过他自己不愿意醒来罢了！他之所以喝醉酒，之所以要醉倒，只不过是为了忘记世间万物，忘记所有的烦恼，甚至不愿意记得自己的年龄，因为不仅是山间的花朵，就连人世间也未必都能够理解自己的心情！

由此我们可以知道，原来这位所谓的四十岁的醉翁，之所以在滁州做知州，是被朝廷贬谪而来，并非自己自愿而来啊！

那么，在欧阳修被贬来滁州之前，他担任过什么官职呢？他担任的是龙图阁直学士、河北都转运按察使。龙图阁直学士是一个荣誉职衔，河北都转运按察使是一个实职，负责今河北南部、河南和山东北部地区的行政及官员考核工作，实际上是这一地区的最高行政首长，相比滁州知州职权与品级当然要大得多。那么，欧阳修的大官做得好好的，为什么会被贬呢？说起来大家可能不太相信，因为有人状告欧阳修私生活不检点，再说具体点，有人告他与自己的外甥女不干不净，有不正当关系。这可是个爆炸性的新闻！前面我们刚刚介绍过欧阳修，他是北宋著名的政治家、文学家，具有崇高的地位，怎么会做出如此不堪的事情来呢？事情的真相究竟是怎样的呢？

事情还得从十年前说起。

欧阳修有一个妹妹，我们姑且就称她为欧阳氏吧。欧阳氏的丈夫叫张龟正，在与欧阳氏结婚前，张龟正曾有过一段婚姻，妻子去世后，留下一个女儿。与欧阳氏结婚后不久张龟正就去世了，丢下了这一对孤女寡母。这时候欧阳氏无依无靠，只好来到欧阳修的家里，依靠欧阳修生活。这个小女孩也就成为欧阳修法律意义上的外甥女。

光阴荏苒，岁月如梭，转眼张龟正的女儿长大了，到了谈婚论嫁的年龄。于是就由欧阳修做主，将她嫁给了自己的一个远房侄子欧阳晟。欧阳修的做法有情有义，他不仅照顾自己的妹妹，还照顾妹夫前妻的女儿，负责她的终身大事，把她嫁给了自己的远房侄子。

但是世上的事情谁也说不准。欧阳修的文章写得再好，他的脑袋再聪明，也预料不到后面所发生的事情。欧阳晟有一个男仆，这个男仆长得是青春年少，风流俊俏，这位张氏也是美貌多情，两个人朝暮相处，眉来眼去，一来二去就勾搭上了。欧阳晟发现了男仆与张氏之间的奸情之后，就将这两个人送交开封府右军巡院发落。

事情发展到这一步，与欧阳修有没有关系呢？没有，没有任何直接的关系。如果非得说有关系，那就是这个案子中的两位主角都算是欧阳修的亲戚。但是奇怪的是，当时的开封府尹也就是开封市市长杨日严看到这个案子却异乎寻常的兴奋，决定把这个案子做大，这是为什么呢？原来杨日严在益州做知州的时候，因为贪污渎职，遭到时任谏官的欧阳修的弹劾，所以他对欧阳修一直怀恨在心，一直想要寻找机会打击报复。这一次他看到这个案子与欧阳修多多少少有点儿关系，觉得是天赐良机，就想要深入挖掘此案，将这个简单的通奸案复杂化，特别是想要将此案与欧阳修建立直接的联系，最好能挖出点欧阳修"阴暗"的秘密来，那就可以报这一箭之仇了！

于是，杨日严就责令手下对张氏严加拷问，想要从张氏那儿拷问出来一些对他有利的东西，从而对欧阳修实施打击报复。

张氏虽然迷恋男仆的风流俊俏，做出了出格的不体面之事，可是她毕竟是个大门不出二门不迈的妇道人家，没见过什么世面，如果不是因为奸情东窗事发，被拘禁在开封府，可能这一辈子都不会跟开封府打什么交道。在狱吏的威逼恐吓、反复讯问、诱供之下，自然是惊恐万状，口不择言，为了早点把自己从这刑狱之地解脱出去，她东拉西扯、胡言乱语，供词中涉及的大多是自己没有出嫁之前的一些乱七八糟的事情，不仅污秽暧昧、骇人听闻，而且居然与欧阳修也有些关系。杨日严看到张氏的这一番供词，真是大喜过望，这不正是他想要的证据吗？这一下欧阳修要彻底完蛋了！

当时，想要欧阳修完蛋的可不只杨日严一个人。一两年前，在范仲淹主持的"庆历新政"政治改革运动中，任谏官的欧阳修曾对贾昌朝、陈执中等一班守旧官员展开激烈的抨击，现在贾昌朝、陈执中高居宰相之位，他们也想利用这个案件将欧阳修彻底整垮。

可是事情的进展并不像他们想的那么顺利。具体负责审理案件的官员孙揆秉公断案，他坚持认为，张氏案件的核心在于通奸一事，除此之外的其他事件，均不属于本案所追究的范围；其二，张氏在刑狱之中心神不宁、惊慌失措的情况下说出一面之词，仅仅以此为据难以断定欧阳修有什么罪责。因此，他坚持本案只以张氏与男仆通奸这一事实来定罪，而绝不涉及其他事件。

这当然与杨日严、贾昌朝、陈执中等人所期待的目标相差十万八千里了！贾、陈二人立刻授意谏官钱明逸上书弹劾欧阳修与外甥女通奸，并意欲霸占张氏家财。为了加强弹劾的力度，圆满完成宰相们交给的任务，钱明逸可谓煞费苦心。他找出了一份自认为非常具有说服力的证据，什么证据呢？就是欧阳修的一首词：

> 江南柳，叶小未成阴。人为丝轻那忍折，莺嫌枝嫩不胜吟。留着待春深。　十四五，闲抱琵琶寻。阶上簸钱阶下走，恁时相见早留心。何况到如今。（《望江南》）

初春的江南，柳叶还很稚嫩，别说游人不忍攀折，就是黄莺鸟也不忍心在如此柔弱的枝头吟唱。就是在这样一个洋溢着青春气息的时节里，我们的主人公出场了，这是一个十四五岁的少女，她就好比那稚嫩的柳叶一样惹人爱怜。这是一个多么可爱活泼的少女！你看她：时而抱着琵琶调弦索调，若有所思，似乎是想要弹奏一段情长意浓的曲子，可是不一会儿，她又与同伴们开始在台阶上玩耍簸钱的游戏，又是那么的调皮淘气！一转眼，多少年过去了，那个时候眼中清纯可爱的少女啊，现在更是妩媚动人了！

欧阳修这首词的本意，就是写一位美丽的少女在他心目中留下的美好印象，这个印象时隔多年，到现在更加深刻了。那么这首词为什么会成为钱明逸控告欧阳修的证据呢？钱明逸振振有词地指出：当初这位张氏跟着欧阳氏前来投奔欧阳修的时候，差不多就是四五岁的样子，正是玩耍簸钱游戏的年龄，可见欧阳修那个时候就盯上幼小的张氏了！现在他对张氏心怀不轨是早有前兆的！欧阳修与张氏通奸的事实是确凿的，是有历史证据的！

由一首描写少女情状的小词推理出十余年后的通奸大案，钱明逸的逻辑推演能力与想象力真是高超！这本来是一桩子虚乌有的案件，更是一套荒诞至极的逻辑，但是在当时那种氛围下，谁又敢公开站出来说句公道话呢？没有人出来戳穿假相，事情自然也就越抹越黑，以至于最后惊动了宋仁宗。仁宗是非常器重欧阳修的，他当然不能容忍自己信任欣赏的官员做出这等伤天害理、有悖纲常的丑事。于是，朝廷下诏责令太常博士、三司户部判官苏安世主审此案，又派宦官王昭明督办此案。

为什么让王昭明这个宦官督办此案？此中也是大有深意。原来这也是宰相贾昌朝等人刻意设的一个"局"。一年前，欧阳修以河北都转运按察使之职出使河北，朝廷安排王昭明与他同行，欧阳修坚决拒绝，他说："按照朝廷的惯例，我这样的官员出使地方州郡，不能与宦官同行，如果跟他一起去，我觉得脸上无光，感到很羞耻。"朝廷拗不过欧阳修，就取消了这个决定。但是你想，王昭明听到欧阳修说这样的话，能高兴吗？他能不记恨欧阳修吗？

所以，宋仁宗安排王昭明督办此案，在宰相贾昌朝等人看来，是个千载难逢的好机会，是个能够将欧阳修置于死地的好机会！王昭明肯定会充分利用这个机会将欧阳修定为重罪！

然而天佑好人，这一次贾昌朝等人的如意算盘又落空了！

怎么回事？贾昌朝等人千算万算都算到了，就是没算到天下像他们这样没人性的人毕竟是少数，有良心有公心的人毕竟是多数。宦官在中国历史上一直都是人们厌弃的一个群体，因为宦官做的坏事太多，但是也有一些宦官做了不少好事，比如汉代的蔡伦、唐代的高力士、明代的郑和等等，这一次欧阳修运气好，碰到了王昭明这个有良心有公心的宦官。

王昭明虽然之前与欧阳修有那么点儿小摩擦，小小的不愉快，但是王昭明本人并非一个公报私仇的小人，相反，他是一个公私分明的人。王昭明一接手这个案件，心里就很明白是怎么回事。主审官苏安世心里也很明白宰相为什么让他们来审案子，明白宰相希望他们俩将此案审出什么结果。但是审来审去，的确证据不足，很难将此案定性为欧阳修与张氏通奸，那怎么办呢？苏安世就跟王昭明商量，说不如就按照宰相的意思办，精心援引相关法律条例，罗织罪名，不管三七二十一，给欧阳修定案算了！没想到王昭明正义凛然地说：皇上之所以派我来监督办案，就是想要揭开事实的真相，就是要让我们做到秉公断案，怎么能够胡乱罗织罪名呢？他说：我因为职责的缘故，经常侍奉在皇帝的身边，听皇上三天两头念叨欧阳修如何有才华，如何忠诚于朝廷，现在你如此草率地定案，无非是害怕宰相怪罪不好交代，无非是想要迎合宰相的意图，可等到将来有一天，这个案件的真相大白于天下的时候，我告诉你，你吃罪得起，我王昭明吃罪不起！

王昭明一番话深深触动了苏安世的内心。这可真是难办，一方面是宰相的威逼，一方面是事实的真相，天平究竟该倒向哪一边呢？苏安世还算一条汉子，经过反复思量，他与王昭明最终决定维持原判，只认定张氏与男仆通奸这一案情，欧阳修与张氏通奸罪名不成立。但也许是为了照顾到陈执中、贾昌朝等人的面子，又给欧阳修加了一条罪名，那就是欧阳修动用张氏的钱财购买田产，却将田产归入妹妹欧阳氏的名下，属于侵夺他人财物，以此对欧阳修提出弹劾。

案件的审理终于有了最终的结果。宰相们本来想以通奸之罪整倒欧阳修，没想到最终只能以侵夺他人财产的罪名弹劾欧阳修，这个结果虽然不是他们期待的，却也只能愤懑地接受，而苏安世与王昭明二人却因为主持公道而被贬官。

对于欧阳修的惩罚结果就是：贬官滁州。在《欧阳修落龙图阁直学士差知滁州制》中，朝廷对欧阳修所犯错误进行了归纳，大体说来就是三条：

第一，不该抚养张氏这个"出非己族"的外甥女；第二，不该将张氏嫁给远房侄子欧阳晟；第三，至于说到欧阳修侵夺张氏财物，相关证据不足，但是也许事出有因。

明眼人一看就明白，整个就是一个欲加之罪何患无辞。欧阳修被贬到滁州之后，按照惯例，给皇上写了一道谢恩的奏章。在这奏章里，他写了自己为什么被贬滁州，其中原因说出来也很可笑：

第一，我只恨自己没有未卜先知的神通。我不该收养这个张氏，我没有预料到当年年仅四五岁的张氏长大后会私通男仆，做出丑事，这也许是我的过错；第二，我不该将张氏嫁给欧阳晟。可是这个张氏本来不是我的亲外甥女，而欧阳晟更是我的远房侄子，这两个人之间实际上没有任何血缘关系，本质上并不是近亲结婚。再说了，张氏嫁给欧阳晟之后，与我远隔千里之遥，她做什么说什么我哪里能够知道呢？第三，说到侵吞张氏财产，我更是丈二和尚摸不着头脑，唉，想要整倒我，什么理由找不到？

欧阳修最后说：我这次为什么被贬？原因很简单，傻子都能看出来。这几年，我在朝廷担任谏官之职，遇到朝廷大事，往往一马当先，直陈时弊，抨击权贵，得罪的人太多了！这一次我要是不离开朝廷，攻击我的人就不会消停。所以，要想证明我清白无辜，最好的办法就是将我交给法官来审理，让我远离险境，将我放逐到远离京城的地方。我走了，大家就都消停了，矛盾就消失了，斗争就停止了！当然啦，我这次之所以能够有惊无险，主要还是因为皇上您圣明，对我多加保护，要是没有您，我怎么能够有滁州这样一个好去处呢？这话要是再朝后面多说点，那就是：我要不是被贬滁州，还写不出《醉翁亭记》这样的千古名篇呢！

现在我们再回过头来看看《醉翁亭记》。《醉翁亭记》说："醉翁之意不在酒，在乎山水之间也。"真的在乎山水之间吗？欧阳修总不能说"醉翁之意不在酒，在乎贬谪之间"吧？有的时候，实话是不能说出来的，说出来太难听太难看。现在我们也就可以理解，为什么欧阳修说自己"苍颜白发"，说自己"颓然"而醉了。谁遭遇这么一档子倒霉恶心的事儿，谁身上被泼了这么大一盆子脏水，不都得未老先衰吗？也只有颓然而醉让自己暂时逃避一下这无穷的烦恼了！

话说到这儿，我们发现，这次欧阳修的绯闻案背后实际上有一张很大的罗网，这张罗网一直悄悄地张开在欧阳修的头顶上。欧阳修这次被贬不过四十岁左右，从他二十四岁中进士后步入仕途，也才不过十五六年的时间，而真正到朝廷的中央机关工作的时间不过三四年，在这么短的时间里，欧阳修能得罪多少人，得罪得有多深，竟然让他遭遇了如此严重的暗算？套用一句俗话说，欧阳修到底动了谁的奶酪？到底从哪一张虎口里夺了人家的食？从表面看，欧阳修遭遇的是一起绯闻案，但是这件绯闻案的背后肯定隐藏着更大的背景，如果不了解这个背景，不了解这里边的秘密，我们就只能在醉态中理解《醉翁亭记》，永远不可能了解其中的真实内涵，也永远无法了解醉翁的真实面目。

第二讲

偏向虎山行

欧阳修一篇《醉翁亭记》，将滁州的山水之美、人情之乐、醉翁之意描绘得淋漓尽致。然而在如此之美的文学佳作背后却隐藏着丑恶的阴谋——欧阳修身陷一桩莫名其妙的"绯闻案"，如果不是办案人员秉公执法，他的政治生命可能就毁在了一帮居心叵测的阴谋家的手中。那么，究竟是什么原因让欧阳修遭遇如此险恶的政治迫害呢？在他的从政生涯中，究竟得罪了何方神圣，以致先遭恶意诽谤，诽谤不成又被贬滁州呢？

　　还是让我们来重新审视一下欧阳修的这起所谓"绯闻案"。我们发现，在审理这个案件的过程中，每一个环节，每一个环节中的每一个人，都是精心安排精心策划的。而所有这些精心的安排与策划都是要导向一个逻辑的终点，就是要将欧阳修整倒，让他万世不得翻身！退一万步讲，即便不能将欧阳修整倒，也要将他搞臭，最好是臭不可闻，人人避之而唯恐不及，这样其实也就是整倒了！

　　为了要让这所有的环节都环环相扣、严丝合缝，就必须调动众多"专家"下大力气深挖细嚼。难道不是吗？在这个案件中，前有开封府尹杨日严拷问张氏，在张氏的胡言乱语中抽绎蛛丝马迹，编织出舅舅欧阳修与外甥女张氏通奸的绯闻大案，紧接着又寄希望于主审官孙揆一路挖掘，无奈孙揆坚持原则，只论张氏与男仆一案，与此案无关的事宜一概不论。无奈之下，贾昌朝、陈执中等宰相不得不赤膊上阵，委托谏官钱明逸挖空心思居然从欧阳修的一篇婉约小词入手，以此为证据证明欧阳修多年以来心思就不端正，所以必然会犯下通奸大罪。之后趁热打铁，又派得力干将苏安世以及与欧阳修素有仇隙的王昭明专审此案。结果又是一个没想到，王昭明与欧阳修固然有不愉快的交往，但是此人人品不错，拒绝制造假案冤案，而苏安世在如此大案面前，更担心一朝翻案，自己吃不了要兜着走，所以只好以财务问题弹劾欧阳修，将其贬往滁州。

应该说，这一帮人在案件审理的程序与人事安排上真可以说是费尽心机。而这一切，只不过是为了打倒欧阳修这个并无多少官场根基的年轻官员，他们值得下如此大的本钱吗？

答案是：值得。为什么？因为表面看来只是在对付欧阳修，但是在整个事件的背后，其实隐含着非常深刻的背景。我们必须要将这个深刻的背景揭示出来，才能真正看清整个事件的真相，才能真正理解欧阳修被诬陷、被贬谪的内在原因。

我们知道，欧阳修做官的时候，北宋立朝已经七十多年。早在北宋王朝建立之初，宋太祖赵匡胤就吸取唐朝灭亡的教训，针对唐朝宦官专权、朋党之争、藩镇割据的痼疾，采取了一系列有力的措施。当时的丞相赵普给赵匡胤出主意："唐季以来，战斗不息、国家不安者，其故非他，节镇太重，君弱臣强而已矣。今所以治之，无他奇巧也，惟稍夺其权，制其钱谷，收其精兵，则天下自安矣。"说白了，就是要将天下的兵权、财权、政权都紧紧地掌握在皇帝手中，强化中央集权，这个政策从此成为北宋一百五十多年的基本国策。这样做的最大好处就是维护了国家政权的稳定、统一，对于促进社会经济繁荣、文化教育昌明有极大的好处。但是凡事有一利就必有一弊，三权集中给北宋王朝带来的最大不良后果就是"三冗两积"。

所谓"三冗"，就是冗兵、冗官、冗费。所谓"两积"，就是积贫、积弱。宋太祖赵匡胤黄袍加身之后，第一个重大政治举措就是"杯酒释兵权"，将将军手中的兵权统统收归"国有"，牢牢地抓在自己的手中。同时，为了抵御北方的辽国与西夏，建立强大的国防力量，宋朝豢养了数量庞大的雇佣军，就是拥有一支职业化的军队。根据《宋史·兵志》记载，北宋的常规雇佣兵数量增长得很快：

> 　　（宋太祖）开宝之籍，总三十七万八千，而禁军马步十九万三千；（宋太宗）至道之籍，总六十六万六千，而禁军马步三十五万八千；（宋真宗）天禧之籍，总九十一万二千，而禁军马步四十三万二千；（宋仁宗）庆历之籍，总一百二十五万九千，而禁军马步八十二万六千。视前所募兵浸多，自是稍加裁制，以为定额。

　　也就是说，到了欧阳修的时代，北宋的总兵力达到将近一百三十万人。而每位士兵每年的军饷支出就达到三十至五十贯（1 贯 =1 千文），以此来计算，每年仅仅军饷一项的支出就达到六千五百万贯，这还不包括各种装备、粮草的供给支出，而北宋朝廷每年的财政收入也才不过一亿贯左右。如此算来，北宋仅军费一项开支就至少占国家财政总收入的十分之六七，战争时期也许还会更多，这是多么可怕的一个比例！要知道，即便是在所谓的强汉盛唐时期，也根本无法支撑如此高昂的军费开支。宋朝由于农业土地政策的相对开放，商业活动的逐渐活跃，国家经济日趋繁荣，财政收入不断增长，但是收入增长得再快，也赶不上支出增长快呀！

　　我们经常有一种误解，以为宋朝是所谓的重文轻武，其实恰恰相反，就军费开支而言，历史上没有哪个王朝比宋朝更重视军事，宋朝防范与警惕的是军人势力。但是不管怎么说，如此巨大的军费开支，自然成为宋朝的一个最沉重的负担。这就是冗兵之弊。

　　在冗兵的同时，又出现了冗官之弊。宋朝统治阶层警惕军人武将势力，相应地，就非常重视文人的势力，重用文官阶层。文官是宋朝政治的核心支柱，他们不仅掌握着国家的政权、财权，**也掌握**

着兵权。为了笼络文人，有宋一代大开科举、恩荫两途，招收文人入仕。与唐代相比，宋朝的科举录取数量大大增加，唐代每年录取的进士人数，多者不过三四十人，少者仅十余人，唐代近三百年时间，录取进士总数不过近万人。两宋三百多年时间，每年录取进士多者三四百人，少者也一两百人，录取的总数达四万余人。唐代进士中榜之后并不能立即授官，而宋代中进士之后便可立即授官。总而言之，为了笼络文人，加强政权的凝聚力，宋朝通过科举制度广揽人才，在三百多年时间里，形成了一个庞大的文官群体。为了维护这个文官群体的稳定与发展，朝廷也必须付出巨大的代价。北宋时期，官员最多的时候达到将近五万人，那么这些人的俸禄也就是工资水平如何呢？

宋朝的工资水平在历朝历代中绝对名列前茅。据《宋史·职官志》的记载，宋朝收入最高的官员是宰相和枢密使，每月的工资是三百贯，一百石禄粟，此外还供给春、冬服各二十匹绫、三十匹绢、一匹罗、一百两绵；地方州县官员多者每月二十贯，少者十二三贯，京官中收入最少的官员每月也有七八贯。除了这些正式工资之外，宋朝官员还有公用钱、给券等额外收入，各级官员还占有大量田产，有佃户专门为之耕种。此外，朝廷还包揽了官员的茶、酒、厨料、木柴、炭、盐以至喂马的草料及随身差役的衣料、伙食费等诸多费用。

我们来算一笔简单的账。取京朝官各级官员工资的代表值，算出一个工资的平均值。这个平均值是多少？从三百贯到八贯，平均值是一个月七十贯，姑且打一个折扣，就算四十贯。人数上再打点折扣，按照五千人来计算，一个月的支出就是二十万贯，一年的支出就是二百四十万贯，占据一亿贯财政总收入的百分之二点四，而实际的数字显然比这个要大得多。

高额的军费开支、官俸开支给宋朝的国家财政造成了非常沉重的负担，使得本来繁荣殷实的宋代经济步履维艰——道理很简单，收入再多，也赶不上支出多，入不敷出，天长日久，如何能不积贫、积弱？这个贫，指的就是国家慢慢贫了，老百姓慢慢贫了。富的是谁呢？富的是庞大的官僚阶层，他们拥有巨大的国家财富与资源，作为这个王朝最大的既得利益群体，随着时间的推移，他们中的部分成员逐渐由这个国家的柱石蜕变为国家的蛀虫，进取心渐渐被享乐心所取代，终日里吟诗作赋、歌舞升平，对于朝政则是苟且终日，无所用心，明哲保身，但求无过，甚至贪污腐化、结党营私。天长日久，国家失去了活力，政权失去了活力，老百姓对政权也失去了信心。

冗官之弊是如此，冗兵更麻烦。宋代的军事体制是，中央掌握调兵权，军队将领只有训练权，这两个权力彼此制衡。中央军队的数量与各地方军队数量的总和大体相等，也是彼此制衡的。再一个，宋朝军队的将领经常调换，这些将领是没有子弟兵的，所谓兵不知将，将不知兵。而全国最精锐的部队全都集中在中央。总之，全国最多的钱财在中央，最精锐的部队在中央，最大的权力在中央，这就最大限度地保证了中央集权的稳定。但是，在这样一个彼此牵制、互相制衡的体制当中，军队就很难提高它的战斗力，简言之，这是一支庞大的却缺乏战斗力的部队。

正是在这样的总的形势与背景下，刚刚亲政不久、年仅二十三岁的宋仁宗决心厉行改革，改变陈陈相因、万马齐喑的陈腐局面。那么，由谁来积极推动这改革呢？宋仁宗看中了那位胸怀"先天下之忧而忧，后天下之乐而乐"之志的范仲淹。仁宗任命四十四岁的范仲淹担任右司谏，主要负责为改革朝政出谋划策，为革除时弊摇旗呐喊。

而此时二十七岁的欧阳修不过是洛阳西京留守手下一名小小的推官。对于范仲淹这位忧国忧民、直言敢谏的前辈，他充满了仰慕之情。可是，范仲淹新官上任不久，欧阳修却给他写了一封措辞颇为奇特的信，我们且来看看这封奇怪的信里到底写了些什么。

信的开头就说：

> 司谏，七品官尔，于执事得之不为喜，而独区区欲一贺者，诚以谏官者，天下之得失、一时之公议系焉。

您做的这个右司谏，七品官，小官，不值得祝贺。我之所以还向您表示祝贺，没别的，就是因为谏官这个官，干系天下的得失，干系正确的舆论导向，太重要了！

为什么这么重要？不是只有七品之大吗？

欧阳修指出：现在的官员，不管做到多大，不管你是兵部、吏部、礼部的最高首长，还是州府郡县的最高首长，你所掌管的不过是一个部门一个州县的事务，要论担当天下民生社稷的大事，只有两个官够格：宰相，运行天下社稷之大事；谏官，议论天下社稷之大事。所以读书人做官，做不到宰相的位置，好歹也要坐一坐谏官这把板凳！谏官的品级虽然很小，但是含金量与宰相一般高。

何以见得？

欧阳修说：一件事，天子说做不得，宰相说做得。天子说做得，宰相却说做不得。朝堂之上，能够跟天子争个上下的，也只有宰相。一件事，天子说对，谏官说不对，天子说可行，谏官说不可行，在大殿之上能够跟天子争是非的，也只有谏官。所以你看看，谏官虽小，重要不重要？太重要了！甚至比宰相还重要，为什么？宰相犯了错误，被官场讥笑，可是谏官犯了错误，却会受到君子的嘲笑。官场的讥笑不过一时而已，很快就过去了，君子的嘲笑却会永著史册，"垂之百世而不泯"，实在是太可怕了。

看看这个右司谏，虽然只有七品，却要担负天下重任，经受百代万世的考验，这种官，不是贤能之士做不了。

大家可能会说：欧阳修说了半天，将七品右司谏吹得这么高，这不是在吹捧范仲淹么？好像是，可又不是，为什么？因为接下来欧阳修笔锋一转，就开始找范仲淹的不是了：

> 洛之士大夫相与语曰："我识范君，知其材也。其来不为御史，必为谏官。"及命下，果然，则又相与语曰："我识范君，知其贤也。他日闻有立天子陛下，直辞正色面争庭论者，非他人，必范君也。"拜命以来，翘首企足，伫乎有闻，而卒未也。窃惑之，岂洛之士大夫能料于前而不能料于后也，将执事有待而为也？

大家都知道朝廷为什么任命您做这个谏官，因为您直言敢谏，因为您贤能智慧，因为您才华卓著。可是自从您到任之后，大家伙儿翘首以盼，就等着您出手亮本事呢，等来等去就是没等来，大家心里不免有点儿疑惑：是大家看错了人呢？还是您心里有数，准备伺机而动呢？

欧阳修接着说：唐代有个人叫作阳城，谏官做了六七年，才做了两件跟谏官有关的事情，多亏阳城做谏官时间长，如果只做五六年，那可能就一事无成了。所以韩愈后来写文章讽刺阳城做谏官不合格。

现在朝廷做官的人往往两三年就调一次职，您要是再不抓紧时间尽到谏官的职责，那可就太令人失望了！读书人没有发达的时候，常常恨自己怀才不遇，发达了之后，却又说这件事不属于我的职责，我不好说，或者说我官职低，没法说，总之推三阻四就是不敢讲话。长此以往还要我们这些当官的人做什么？

这还是吹捧范仲淹吗？显然不是。二十七岁的西京留守推官在给四十四岁的堂堂谏官范仲淹提要求，希望范仲淹能够尽快进入角色，抓紧时间为朝廷做事。可见，欧阳修不是个马屁精，而是一个积极拥护改革、渴望有为天下的人。

范仲淹当然不负众望，三年以后，仁宗皇帝又任命他为天章阁待制，相当于皇帝的御用政治顾问，继续推行政治革新。这期间，欧阳修也官拜馆阁校勘，负责收集、整理、编纂皇家图书馆的重要书籍、文件。这个官听上去没意思，实际很重要。为什么？在宋代，最大的两个官，文者宰相，负责政务，武者枢密使，负责军务。宰相与枢密使的人选，十有八九都从专为朝廷起草诏书的翰林学士与中书舍人这两种官职中选出。而翰林学士与中书舍人的人选又十有八九是从馆阁校勘这一类馆阁之职中选出。简单说，这个官职就是高级领导干部的预备队。

范仲淹做了天章阁待制以后，宰相吕夷简很郁闷。为什么？因为范仲淹改革朝政，首当其冲要改的就是吕夷简任宰相十余年来的政治风气与复杂的关系网。实事求是地讲，吕夷简为朝廷还是做了不少好事，是有功之臣，但是他在任期间，跋扈专权，排斥异己，朝廷所任官员多出吕门。我们刚才说到冗官、冗费的弊端，主要就是官僚阶层的弊端，要整顿官场弊端就必须整饬吏治，而要整饬吏治就必然会涉及吕夷简的利益。那怎么办呢？

吕夷简也不是笨蛋。他看准范仲淹是个杀伐决断、不留情面的人，就想了一个办法，让范仲淹出任开封知府，这是个很繁琐的工作，需要处理很多琐碎的事务，吕夷简的本意是想借着这个官职缠住范仲淹的手脚，这样他就没有多余的时间和精力关注革新朝政的事情了。没想到范仲淹是个能力超强的人，他不仅将开封府的事务处理得井井有条，而且一点也不耽搁推行改革朝政。

范仲淹是个敢想敢做的人，他给宋仁宗呈上了一张《百官图》。他拿着这张图，当着仁宗与吕夷简的面，分析百官升降的奥秘。比如某某这样升官就是符合程序的，某某这样就不符合程序，某某这

月上柳梢头
人约黄昏后

去年元夜時花
市燈如春月上柳
梢頭人約黄昏後
今年元夜時月與
燈依舊不見去年
人淚滿春衫袖

醉翁生查子
屈震 庚寅
北紫

样做是出于公心，某某这样做就是出于私心。他还提醒仁宗："官人之法，人主当知其迟速、升降之序，其进退近臣，不宜全委宰相。"（《续资治通鉴长编》卷118）简单说，就是皇帝应当将任用高级领导干部的权力牢牢地抓在自己的手中，而不应该都交给宰相。这样的行为与话语毫无疑问深深地刺痛了吕夷简。

吕夷简在仁宗耳边吹风说，范仲淹这个人太过迂阔，不过浪得虚名，其实没有什么实际的本事。范仲淹听说后，索性给仁宗上奏章，明确指出仁宗应当将朝廷大权独揽于一身，不能给宰相留出以权谋私的空间。他还给宋仁宗讲了一个历史故事，说西汉成帝时期，外戚王氏专权，人神共愤。汉成帝为此专门拜访宰相张禹，向他请教如何应对。岂料张禹出于明哲保身、阿附王氏的私心，居然宽慰汉成帝不必介意民众的舆论，认为不存在王氏专权的事实。汉成帝信以为真，从此放松了警惕，最终导致王莽篡权，西汉灭亡。范仲淹对宋仁宗说：当今朝廷中也有张禹这样的人，他们将大事化小小事化了，只报喜不报忧，皇上要对他们保持警惕！这个故事的针对性实在是太强了，锋芒直指当朝宰相吕夷简。

吕夷简岂能咽下这口气？他立刻上书仁宗，指责范仲淹越职言事、勾结朋党、离间君臣关系。而范仲淹也毫不示弱，严词痛斥吕夷简的言行。革新与保守这两股政治势力终于开始了激烈的交火！范仲淹在官场上，向来以耿介刚正、忠直敢言、不畏权贵而闻名，因此得罪了不少官员。这次他主持改革朝政将要面临更加严重的问题：一方面，他受宋仁宗的重托，不畏权贵勇于改革；一方面，又将得罪深受宋仁宗器重的老宰相吕夷简。最终的结果令人心痛，刚刚亲政不久的宋仁宗为了维护政局的总体稳定，也为了维护吕夷简这位老宰相的利益，经过再三权衡，不得不以"私结朋党、离间君臣、越职言事"的莫须有罪名将范仲淹贬出京城，而且将范仲淹的所谓罪状张榜公布在朝堂之上，并严令百官不得再议论此事！一时间，朝廷上下噤若寒蝉，一派肃杀景象……

然而，正义的声音终究是遮蔽不了的。

范仲淹被贬饶州，要走的时候，没人敢给他送行，同为天章阁待制的王质，却偏偏带上酒去范仲淹家给他饯行，不但饯行，还特意在范家多住了几日。有人就警告王质说：你不要命了！小心人家告你结党营私，治你的罪！王质的回答掷地有声：我不怕！范仲淹是个君子，做事坦荡荡，我如果做了他的朋党，我将不胜荣幸！如果有告密者将我与范君的谈话记录下来告诉皇上，那我还真得谢谢他！我想这未尝不是老百姓的福气！

集贤校理余靖不顾禁令，站出来给皇帝上奏章说：范仲淹只不过是说话得罪了宰相，如果因为这个而遭到重罚，这恐怕不是太平盛世的为政之道吧？希望皇上收回成命！同为馆阁校勘的尹洙做得更绝，他上书朝廷主动检举揭发自己，说自己跟范仲淹关系密切，亦师亦友，是典型的范仲淹一党，既然范仲淹被贬了，我也理应被贬。

好，一个范仲淹，一个余靖，一个尹洙，十天之内，都纷纷遭到贬谪，范仲淹被贬饶州，余靖被贬筠州，尹洙被贬郢州。

朝廷的正义之士纷纷站出来呼吁公道，又纷纷被宰相轰出了朝廷。在这个风雨如晦的时刻，欧阳修终于站出来说话了。正所谓：不在沉默中灭亡，就在沉默中爆发。欧阳修终于爆发了，引起他爆发的不是别人，正是左司谏高若讷。

一天，几位官员一同到余靖家中去做客，也许是为他饯行吧。席间，身为谏官的高若讷不仅不说如何规谏仁宗、宰相，救助范仲淹等人，反而大放厥词，非议范仲淹，认为他罪当贬黜。欧阳修当时气坏了，就想马上跟高若讷争个是非曲直，可是碍于人多嘴杂，有些话不好说，回到家里气得实在不行了，于是铺开纸，拿起笔，给这位高若讷写了一封公开信，这就是著名的《与高司谏书》：

信一开头，欧阳修就表达了第一个疑惑：老高您到底是不是一个杰出的人物？

欧阳修说，自己十七岁那年，朝廷举行科举进士考试，考中进士的大多是闻名遐迩的天下名士，唯独这个高若讷，虽然名列其中，却无声无息，从来不曾听说过，这个高若讷到底算不算是个名士呢？这是欧阳修的第一个疑惑，而且是少年时代就存在心里的疑惑。

紧接着，欧阳修又表达了第二个疑惑：您老高到底是不是一位贤能之士呢？

欧阳修与这位高若讷其实并不熟悉，对他的了解还是通过好朋友尹洙知道的。尹洙对高若讷评价挺高，说他"正直有学问，君子人也"。可是欧阳修对此却不以为然，他说，正直的人是不可能委屈妥协的，有学问的人一定能够明辨是非，这个高大人如果具备这两大优点，却在谏官的位置上默默无言，恐怕有问题！

第三个疑惑：您到底是个真君子还是假君子？

表面看来，您是一脸的正气，谈古论今，褒善贬恶，好像是个真君子！可是前几天咱们在余靖家中见面，您作为谏官，在那里极力诋毁讥笑范仲淹，我就觉得您有问题。为什么呢？因为天下人都知道范仲淹是一个极为刚正博学的人，立身处世始终如一。他因为得罪了宰相而被贬，您作为谏官不为他辩护，却跟在人家屁股后头也诋毁他，这真是天下第一等咄咄怪事！

所以综合来看，我对您的疑惑还是有道理的，思来想去，觉得您不可能是个真君子，您是个假君子，是个真小人，只有这样，您的所有言行才能得到合理的解释。

有人可能会说，欧阳修这么说是不是太刻薄了？老高既然是谏官，他对文武百官都会有自己的想法与看法，范仲淹又不是十全十美之人，岂能保证所有的事情做得都很好？老高这么说也许有他的道理。对此，欧阳修早有准备。他说：

　　夫人之性，刚果懦软，禀之于天，不可勉强，虽圣人亦不以不能责人之必能。

　　人的性格，刚正果敢也罢，怯懦软弱也罢，都是天生的，很难改变。即便是圣人，也难以对他求全责备，何况一般人呢？就拿高若讷来说吧，他虽然是个谏官，但是既要奉养老母亲，又非常迷恋官位，既害怕受冻挨饿，又贪图钱财俸禄，所以对宰相的意见连个屁也不敢放。这都是人之常情，说到底，他就是个平庸的不称职的谏官罢了。既然如此，我们大家也就认了，可怜您不过一个庸人，也就不用君子的标准来要求您了。

　　可是现在的问题是，我们降低了对您的要求，您自己却蹬鼻子上脸，自己把自己当回事了，当君子了！您胆小怕事、资质平庸，不敢给范仲淹做辩护也就算了，您保持沉默也没人怪您，可您偏偏不，偏偏还要做出一副器宇轩昂、洋洋得意的样子，您诋毁范仲淹不过是为了掩饰自己的无能与平庸罢了！我告诉您，"夫力所不敢为，乃愚者之不逮"——一个人能力、胆量有大小，能否做成、是否敢做这是一回事，可是如果"以智文其过，此君子之贼也"，靠着一点小聪明来掩盖自己的错误与过失，那就是君子之贼，就是君子的敌人！

　　有人可能又会问，这都是欧阳修的一面之词，他就喜欢范仲淹，他们是一党的，他当然专替范仲淹说话，凡是说范仲淹不好的人他都骂，高若讷也不例外。这个问题当然很关键，范仲淹究竟是个怎样的人呢？是个君子还是贼子？这的确需要辨明。

　　欧阳修认为，从范仲淹近三四年来的表现看，他不仅是个君子，而且是个有能力的君子，他不仅得到了皇帝的信任与重用，而且深得朝中大臣们的拥戴。问题在于，对于谏官高若讷来说，范仲淹不管是不是君子，是不是贤能之人，他这个时候批评范仲淹都是不对的。为什么呢？

第一，范仲淹如果不是贤能之人，是无能之人，甚至是个坏人，那么，当初皇上任命范仲淹为天章阁待制的时候，你这个做谏官的跑哪儿去了？为什么当时不拦着皇上，不劝阻皇上呢？怎么现在成了事后诸葛亮，开始打马后炮了？

第二，范仲淹如果是个好人，是个贤能的人，是个君子，那么，他现在遭人陷害，你作为谏官，为什么不敢站出来说话？我告诉你，无论范仲淹是个好人还是坏人，你都难逃其咎，你都要承担不可推卸的责任！

朋友们，这就是文章的力量！正看是你错，反看也是你错。为什么有的人说，一支纤纤细笔胜过千军万马？道理就在这儿，这种严密的强大的真理的力量、逻辑的力量足以致对方于死地。

在这封信的最后，欧阳修说：

第一，既然你不能胜任谏官的职责，那你最好就离开谏官的位置。

第二，你明明不是个称职的谏官，可是在余靖的家中，你还觍着脸去见士大夫们，这只能说明一个问题，那就是你不知道人世间还有"羞耻"二字！我悲哀的不是你不知羞耻，而是你作为大宋谏官不知羞耻，将来这件事记载在历史上，蒙受羞辱的不是你这个君子之贼，而是我们大宋王朝啊！

第三，虽然你是个不知羞耻的君子之贼，但我还是想拜托你一件事情，希望你能最后尽一尽谏官的职责：如果你依然认为范仲淹应当被贬，那么，我为他说话，自然也是邪恶的朋党之人了。希望你将我给你的这封信交给皇上，让天子杀了我，使得天下都真正了解范仲淹应当被斥逐，这也是谏官的一大作用啊！

大家看到了，在这篇著名的《与高司谏书》中，欧阳修对高若讷的质疑与抨击，如山呼海啸，狂风暴雨，一发不可收拾！又好似一连串猛烈的组合拳，打得对手毫无招架之力，欧阳修还顺手送给高若讷一个标志性的称号——君子之贼，这称号像一柄利剑，将高若讷牢牢地钉在了历史的耻辱柱上！

高若讷收到欧阳修这封信之后，气疯了，他立刻给仁宗上书，连同这封信一并交付朝廷。在奏章中，高若讷说：

我自从做谏官以来，兢兢业业，克己奉公，恪尽职守，朝廷上下，有目共睹。范仲淹被贬，欧阳修指责我不吭气，不说话，未尽到谏官的职责。我以为，如果朝廷贬谪范仲淹于理不合，我自当上书谏诤。可是在我看来，范仲淹任官以来为人处事多有过失，现在被贬，的确有他应该反省的地方。倒是欧阳修一再强调范仲淹的才华天下无双，却无辜被贬，这分明是在指责皇上故意驱逐贤能之士，欧阳修的举动实在给皇上给朝廷脸上抹黑啊！

高若讷的奏疏一上，对欧阳修的贬谪令就下达了，欧阳修被贬夷陵（今湖北宜昌）令。此事在当时引起了极大的社会反响。北宋"四大书法家"——苏、黄、米、蔡之一的蔡襄，当时就写了一首诗，诗曰《四贤一不肖》，就是四个好人和一个坏人。四个好人是谁呢？范仲淹、余靖、尹洙和欧阳修，一个坏人不用我说大家也知道，就是高若讷。这首诗刚一写出来，立刻就流传开了，很多人争着抄写，有些商人甚至把这首诗买去，然后转手卖个好价钱。契丹国的使者出使北宋，来到东京偷偷买了好多份，带回契丹国去了。很多年以后，有人在幽州，就是现在的北京，住在一个旅馆里，还在墙上看到贴着的这首诗。大家想想，这首诗在当时影响有多大！是这首诗的影响大吗？不是，是这些忠臣、贤能之臣遭到的迫害，以及受到的不公正的待遇引起了极大的公愤。

大家可能会问，欧阳修写《与高司谏书》的时候，如同火山爆发，现在被贬了，他是什么反应？我告诉你，欧阳修状态好得很。他的好朋友尹洙曾问他，会不会觉得自己给高司谏的信写得太激烈了，太过分了，太伤人了？有没有后悔？欧阳修的回答很坚决：没有，完全没有。我给高司谏写信的时候，就知道此人并非君子，因此发于义愤而猛烈地抨击他，根本就没把他当作自己的朋友，我后悔什么？

现在，我们如果回头再看《醉翁亭记》，就会深深感觉到，欧阳修这个醉翁并不是一个醉醺醺的小老头，倒像是一个出手迅猛的打虎英雄。这是欧阳修自从二十四岁考中进士以来第一次震动官场，他之前在洛阳做官的时候，还没有这样的机会，在政坛上展现他的个性和风采。而这第一次的展现就是如此的个性鲜明，无所畏惧。这种刚直不阿、嫉恶如仇的个性与气节，有时候表现得虽然有点儿意气用事，但是它奠定了欧阳修一生无私无畏，不惧是非，大胆议政参政，勇于执政的政治个性与政治作风，这样的个性与作风伴其一生再也没有改变过。范仲淹推动的这次朝政改革虽然失败了，但是欧阳修的这封信实际上再次吹响了要继续推行朝政改革的号角。欧阳修的这次亮相与呐喊，实际上代表了改革派的整体亮相与呐喊。

有人也许会问：欧阳修这次被贬夷陵，与他之后被贬滁州，有什么必然联系吗？欧阳修在《醉翁亭记》中醉心山水美酒，自称醉翁，算不算政治意志颓废呢？当然不算。这一次欧阳修致信高若讷，愤而出击，为范仲淹抱打不平，只是他作为一个有着正义感与进取心的年轻官员，路见不平拔刀相助，发出的一声吼叫，这最多也只能算是明知山有虎偏向虎山行，只是与那些政治保守派之间的口舌之战，真正的考验还在后面。也就是说，欧阳修不仅向着虎山行，还要深入虎穴，打大老虎。那么，被贬夷陵之后的欧阳修到底又有哪些表现呢？他又是怎么打的老虎？换句话说，欧阳修究竟动了谁的奶酪，引得各路老虎、狮子纷纷对他展开围攻？醉翁亭上的欧阳修，他的醉翁之意到底在哪里呢？

第三讲

他动了谁的奶酪

三十岁的欧阳修血气方刚，嫉恶如仇，为了给范仲淹抱打不平，他愤笔写下言辞激烈的《与高司谏书》，指责高若讷是"君子之贼"，是典型的小人，从而得罪了朝廷，被贬到遥远的湖北夷陵担任县令。经过长途跋涉，欧阳修带着家人来到了夷陵。在这穷乡僻壤之地，欧阳修将会有怎样的表现呢？他的政治前途将会有怎样的改变呢？

　　欧阳修此时的处境不由让我们想起唐代的柳宗元，柳宗元被贬永州的时候，也是三十一二岁的年纪。那个时候柳宗元真的是万念俱灰，陷入到深深的绝望当中。同样是三十岁出头的年龄，欧阳修的表现与柳宗元可完全不一样。在给朋友的信中，他说：

　　　　五六十年来，天生此辈，沉默畏慎，布在世间，相师成风。
　　忽见吾辈作此事，下至灶门老婢，亦相惊怪，交口议之。（《与
　　尹师鲁第一书》）

　　五六十年以来，大家都习惯了沉默畏惧，谨小慎微，这种风气代代相传，陈陈相因。忽然看到我们做出这样惊世骇俗之事，就算是家里烧火做饭的老厨娘，也都惊讶得不得了，大家都纷纷议论说，怎么就窜出这么一个年轻人，胆子这么大，敢给当时的谏官写这样一封公开信，表明自己的立场，公开自己批评的态度。

　　你看，欧阳修在谈论这件事的时候，一点儿都没有沮丧，一点儿都没有绝望，相反，是骄傲，是振奋，是为自己的行为、言论能

够扫荡沉闷黑暗的官场与社会风气而自豪。他的这种心态跟当年柳宗元的心态完全不一样。

欧阳修被贬之后，与柳宗元的表现不同，与韩愈被贬后的表现也不一样。想当初韩愈为了劝谏唐宪宗奉迎释迦牟尼佛指骨，勇上《论佛骨表》，痛陈佛教对唐朝的危害，真可谓义正词严。结果把唐宪宗得罪了，韩愈被贬潮州。到潮州之后，韩愈立刻给唐宪宗上了一道奏章，反复陈说自己被贬潮州之后日暮途穷的惨状，大倒苦水，说此间环境如何恶劣，自己的身体如何孱弱。并大肆吹捧唐宪宗，认为他是唐朝最伟大的君主，以此来博得宪宗的欢心与同情，希望能够早日返回长安。

欧阳修对此很不以为然。他非常推崇韩愈的思想与文章，认为韩愈是第一流的大政治家、大诗人、大文章家。但他对韩愈的这种近乎摇尾乞怜的做派却很瞧不上眼，在给朋友的信中，他说：

> 每见前世有名人，当论事时，感激不避诛死，真若知义者，及到贬所，则戚戚怨嗟，有不堪之穷愁形于文字，其心欢戚无异庸人，虽韩文公不免此累，用此戒安道慎勿作戚戚之文。（《与尹师鲁第一书》）

常常看见前代的名人，当他们谈论朝政的时候，慷慨激昂，摆出一副不怕死的样子来，好像真的有铁肩担道义的勇气。可是一旦被贬远地，就悲悲戚戚，哀哀怨怨，尽写一些哀叹穷愁不堪的文字，那种患得患失、不堪痛苦的内心，与一般庸俗的家伙也没有什么区别。别人不说，现在看来即便是像韩愈这样的贤人也不过如此。我当然会以此为戒，绝对不会写这种自怨自艾的文字。在欧阳修看来，做人应该前后一致，你既然敢做这样的事情，你就要有担当这件事情的胆量，要有这样的心胸。

　　所以在给朋友的信中，他保证：第一，自己绝对不会自暴自弃，整日借酒买醉，大放狂言，撒酒疯，虽然被贬了，却故意吹牛说老子如何如何天下第一，实际是在发超级牢骚，这个事儿，我不会做。第二，我虽然被贬到夷陵这么个小县城，但是你放心，我自己会好好做官，勤于政事，绝对不会怠工。第三，我自己会"日知进道"，保持良好的进取心态，既不会因为受了委屈就生出一种莫名其妙的狂傲之心，也不会因为被贬就破罐子破摔，而是认真做事，认真做人，积极准备迎接更大的风浪，积极准备再一次为朝廷做出更大的贡献。

　　要知道，一个人被贬之后，一般有两种姿态：一种是彻底趴下了，趴下以后要想再站起来站直了，可不太容易。还有一种姿态就是蹲下。趴下的就是彻底认输了，灰了心了。但是蹲着的人却是在蓄势待发，是在积蓄力量，是在时刻准备站起来往前跑。欧阳修就是这蹲着的人。被贬夷陵对他而言与其说是一次挫折，一次打击，还不如说是他再次起跑前的一次休整，一次预备。换句话说，欧阳修对待这次被贬，其心态是非常积极、非常健康的。

　　大家也许会问，欧阳修为什么就这么乐观，这么阳光呢？难道就是因为他比柳宗元和韩愈的人生境界高？这其中的原因非常复杂。首先当然是由于欧阳修正值年轻气盛之时，正所谓自古英雄出少年，初生牛犊不怕虎，欧阳修年轻、志高、才雄，所以对未来充满信心，不会因为一时之得失而丧失政治意志。

　　其次，也是更重要的原因在于，欧阳修此次被贬的起因并非触犯了朝廷与皇帝的核心利益。恰恰相反，范仲淹、欧阳修等人的所作所为是完全符合朝廷和皇帝的核心利益的。当时的宋仁宗虽然只有二十多岁，但是他有着强烈的革新朝政的愿望，范仲淹、欧阳修等人也是他所倚重的革新力量。应当说，当时朝廷的大环境依然是推行朝政改革，只不过范仲淹等人出手太猛太快，触犯了保守势力的既得利益。再加上当时宋仁宗亲自执政不过三年时间，还不能得心应手地驾驭朝廷各方势力，为了平衡朝廷政局，他只能先将范仲淹、欧阳修等人贬出朝廷，以便缓和改革派与保守派之间的矛盾冲突，维持政治大局的稳定。

当两个拳头开始发生冲突的时候，让另外一个拳头暂时先撤退，剩下的这个拳头没有了目标，就会慢慢地停歇下来，这是一个权宜之计。但欧阳修等人被贬并不等于说政治革新就此完全失败。相反，宋仁宗本人依然要执着地推进政治改革，朝廷上下革新朝政的愿望不仅没有减弱，反而因为这一次范仲淹等人的被贬变得更加迫切了。革新朝政的方向不仅没有逆转，反而也因为这一次被贬事件而更加坚定了。

可见，欧阳修被贬与柳宗元、韩愈被贬的原因有根本的不同。柳宗元根本就是上错了船，站错了队，被贬没商量。韩愈本来是边骂佛、道边劝皇上的，结果可能骂得太兴奋了，劝得太用力了，结果是劝着劝着就让人感觉开始骂皇上了，属于骂过界了。欧阳修与他俩都不同。

欧阳修本人对他这次被贬的前前后后眼明心亮，他之所以能够以积极的心态对待贬谪，主要是因为他能够看到革新朝政依然是朝廷政治生活的大趋势、总方向。认清了这一点，也就认清了当时政治活动的本质；而认清了形势的本质，自然也就没有了烦恼与困顿。所以，一个人面对困难与挫折时，不仅要有开朗的个性与豁达的心胸，更要对整个事态发展的前途与形势有清醒深刻的认识，只有这样，才能真正长久地保持乐观、积极、进取的心态与信心。这样的人，是永远不会陷入迷茫彷徨之中的。

事实也证明了这一点。

就在欧阳修被贬夷陵三四年之后，他再次接到朝廷的诏命，官复原职，继续担任馆阁校勘。那么，饱尝贬谪之苦的欧阳修是否会吸取以前的教训，不再那么金刚怒目、锐气十足了呢？非也。事实证明，欧阳修不仅没有退缩，反而开始以更大的政治勇气上书论政。如果说之前欧阳修写给高若讷的信，是明知山有虎偏向虎山行，是敲山震虎的话，那么现在的欧阳修就不只是敲山震虎了，而是要虎口拔牙了，要从虎口里掏出肉来，要动一动虎口中的奶酪了。那么，对欧阳修来说，究竟谁是老虎，奶酪又是什么呢？

先来看看当时朝廷的形势：宋朝与西夏战事不断，同时还不得不向辽国进贡财物。国家财政赤字巨大，百姓赋税沉重，官员徇私舞弊，民生陷入疾苦，兵变民变接踵而起。在这样四面起火的乱局下，庆历二年（1042）五月，宋仁宗不得不号召大臣们针对时弊，上书言事，为拯救国家群策群力。欧阳修抓住这个时机，提出自己的见解：

第一，做君王的一定要有主见，不要被身边的人左右。所谓"为人君者，以细务而责人，专大事而独断，此致治之要术也；纳一言而可用，虽众说不得以沮之，此力行之果断也。知此二者，天下无难治矣"。做君王的，应当将具体事务交给大臣去办，自己要抓大事，这就是所谓的抓大放小；君主还要有乾纲独断的气魄，只要拿定主意，就要坚持到底，即便耳朵边有再多的不同意见，都要坚持自己的看法，耳朵要硬不能软！这就是为人君的气魄。换句话说，不要总是被身边的宰相所左右，皇上一定要坚定自己的主意。

第二，做君王的一定要学会用人。用人要做到"任之必专，信之必笃，然后能尽其才而可共成事"。既然任用了他，就得信任他，做到人尽其才。但同时又不能"专任而信之，以失众心而敛国怨"。"天下之人皆知其不可，而独其主不知者。""专信一人，而不能早悟以及于祸败者多矣。"什么意思呢？任用一个人，如果大家都认为他有问题，不能用，你却偏偏一意孤行，就是要用这个人，那不仅会失去大多数的人心，而且还会招致难以预测的祸患，长此以往，必然会出大乱子，会惹大麻烦。

显然，欧阳修笔锋所指的就是当时保守派的领袖人物吕夷简。在欧阳修看来，当时朝廷里的大老虎就是以吕夷简为首的保守官僚势力，而所谓的奶酪就是把持在这些官僚手中的既得利益。因此，你要不打倒这些大老虎，老虎口中的奶酪就拿不出来，你也就不可能重新分配奶酪，那么革新朝政也就是一句空话。

但是你知道吗？在欧阳修的奏章里一个字也没有提吕夷简。这是一种很巧妙的做法，好比将弓弦拉满，却引而不发，话里话外都是弦外之音，可见此时的欧阳修在复杂的政治局面面前已经成熟多了，顽强的政治生命与鲜明的政治立场并不意味着不顾一切的盲目蠢动，那样反而达不到目的。

欧阳修的奏章好似投入湖中的石头，搅动了朝廷上下看似平静的湖面；他的奏章又好似锋利的刀叉，不仅叉到了老虎的脑袋上，而且也准备将老虎嘴边的奶酪叉走一大块；这奏章更好似一杆旗帜，旗帜挥动之际，一批锐意改革的大臣纷纷上书，干脆捅破窗户纸，明火执仗地开始弹劾宰相吕夷简，认为吕夷简最大的罪责就是蛊惑皇上、涂炭生灵。具体来说，第一，吕夷简只选拔不如自己的人，不选拔比自己强的人，以此向皇上表明宰相之职非自己莫属。第二，吕夷简执政，将苟且偷安当作稳定，以回避、诽谤作为智慧。他的罪过，罄竹难书！

其实，吕夷简这个人倒也并不像大家说的这么糟糕。从宋仁宗登基开始，吕夷简一直做了二十多年的宰相，在稳定国内局势、巩固边防、任用官员等方面还是做出了不少的贡献。有时候，对那些反对自己的官员，吕夷简会惩戒他们一下，但只要他们有才干，往往还会再提拔使用。宋仁宗对吕夷简很信任，也很敬重。吕夷简病重的时候，宋仁宗剪下自己的胡须给他做药引，希望他能早日痊愈。《宋史》评价吕夷简"于天下事屈伸舒卷，动有操术"，意思是他做宰相期间，天下大事尽在掌控之中，收放自如。欧阳修则批评吕夷简"二十余年间，坏乱天下。……其在位之日，专夺主权，胁制中外，人皆畏之"（《续资治通鉴长编》卷143）。这也正是吕夷简在位既久的坏处：二十多年来大权在手，关系网错综复杂，任何一点小小的革新都会遭到强大的阻力，朝廷上下笼罩在一种因循守旧、死气沉沉的氛围当中，那种冗官、冗费的弊端已经到了非改不可的地步了！

所以，在范仲淹、欧阳修这些锐意革新的先锋看来，要革新，吕夷简必须退出政治舞台、历史舞台，这与吕夷简的个人品行、道德操守毫无关系，而是因为吕夷简的存在就是一个象征，就是一个标志，只有将他搬走，朝政的改革才能真正落到实处。

终于，在强大的舆论压力下，宋仁宗庆历三年（1043）三月，六十六岁的吕夷简称病告退，仁宗皇帝批准了他的请求，罢免了他的宰相职务。

这应该是革新派所取得的一个重大的阶段性胜利。这期间，欧阳修撰写的《准诏言事上书》《本论》《为君难》等一系列奏疏，成为改革派的重要思想武器，欧阳修本人也因此成为改革派的重要代言人，为庆历三年拉开序幕的"庆历新政"做了积极而充分的思想准备。当然，使吕夷简罢相，只是改革朝政的第一步，接下来的任务更加艰巨和繁重。换句话说，你赶跑了大老虎，但是朝廷上下还有不少小老虎呢，他们还盘踞在自己的奶酪跟前一动不动。赶走一个吕夷简，并不能改变官场的体制与风气，因此不仅要赶走老虎，还要改变分配奶酪的原则，也就是说，不仅要将那些无德无才无能的人从他们的位置上赶走，更重要的是要刷新吏治，建立新的具有革新意义的干部人事制度。

这就需要年轻的"欧阳修们"拿出具体可行的改革方案了。俗话说不破不立，你不能总是打破却不立呀，更重要的是要建设，你把旧的规矩破坏了，新的规矩是什么？你得拿出来，这恰恰是体现一个政治家、思想家核心素质、核心水平的地方。其实宋仁宗对吕夷简是非常倚重、非常欣赏的，现在为了给改革派让路，为了革新朝政，他毅然罢免了吕夷简的宰相之职，但是他接下来也要看看范仲淹、欧阳修这些人究竟会给他拿出什么像样的革新举措来。

当然有了。欧阳修可不是浪得虚名的人。他不仅要动吕夷简势力范围内的奶酪，还要进一步告诉天下人，官场这块奶酪究竟应该怎样来分配。在欧阳修看来，朝政弊端的核心是吏治，如何改呢，先从人改起。欧阳修认为，现在朝政混乱，内忧外患，全都是因为官场中四类人太多，第一类是年老昏庸者，第二类是体弱多病者，第三类是贪赃枉法者，第四类是碌碌无为者。欧阳修上书朝廷，要求朝廷对现任官员进行全面的考察。在范仲淹、欧阳修等人看来，当时的官员"能政者十无二三，谬政者十有七八"（范仲淹《奏乞择臣僚令举差知州通判》）。真正有能力的官员十个里面没有两三个，而没有能力的官员十个里面倒有七八个。而在这四类官员中，只有贪赃枉法者容易自行败露，其他几类官员的弊端很难自行败露，这样的官员一旦在州县担任职位，天下州县十之八九都治理不好。

所以，欧阳修向皇帝建议：在朝廷中选拔一批廉洁奉公、精明强干的官员担任按察使，专门负责纠察考核各州县的官员。按察使拿着花名册，到了哪个地方，凡是碰上年老多病、没有才能、明显政绩差的官员，就用红笔在他的姓名之下做个标记；那些才智中等的官员，虽然没有什么突出的政绩，但也没有沦落到荒废败落的地步，就用墨笔在他们的姓名之下做个标记；还有一种，虽是平常才能，却尚有做好一件事情的专长，也用红笔做个标记。等按察使返回朝廷，将察访情况上奏朝廷，那么皇上就能够稳坐宫廷而知道天下官吏的贤愚善恶了。然后再以此为依据，讨论制定罢黜和升迁官员的办法。只要坚持这样做，那么天下风气便会清明，一年之内可望治理得井井有条，只劳顿朝廷精选二十几个人充当按察使，一点都不难办！这就是欧阳修重新分配奶酪的方案。举手之劳！其实事实哪有这么简单？几十年来官场的奶酪格局岂是一朝一夕所能改变的？要真正变革官场风气，必须要有锋利无比的刀叉方能奏效，这样的刀叉是什么？就是按察使的人选！

但恰恰就是在这个问题上，朝廷打了折扣。欧阳修要求设置按察使考核纠察官员的政绩，然而，宰相府下达的命令却是：让地方最高行政长官——转运使兼任按察使，对所管辖的官员进行考核纠察，这就从根本上否定了欧阳修提出的从朝廷中重新单独选拔按察使的办法。宰相府这样做，可能是出于各种考虑，比如，不再重复设置机构，考虑到各地最高行政长官对下属的情况比较熟悉，便于考核等等。但是总的来说，这样做不利于真正考核出官员的真实水平，也不利于深入考察官员，其深层的原因还是在于并没有改革吏治的勇气，依然抱着一种得过且过、因循苟且的态度。如果这样的话，与欧阳修的初衷显然是相背离的，对此，欧阳修是绝对不能容忍的。他立刻上书朝廷说：

> 今所委转运使，岂尽得人乎？其间昏老病患者有之，懦弱不材者有之，贪赃失职者有之。此等之人自当被劾，岂可更令按察？其间纵有材能之吏，又以干运材赋有米盐之繁，供给军需有星火之急，既不暇遍走州县，专心察视，则稽迟卤莽，不得无之。故臣谓转运使兼按察使，不材者既不能举职，材者又不暇尽心，徒见空文，恐无实效。在于事体，不若专遣使人。（《论按察官吏第二状》）

真是一语道破天机。让各地的最高行政长官兼任按察使非常不妥当。为什么？因为这些转运使当中，有很多人本来就是需要被考核纠察的家伙，他们自己尚且不合格，又如何来考核下属官员？即便是精明强干廉洁奉公的转运使，他也有自己的本职工作，他要忙于自己的政务，哪里会专心致志地去做考察考核官员的事情呢？这样一来，庸才没有能力做好这件事，干才又没有时间精力做好这件事，到头来又是一场空。

欧阳修坚持，还是应该在朝廷中精选几十位专任按察使，并且将按察使这个工作制度化。他指出，朝廷历来不是没有人指出朝政的弊端，只是因为不能很好地付诸实施，"但著空文，不责实效"，所以导致"上下因循，了无所益"。现在要改革朝政，就一定要"须在力行，方能济务"。一切事情都要落实到行动中，落实在实践中，真正落在实处，方能收到实效。这也就是现在我们常说的：心动不如行动。朝廷缺大思想家，更缺大实践家，而要实践，要行动，就会触碰现实利益，触碰既得利益者。欧阳修之所以一再强调必须从中央直接选派按察使考察朝廷与地方官员，其主要用意就在于要从根本上改变官僚体制的风气，做到不留情面、一抓到底、绝不姑息、抓出实效。这些选派的按察使就是改变奶酪分配格局的锋利刀叉，而欧阳修自己就是这第一柄锋利的刀叉。他自己首先就向陈陈相因的官场发起了攻击！

攻击的第一个目标就是官场中的不材之人。

欧阳修强调指出，当今官场的那四类人当中，最可恶、潜在危害最大的就是不材之人，朝廷应当更加提防。欧阳修说，年老多病的人，显而易见，容易甄别，容易淘汰；那些贪赃枉法的官员，多是狡诈之人，一经败露，就可以绳之以法；但是对于那些不材之人，就难办了！欧阳修甚至认为，不材之人为害深于赃吏！原因在于：

第一，他们是潜伏的危害。这种人能力不大，个性不强，好处没有，坏的有限，既不冒头，也不落后，不思进取，一味守成，所以很容易被人们忽略。但是让这样的人做了知州，一州的百姓就会倒霉，做了知县，一县的民生跟着窝囊。其潜在的危害性是非常大的。

第二，他们的无能危害更大。这一类庸才，他们自己没有勇气没有能力去贪赃枉法，但是也同样没有能力去遏制下属贪赃枉法，所以这种庸才的危害与贪官污吏一样大。

公开抨击不材之人，显然就得罪了官场的大多数人。因为很多做官的人，就是靠着不材之材才在官场上立住了脚跟。你太有才华了，太优秀了，人家嫉妒死你，团结起来把你轰下去。你太平庸了，没有眼力价儿，没有能力，连个场面上的事情也做不来，人家会团结起来踢死你。所以只能是有点儿材，可又没什么大材，刚好平平稳稳地过日子，维持着局面最好，这种明哲保身的不材之材就是官场最好的材料，多少官员就是靠着这不材的哲学才混到现在的位置，你现在公开跟这大多数人的哲学叫板，能有好果子吃吗？

欧阳修不怕。他不仅指出四类人中不材之人最可恶，而且在奏章中公开点名抨击现任官员中的不材之人。地方官当中，他公开点名的有金州（今陕西安康）知州王茂先，顺阳（今河南顺阳）县令李正己，认为他们就是这种典型的不材之人，他们的不材到了令人发指的地步，何以见得呢？

当时有一支反叛政府的军队，宋代官员当然叫他们乱贼、贼兵了。他们在鄂豫陕一带活动，首领叫张海。当这支军队运动到金州城附近的时候，金州知州王茂先年老昏聩，丝毫没有防备，居然将他们放入城中，任由他们大肆抢掠。张海而后转战至邓州顺阳县，顺阳县令李正己更是年老昏庸，居然敲锣打鼓欢迎张海的队伍进入县城，并且大摆筵席款待他们，还让他们留宿在县城的衙门里，当然又是一番抢掠。这就好比说，张海起兵造官府的反，官府不仅不缉拿他们，反而对他们热烈欢迎，招待他们好吃好喝，让他们想抢什么就抢什么，这不仅是无能，简直就是可恶。

欧阳修指出，像王茂先、李正己这样的昏官早就应该撤换，可是他们的上级主管官员京西按察使陈泊、张昪却置若罔闻，朝廷早就下诏书要求纠察考核下属官员，可是半年的时间过去了，居然就发生了这样可笑滑稽又耻辱的事件，如果陈泊等人早早将这两个昏官撤换下来，还会发生这样可耻的事情吗？

以我们现代人的眼光来看，这样的事情简直就是匪夷所思。可是这的确是北宋官场的现状。宋朝自宋太祖赵匡胤建国以来，实行文人政治，对文臣采取极为宽宥的政策，这样一方面巩固了中央集权，另一方面也导致对官员的放纵，贪污腐化、因循懈怠逐渐成为官场主流，欧阳修所提到的"不材之人"正是这种背景下的产物。在欧阳修看来，地方上的"不材之人"要铲除，中央的"不材之人"更是要拉下马。除恶务尽的欧阳修，这次将会对谁开火呢？

宰相吕夷简有一个心腹亲信，名叫李淑，几十年来依附于吕夷简，为人阴险邪恶，臭名远扬，很多人都非常怕他。这样的一个人，宋仁宗不知为什么居然将他提拔为翰林侍读学士。这个官是专门负责给皇帝讲读书史、讲解经义的，算是皇帝身边的近侍之臣。欧阳修知道这个消息后，头都大了，他果断地给皇帝上书，坚决反对这个任命。

他说：第一，李淑这样的人属于奸佞之臣，天下之人都知道，可是这样一个奸邪之人却要在皇帝身边工作，真是匪夷所思，不知道皇上用这样的人的目的是什么？！第二，要说是需要李淑的文采，我觉得更没有必要。一个大臣最重要的是德行，文采不过是一种装饰，有没有都无所谓。第三，退一万步讲，天下就算都没有文采了，皇帝的诏书照样下达，诏书的语言纯朴直率，没什么不好。第四，李淑这样的人不能重用，他担任地方官，乃是一方之害，如果再在皇帝身边做官，那就是天下之害。皇上您还是早做决断，早早将他打发到外地去做官吧！

宋仁宗脑子倒还清楚，他听从了欧阳修的意见，立刻决定改派李淑去安徽寿州任知州。可是这时候一件奇怪的事情发生了，外放李淑寿州知州的任命迟迟下不来！当时中央最高的行政决策机构叫作中书门下。朝廷规定，不论是谁的意见，都必须通过中书门下商议之后，才能颁发诏书。一般不允许皇帝直接从宫内发出圣旨。这样做的目的就是平衡君权与相权，特别是限制君主过分集权。当宋仁宗的意见到了中书门下后，没想到宰相们提出了这样的意见：外放李淑去寿州，必须得李淑本人提出申请，方才可以下发这样的诏书。你看，这岂非咄咄怪事？欧阳修听到后，怒不可遏，愤而上书皇帝，他说：

第一，皇上已经下旨外放李淑为寿州知州，天下人都知道是陛下做出决断，驱逐奸佞小人，今后小人就再也不敢胡作非为了。可是现在中书门下却提出这样奇怪的方案，那么天下人会怎么看您呢？他们会认为皇上您甚至都没有黜退小人的权力，皇上甚至任由宰相左右。那么，以后天子要想驱逐奸臣，只要中书门下不肯执行，奸臣也不肯自我放逐，那还真的就拿小人没办法了！

第二，引进贤人、屏退小人本来就是宰相的职责，可是现在执政大臣左顾右盼，态度暧昧，回避矛盾，无非是明哲保身，不愿意得罪人。现在他们这样做，固然能不得罪李淑，可是皇上却因此在天下人面前失去了信誉，也从此得罪了天下人！我恳请皇上直接降下圣旨，将李淑外放寿州，以正视听。

在欧阳修的一再督促下，十多天后，李淑终于被外放到寿州去了。

你看，主张淘汰无德无才的官员，这本来就是要得罪人的，欧阳修不但提建议，还落实在行动上，公开点名某某不合格，某某应该被贬黜，甚至对李淑这样背景深厚的"老油条"穷追猛打，怎么能不招致官场的仇视呢？可以说，欧阳修与守旧势力的斗争是针锋相对，甚至达到了白热化的程度。

范仲淹的手段也同样厉害。范仲淹时任参知政事，副宰相。他对官员的考核也非常之严格。他曾经审阅各个地方的转运使名单，凡是看到不合格的平庸之徒，就将这人的名字从名单中一笔勾掉，另一位大臣看到这情景非常惊讶，就劝他说，你这样一笔勾掉很容易，可是你要知道这一笔勾掉之后他一家人都会放声痛哭的呀！范仲淹回答说：宁可让他一家人痛哭，也不能让那一个地方一个州县的人痛哭啊！

范仲淹、欧阳修等人之所以甘冒得罪无数人的风险，以如此严厉的手段整顿吏治，甚至达到了寸步不让、斤斤计较的程度，无非就是要达到这样的目的：

一、由皇上派出的使者考察各州县的工作，考核政绩，淘汰不合格的官员。从而改变陈陈相因、死气沉沉的官场风气。

二、经过考察，果断罢免不合格的官员，提拔优秀官员，让那些混日子的不材之人感觉到这日子不是好混的，混不下去了。

三、彻底整顿吏治，革除朝廷几十年来积累起来的严重弊端，让国家政权重新焕发生机，让百姓民生重新充满活力。

这就是我们前面所说的打老虎，动奶酪！

这个打老虎动奶酪的力度如此之大，还有一个重要原因在于宋仁宗的坚决支持。从宋仁宗庆历二年到三年，仅仅一年的时间，支持改革的一批官员得到迅速的提拔，范仲淹被任命为参知政事，欧阳修被任命为右正言知制诰。朝廷的一系列人事变动和改革举措的推出，昭示着宋仁宗奋然求治的革新意愿，朝野上下一大批关心国运、富有社会政治热情的士大夫无不为之欢欣鼓舞。

宋仁宗曾当面对欧阳修等人说："你们都是我亲自选拔的得力人才，有什么意见建议只管当面提出，不必有所避讳！"他反复催促范仲淹尽快拿出系统的革新朝政的方案来。范仲淹久历官场，经验丰富，言行也比较慎重，他说："皇上对我可以说是极力重用。但是做事情总有个先后次序，要循序渐进。更何况在因循苟且已久的局面下改革时弊，就不是一朝一夕马上能够奏效的。"可是宋仁宗年方三十三岁，年少气盛，他并不这么认为，他亲自召见范仲淹等人，下达手诏给他们说："我之所以破格提拔你们，就是希望你们能够尽心尽力地为国效命，希望你们不要有所顾忌，有什么于国于民中肯的意见建议就尽快呈递上来。"在这样的形势下，范仲淹等人终于主持起草了著名的《答手诏条陈十事》，这是范仲淹等人提出的全面改革朝政的纲领性文件，用现在的话来说，就是关于改革朝廷的十条意见，或者干脆就叫作"范十条"。

"范十条"一出台，立刻引起了朝野的轰动，"天下翘首以望太平"。改革派的官员们深受鼓舞，热血澎湃。欧阳修有一位好朋友，当时担任国子监直讲，叫石介，他个性耿介，颇有文采，目睹如此大好的政治形势，不禁大喜过望，还说这是时代的盛事，我应当作诗一首极力地歌颂鼓吹它才对啊！于是写了一首四言长诗《庆历圣德颂》，凡一百九十句，七百六十字。

在这首长诗中，石介首先大大歌颂了宋仁宗的英明伟大，接着颂扬赞美了范仲淹、韩琦、富弼、蔡襄、欧阳修、余靖等革新派人物，将阻碍革新的保守派大臣形容为"昆虫""妖怪""妖魅""大奸""邪孽"。这首诗在当时影响很大，彼时苏轼方才八岁，远在四川眉山，他通过老师读到了这首《庆历圣德颂》，从此记住了范仲淹、欧阳修、富弼、韩琦等一代名臣的名字。在舆论的鼓舞下，欧阳修等人斗志更加旺盛了，他们认为像石介这样坚定拥护革新的猛将理应得到重用，因此决定联名上书推荐石介担任谏官，可是，这一提议却遭到了范仲淹的坚决反对。他在看到石介的这首诗之后，不无忧虑地对同为宰辅的韩琦说："为此怪鬼辈坏之也。"（宋·袁褧《枫窗小牍》卷上）我们的大事就要坏在这种奇奇怪怪、鬼鬼神神的人手上了！韩琦也深有同感，说：国家大事哪有这么简单？怎能如此草率行事？这样下去是要坏事的！

你看，真是奇怪，在石介眼里，那些保守派们是妖魔鬼怪，可是在范仲淹的眼中，石介却反而变成了鬼怪之人，这到底是怎么回事呢？难道说在他们改革派内部也开始产生分歧，有所谓的圣人，也有所谓的妖怪吗？

第四讲

是君子还是小人

以范仲淹等人为首的革新派势力如日中天，鸿运当头，加之宋仁宗对他们的坚决支持，更加唤起了革新派同仁们的高涨热情，也许是为了助兴，也许是为了鼓舞斗志，石介专门写了一首几百字的长诗，歌颂赞美革新派的几员大将，用极为尖刻的语言抨击了保守派的大臣。

　　这首《庆历圣德颂》横空出世，让革新派群情激奋、斗志昂扬。但是，作为改革领袖的范仲淹等人却对此忧心忡忡、叫苦不迭，因为他们知道，诗中犀利尖刻的措辞，一定会刺痛改革对立面保守派的神经，而保守派一定会拼死反击。将这样的诗篇公之于众，不仅不能成为推动改革的力量，反而会成为阻碍改革的力量，不仅不会给改革运动以加速度，反而会减缓它的速度。换句话说，人是好人，心是好心，但是好心净办些坏事！

　　果不其然，保守派立即凶狠出手，双方的决战提前开始。那么，在这场你死我活的较量中，欧阳修将担负起什么样的历史重任？而有着皇帝支持的革新派，能不能在这场对决中取得胜利呢？

　　要知道，范仲淹、欧阳修等人所推行的"庆历新政"，绝对不是耍耍嘴皮子、做做表面文章、走走过场、花拳绣腿一番就完事了的，而是要真刀真枪地大干一场。什么叫作真刀真枪？就是要当面锣对面鼓地指出朝政的种种弊端，就是要实实在在地开掉不合格的官员，就是要拉下面子、不讲人情，就是要斩钉截铁、坚持原则、一追到底！

但是，你要夺走人家手中的权力与奶酪，人家难道就干等着任你宰割？人家难道不会奋起反击吗？不会跟你争个鱼死网破？

当然会！

前面我们说到欧阳修弹劾李淑的事情，宰相府之所以迟迟不肯下达处置李淑的意见，不肯将李淑逐出京城，就是对欧阳修的弹劾不满意，但是又碍于宋仁宗这个革新派的总后台，实在没办法，所以能拖就拖，能缓就缓。这是什么？这就是阻力，只不过这个阻力感觉不是那么强硬，却让你使不上劲儿，想反对也反对不起来，好像踩在棉花上一样。你说我这是阻力？没有，我还挺温和，但就是不执行。这是一种更可怕的阻力——软阻力。

当时的宰相章得象，是一个典型的守旧派，他对身边的人说："每见小儿跳踯做戏，禁止不得，到触着墙自退。方其举步时，势难遏也。"意思是说：每次当我看到小孩子跳来跳去的做游戏，最淘气的时候，我怎么劝他们停下来也劝不住，只有等到他们自己玩着玩着碰到墙壁了，撞到自己了，就停下来了。言下之意是：这些搞改革的人，就好比跳来跳去的小孩子一样，只图着一时快活，不知道这样跳来跳去的危害，总有一天，他们会跳不动的，会自己停下来的。

改革是一项系统工程，有赖于各方的协调与统筹方能完成，要将朋友扩大到最多数，将敌人减少到最少数。改革不是意气用事，更不是单纯的激情澎湃，而是要在错综复杂的杂草林中开出一条前进的道路来，所以范仲淹看到石介的那首诗才会那样的忧虑。这首诗不仅不会积极地推动改革，反而会阻碍改革，会给改革树立更多的敌人。

欧阳修等人不是高歌猛进吗？不是势如破竹吗？不是所向披靡吗？不是公开点名吗？不是一往无前吗？那好，那四类人，那些不材之人也不可能坐以待毙，他们是不材之人，是碌碌无为，但是在对付欧阳修、范仲淹的时候，却表现得才华横溢，才情勃发，才力不凡！

守旧派们开始发起猛烈的反击，他们的第一招是"文斗"。他们指使宦官蓝元震上书攻击范仲淹等新政官僚：

> 范仲淹、欧阳修、尹洙、余靖，前日蔡襄谓之"四贤"，斥去未几，复还京师。"四贤"得时，遂引蔡襄以为同列。以国家爵禄为私惠，胶固朋党，苟以报谢当时歌咏之德。今一人私党，止作十数，合五六人，门下党与已无虑五六十人。使此五六十人递相提挈，不过三二年，布满要路，则误朝迷国，谁敢有言？挟恨报仇，何施不可？九重至深，万机至重，何由察知？（《续资治通鉴长编》卷148）

大意是：当初，蔡襄写《四贤一不肖》这首诗，称赞范仲淹、欧阳修等四人为贤能之人。他们这些人将国家利益看作是自己的私利，彼此拉帮结派，结党营私，对方只要给了自己好处，就会相应地感恩图报。现在如果一个人的私党只以十个人来算的话，五六个人门下的同伙至少得五六十人，这五六十人再发展，彼此照顾提携，不过两三年时间，就会发展到占据朝廷的各个重要岗位，祸乱朝廷，误导朝政，到那个时候，他们想诽谤谁就诽谤谁，朝中大臣们谁还敢多说一句话？到那个时候，他们还不是想打击报复谁就打击报复谁？皇上您深居宫中，哪里能够知道这里面的弯弯绕呐？

俗话说射人先射马，擒贼先擒王，蓝元震的这一番话可以说是戳到了宋仁宗的心窝子里。古代的皇帝最讨厌最害怕的就是大臣们结党营私，因为这样做会败坏朝政，危及皇位的安全，祸及帝国的稳定。宋朝历代皇帝对朋党更是非常警惕，为什么？因为唐代之所以衰落乃至灭亡，其中一个很重要的原因就是朋党之争。朋党之争会使国家陷入混乱，会使国家利益流入个人腰包，会使国家机器失去控制。所以宋朝历代皇帝对朋党现象非常警惕，一发现苗头绝不姑息。你看，保守派打你的要害打得非常准，人家就告你们搞团伙，弄帮派，就告你们是朋党，其目的就是让皇上直接收拾你们，看你们怎么办！

孔子曾说过一句话："君子群而不党。"就是说君子是有道德的人，是有原则的人，他会团结群众、凝聚人心，但是他不会结党营私，拉帮结派，这当然是非常理想化的境界。但是在现实生活中，什么叫作团结群众，什么叫作拉帮结派，有的时候很难分辨清楚。特别是在激烈的政治斗争中，无论是正义的还是非正义的一方，往往都自觉或不自觉地结成某一政治集团或群体，形成具有相当规模战斗力的团队。而对于皇帝来说，他所担心的其实还不是是否谋私利，而是担心大臣拉帮结派之后，会形成巨大的政治团体力量，这样的力量对皇权是极大的威胁与挑战，它会直接危及皇权的稳定与权威。也就是说，对宋仁宗来说，他关注朋党的首要目的在于是否会危及皇权。

比如范仲淹被贬之后，王质就公开宣称："希文贤者，得为朋党幸矣。"自己如果能与范仲淹这样的贤能之人结为朋党是非常荣幸的事情！而尹洙也将范仲淹看作是同道的师长与朋友，甘愿随着范仲淹的被贬而被贬。等到范仲淹等人主持"庆历新政"之时，欧阳修、富弼、韩琦、杜衍等一大批志同道合的改革派人物又都汇聚在他的周围，形成了一个声势浩大的政治革新群体，所有这些，都至少在形式上给人一种结党结派的印象。而"蓝元震们"抓的也就是这个问题，你能分清范仲淹他们这种政治群体是朋党还是非朋党？你能分清他们到底是不是小集团？你说你是为天下苍生谋，可我偏偏说你们在结党营私，你怎么办？反正在外人看来你们这些革新派是一伙的。所以，"范仲淹们"面对保守势力的第一招文斗，必须做出响

平山欄檻倚晴時
空山无近有无中

康震

平山欄檻倚晴空

山色有無中手種

堂前垂柳別來

幾度其間文章

太守揮毫萬字

一飲千鐘行樂

直須年少尊前

看取衰翁 醉翁 孫中楷

康震 康寅
北京

亮明确的回答。

范仲淹是怎样回答的呢？他说：

> 方以类聚，物以群分。自古以来，邪正在朝，未尝不各为一党，不可禁也，在圣鉴辨之耳。诚使君子相朋为善，其于国家何害？（司马光《涑水纪闻》卷10）

> 臣在边时，见好战者自为党，而怯战者亦自为党。其在朝廷，邪、正之党亦然，惟圣心所察耳。苟朋而为善，于国家何害也？（《续资治通鉴》卷46）

总的来说就一个意思：人以群分，物以类聚，自古以来，正义与邪恶同时在朝廷中，各有各的势力范围，这是客观存在的事实。主要是看皇上的鉴别力：究竟哪一方是正义的势力，哪一方是邪恶的势力。说明白点，如果是君子，即便结为朋党，他们做的都是好事情，都是对国家有益的事情，有什么不好呢？范仲淹还举例子，说自己在戍守边关的时候，军队里面也是两拨人，一拨勇敢善战，一拨有点儿贪生怕死，这跟朝廷中存在的正义之朋党、邪恶之朋党是一个道理。

应当说，范仲淹的这一番回答真是君子坦荡荡！心底无私天地宽，心底无私也不怕别人说自己结为朋党。范仲淹坦然承认了自己与君子同道而朋而党的行为。在他看来，小人可以结为朋党，君子也可以结为朋党，只要君子结的朋党对国家朝廷是有好处的，这样一来君子之朋党也没有什么不好。

可是范仲淹的这个回答也有问题。他只考虑到了问题的一面，没有考虑到另一面。

对于宋仁宗来说，不管对国家有利还是有害，大臣结为朋党就不是一件好事情。因为从皇帝的角度来说，不管是君子还是小人，只要结为朋党，就会对国家、对他的皇位构成威胁，就是有巨大危害的。因此范仲淹的回答，虽然让宋仁宗明白了君子结为朋党是对国家有好处的，但是却加深了他的疑惑，这个疑惑就是：范仲淹的这个朋党与小人的朋党有没有区别？如果没有区别，那么范仲淹等人就不是君子。如果有区别，那为什么君子还非要结成一党呢？同时，他也更加确定了一个事实，那就是：范仲淹等人果然是在搞朋党，果然是在拉帮结派，蓝元震说的果然不错！至于范仲淹的君子之朋党对朝廷是否有好处，那已经是另外一个不同性质的问题了，也许在宋仁宗看来，这个问题与自己皇权的关系并不大，根本用不着操心。

看来，范仲淹的回答不仅没有有效地反击蓝元震的进攻，反而还加深了宋仁宗的疑虑。宋仁宗问身边的大臣说："自昔小人多为朋党，亦有君子党乎？"从古至今，只听说小人结为朋党，难道说，君子也结党吗？这个话可是大有深意，包含了对范仲淹等人严重的不信任。因此，当今之计，如何有力地回应保守派的进攻，如何更加有效地消除宋仁宗的疑虑与猜忌，对革新派来说就显得尤为迫切和关键。如果不能对此做出及时的回答与回应，就不能解开宋仁宗的心结，宋仁宗的心里老是揣着一个大问号，不知道什么时候这个大问号就会变成一个惊叹号，惊叹号跳出来砸到你的头上，那个时候可就要吃不了兜着走了，那个时候革新派就很难再获得宋仁宗的信任，改革的事业就很难再继续推进了。

如何回答回应这个问题，这个艰巨的任务，就历史地落到了革新派的理论家欧阳修的身上。

宋仁宗庆历四年（1044）四月，欧阳修写出了著名的《朋党论》，系统完整地回答回应了朋党问题。《朋党论》劈头第一句就说：

臣闻朋党之说自古有之。惟幸人君辨其君子小人而已。

　　我告诉您皇上，自古以来就有朋党这档子事，没什么稀奇的。关键是皇上您的眼睛够不够亮，是否能够分得清哪个是君子之朋党，哪个是小人之朋党。

　　所谓君子之朋，怎么个朋法儿？以同道为朋；小人呢？以同利为朋。换句话说，君子之所以结为朋党，他们依据的是道义，奉行的是忠信，爱惜的是名誉与气节。因此君子结为朋党，就修身而言，能够取长补短，互通有无，就效力国家而言，能够和衷共济，始终如一，决不叛国变节。这就是君子的朋党。这也是君子之朋党的核心价值观与核心凝聚力。凝聚力在什么地方呢？在于忠诚，忠诚于谁？忠诚于国家、道义、忠信和皇帝。

　　所谓小人之朋，又是怎么个朋法儿？小人之朋党也有所忠诚，他们忠诚于眼前利益、钱财，忠诚于功名利禄。小人在贪财的时候，他们也许会臭味相投，暂时结为朋党，去争取利益。但是等到利益消失的时候，没钱了，没财了，他们的朋党就会解散，他们彼此之间就会互相残害，爹娘老子亲兄弟也不认。

　　欧阳修显然发展了范仲淹的观点。

　　范仲淹只说了两点：君子小人都有朋党，只要君子的朋党对国家有利，那没什么不好。但是并没说清楚君子结朋党，为什么会对国家有利。然而这个问题对宋仁宗来说太关键了，这是宋仁宗的一大块心病。针对这块心病，欧阳修说：因为君子的朋党是以忠诚、道义为原则结成的，所以他们必然彼此忠诚，同时也必然会忠诚于朝廷，忠诚于朝廷，则必然忠诚于皇上，时刻跟皇上一条心。而小人因为以功名利禄等眼前利益为原则结为朋党，所以他们的朋党是不会跟朝廷跟皇上一条心的，这就是问题的关键！

　　范仲淹的说法只是让宋仁宗知其然，而欧阳修的说法却能让宋仁宗知其所以然，让他可以彻底放心。他要清清楚楚地告诉宋仁宗：我们这些君子结成的朋党，从根本上来说，就是效忠皇上、效忠国家的朋党，我们之所以结这个朋党就是为了更好地为国家为皇上服务。我们这个君子朋党是跟皇上一条心的，我们结为朋党的人越多，您就应该越放心，因为我们结朋党的唯一目的就是效忠皇上、效忠朝廷。欧阳修算是把宋仁宗的心思给琢磨透了，只要皇上对你放心，就什么事都好办，他要是对你不放心了，你再说你是忠臣，你能办再多的好事都没用。你越能干，他反而越不放心。

但这还远远不够。欧阳修不仅要正面立论，还要用历史来再一次证明君子之朋党对国家是有益的，他说：

商纣王的时代，大臣们有亿万之众（这当然是夸张的说法）。那个时候没有朋党，但是亿万之众却有亿万条心，所以商纣亡了国。

到了周武王的时代，朝中有三千大臣，但却结成一个大朋党，超级朋党，他们只有一条心，那就是忠诚朝廷，忠诚周王，周朝因此就振兴起来了。

因此，问题的关键不在于是否结党，而是结的什么党。作为皇上，应当远离小人那虚伪的朋党，应当使用君子的真诚的朋党。再把道理说得透一点，商纣王时代没有朋党，但是大家离心离德，不效忠商王，没有朋党但也没有凝聚力。周武王时代，虽然有超级朋党，但是这个朋党尽忠尽孝，自然有超级凝聚力了！所以结党不可怕，可怕的是朋党有私心私利，不效忠皇上。我们这些君子的朋党，最大的特点就是效忠皇上，我们就是皇上的朋党！

所以欧阳修最后给宋仁宗出了个主意：您不需要操那么多心，您只要操一个心就够了，这就是：您只需认清哪方是小人之朋党，哪方是君子之朋党，就行啦。现在，我们这一拨就是君子之朋党，您得扶持君子之朋党，您扶持君子之朋党，就是在扶持自己。其实范仲淹这一拨革新派有没有朋党倾向？当然有，不结成一个坚强的团体，怎么推行革新运动？蓝元震说的是个不争的事实，只是他没说他们保守势力自己也是结朋党的。面对这个事实，你如果矢口否认，反而会显得很虚伪、很被动，辩解起来也很无力。所以范仲淹与欧阳修索性就大大方方地承认确实有朋党，但是我们承认自己结了朋党，不等于承认我们的朋党是对皇帝、对国家不忠诚的朋党，恰恰相反，我们这个君子之朋党是忠于道义、忠于朝廷和皇帝的好朋党，这样的朋党越多越好，越多人心越齐，越多人心越好，越多国家的事情越好办，皇上就越放心！欧阳修《朋党论》对蓝元震的反击好似一套漂亮的太极拳功夫。蓝元震来势汹汹，集全身之力迎面打来，如果硬碰硬，显然要吃大亏，这个时候就要善于躲避，在蓝元震的拳头尚未落到自己身上之前，敏捷地侧身闪过——也就是将朋党的概念与内涵做巧妙的转换——从而反客为主，变被动为主动，然后借着蓝元震冲过来的力量，来个四两拨千斤，只消将蓝元震轻轻一推，他那用力过猛而失衡的身体便会倒在一旁了……

　　一支笔胜过千军万马，这话一点儿都不错。欧阳修在关键时刻，凭着一篇《朋党论》，暂时消除了宋仁宗在朋党问题上的疑虑。但是你要知道，这只不过是文斗，文斗斗不过了，还有别的斗法——阴斗呢！

　　当时在保守派这一拨里有位大臣叫作夏竦，担任亳州知州。此人原来担任枢密使——国家最高军事首长，后来被撤换下来，由革新派重臣杜衍取而代之。夏竦对此怀恨在心，意欲报复。既然告革新派结交朋党不成，那下一步怎么办呢？

　　他们将目光瞄准了前面提到的石介。石介曾写长篇四言诗《庆历圣德颂》，歌颂革新运动，对夏竦等保守势力进行了辛辣的讽刺，夏竦等人对他怀恨在心。夏竦在家中专门请僧人道士做法事，祈祷神灵，能早日除掉石介。他还在家中设置了一个牌位，牌位上书写"夙世冤家石介"，意思是我这辈子跟你没完！恨他恨到了这种程度。实事求是地讲，石介个性比较激烈，性格中也有不少缺点，欧阳修就曾经说他："自诩太高，诋时太过。"遇到事情愤然敢为，嫉恶如仇，但是有时候太过偏激。当时写了《庆历圣德颂》这首诗之后，石介的朋友孙复就说：你会因为这首诗而遭大祸的！

现在，石介被夏竦盯上了，他这样性格的人也很容易被人家抓到把柄，很容易让人家钻空子。石介曾给枢密副使富弼写过一封信，在信中，石介鼓励富弼效仿商代的伊尹、周代的周公，也就是效"伊周之事"，辅佐年轻的宋仁宗执政。夏竦知道这封信的事情，于是秘密派遣了自己一位美貌的心腹女奴，想方设法混入石介家中，又想方设法取得石介的信任，并最终想方设法成为石介的侍女，总之，就是获得了接近石介，接近石介办公桌、文件夹的机会。夏竦费这么大的力气，到底要干什么呢？

大家可能有所不知，夏竦虽然阴险狡诈，但却是一位杰出的古文字学家，精通文字书法的结构。在他的授意下，这位聪明漂亮的女奴一直都在暗中模仿石介的笔迹。等到模仿得八九不离十了，便将那封信的底稿偷出来，将信中所写的"伊周之事"改为"伊霍之事"。这可了不得了。为什么？伊周、伊霍虽然只有一字之差，其内涵却差之千里了！"伊"是指商代伊尹，周是指周公旦。伊尹曾经辅佐商代第四任王太甲，周公旦曾经辅佐周成王。这都是大臣辅弼君王的好榜样。但是"伊霍"的含义就完全不同了。伊尹虽然辅佐太甲，但是看到太甲荒淫无道，于是将他流放，三年之后，太甲悔过自新，伊尹又将他迎回，复立为王；霍则是指汉武帝时期霍去病的同父异母弟弟霍光，霍光受汉武帝托孤辅佐汉昭帝，昭帝驾崩时没有皇嗣，霍光就迎立武帝的孙子刘贺为皇帝，后来发现这个刘贺太不成器，于是当机立断废黜掉刘贺，改立武帝玄孙刘病已为帝，是为汉宣帝。

现在我们明白了，石介给富弼的信中使用"伊周"这个组合，是在鼓励富弼要学习伊尹、周公旦好好辅佐宋仁宗。可是这个女奴却将"伊周"改为"伊霍"，伊尹、霍光两人的共同之处是都曾以辅政大臣的身份废立过皇帝，后世称赞他们"废无道立有道"。这不等于是石介写信鼓动富弼废掉宋仁宗另立皇帝吗？也许是为了更加强化这个"伊霍"的效果，这个女奴还伪造了一封石介代替富弼起草的废除宋仁宗帝位的诏书。

这可是一件天大的事情，太雷人了！

夏竦之所以费大力气造假，无非就是要给宋仁宗看看，这帮改革派人物到底是不是君子之朋党，他们口口声声说要忠于皇帝，但是却做出要废黜皇帝的事情来！这是文斗不成之后，而使用的阴斗的办法。那么，宋仁宗当时的反应如何呢？仁宗虽然年轻，但是并不糊涂，对于这样伪造出来的信件，尤其是石介居然敢在信中使用"伊霍"故事来鼓励富弼，这实在是有点儿不大靠谱，毕竟，他还是比较了解这几位自己亲手提拔起来的年轻官员的，他们实在没有必要也没有理由推翻自己这个皇帝嘛！

但是宋仁宗不相信不代表相关当事人心中不担心、不害怕。为了将革新派拉下马，连这样的阴招都使得出，你想这样的对手可怕不可怕！所以革新派们开始纷纷要求离开京城，也许他们感到再不离开，还不知道明天会再冒出来一封什么信呢！首先，直接当事人石介被罢免国子监直讲的职务。紧接着，参知政事范仲淹、枢密副使富弼请求离开中央，到地方任官。随着范仲淹等人的离开，朝中革新派的代表人物就剩下宰相兼枢密使杜衍，以及枢密副使韩琦二人。

于是，保守派们又锁定了杜衍，开始打他的主意。这一次，既不是文斗，也不是阴斗，而是公开斗，也就是阳斗。斗不动杜衍，那就公开斗杜衍的女婿苏舜钦。当时苏舜钦任进奏院（负责在地方与中央之间上传下达的信息机构，类似省驻京办。进奏院长官由中央任命）长官。宋仁宗庆历四年（1044）十一月初的一天，苏舜钦与进奏院的同事聚餐。按照以往的惯例，这样的聚餐都是由大家掏份子钱，实行 AA 制，在一块儿乐呵乐呵。这一次，苏舜钦想变通变通，他决定，自己与另外一位进奏院负责人刘巽各出一万元，然后将历年积攒起来的废弃不用的办公用纸拿去卖了，将这两部分钱凑在一起，请进奏院的同事们开了一个很高兴的大 party。参加宴会的官员大都是新政实施以来颇受器重的才学之士，大家开怀畅饮，纵情赋诗。其中一位叫作王益柔的官员更是乘着醉意作了一首《傲歌》，歌曰：

> 醉卧北极遣帝扶，周公孔子驱为奴。

什么意思？我喝醉了！醉卧在北极，皇上来搀扶我！将周公、孔子指使得团团转，他们都是我的小书童啊！

大家可能觉得这没什么事儿啊？这其中有什么能被抓住的把柄吗？

当然有，这个事儿刚刚过去没几天，"苏舜钦们"就被告了，而且问题很严重！什么问题？贪污公款，或者说用公款吃喝！还有，将皇帝、周公、孔子统统说成是自己的仆从，这胆子也太大了，简直是亵渎圣人大不敬嘛！于是御史中丞王拱辰立刻弹劾苏舜钦、王益柔公款吃喝、亵渎圣人。宋仁宗听到后也大怒，不仅让开封府纠察此事，而且立刻派宦官将那天参加宴会的人全都拘捕入狱，一时间朝野震动。王拱辰等人甚至联名上书请求处死王益柔。值此危急时刻，枢密副使韩琦急忙面见宋仁宗。韩琦说：我听说陛下派遣宦官连夜拘捕那天参加进奏院宴会的人，京城官民都感到非常惊骇。细想起来，苏舜钦等人不过是饮酒而已，能有多大的罪过？实在有不得体的地方，也应交付相关部门处置，何劳皇上您亲自出面？再说了，您一向是宽厚待人的，现在这样做实在是不大得体呀！

仁宗一听，静下心来一想，也觉得韩琦的话不无道理，不免有些悔意。但是这件事既然已经遭到御史的弹劾，不能不有个处理意见。他又将宰相们召集来一同商议。杜衍因为有苏舜钦这个女婿夹在事情里，为了避嫌没法发表意见。贾昌朝这个宰相暗地里是支持王拱辰的，所以最后还是韩琦为苏舜钦等人说情。他对仁宗说：王益柔的那番话绝对不是故意要对皇上对圣人表示不恭之意的！他就是喝醉了酒，胡言乱语而已，哪儿还有必要深究呢？现在国家西北边境正在与西夏国用兵，很多国家大事操心还操不过来呢！如今却把最重要的大事放在一边不理会，天天就讨论、联名弹劾王益柔这样的无名之辈的无名之事，这到底是出于什么目的呢？皇上您难道还看不出来吗？

韩琦的一番话真算是说到要害处了！

这个积极弹劾的御史中丞王拱辰与夏竦、贾昌朝早就结为保守势力的同盟，与范仲淹、欧阳修的政见早就有分歧，而王益柔又曾得到过范仲淹的举荐，更不用说苏舜钦是杜衍的女婿了。总之，这次保守派们算是抓住了一个不大不小的机会，揪住了革新派们的一条不长不短的辫子，他们当然要紧紧抓住不放手，要借着这个机会大做文章了！所以我们说这一次他们的招数就是阳斗。所谓阳斗其实也就是敲山震虎，隔山打牛。敲打敲打苏舜钦，也就等于在敲打杜衍；打击打击王益柔，也就等于在打击范仲淹。说白了，敲打打击的是杜衍、范仲淹，受到震动的是革新势力的每一个人。

虽然韩琦一再在宋仁宗面前力保这些年轻人，但是，朝廷的处理意见还是非常严厉的，王益柔被贬，苏舜钦被开除公职，削职为民。还有十余位参加宴会的人也遭到了贬谪。仿佛是为了趁热打铁，保守势力的代表人物、参知政事陈执中，右正言钱明逸上书弹劾范仲淹等革新势力扰乱朝廷纲纪，私下勾结朋党，欺君罔上，排斥异己！而宋仁宗有些支撑不住了，对于革新派这些人也开始渐渐产生怀疑，对他们的信任也开始动摇。于是，宰相兼枢密使杜衍和参知政事韩琦也感到了巨大的压力，要求外放到地方去做官，好离开中央这是非之地。

　　事态的发展似乎在一瞬间就失去了控制，"庆历新政"似乎在一转眼间就要烟消云散了！现在我们才慢慢醒悟过来，才感觉到石介那首诗的负面作用有多大了，才领会到范仲淹为什么对石介那首诗如此忧虑。毫无疑问，一个整体性的革新运动要获得成功，不仅改革者、改革活动自身不能出大问题，而且对反对派的力量也要有充分的预测与防御能力。你的预测力不够，就无法做到防患于未然，你的防御力不够，就无法做到挽危澜于既倒，这两点都做不到，进一步的工作就什么也做不成了。现在看起来，保守势力的这一次阳斗的力量很强大，似乎就要将革新势力彻底打倒了，那么，在如此危急的时刻，还有谁能够挽救这一切呢？我们不禁将目光投向了革新运动的后台老板——宋仁宗。

第五讲

清醒的醉翁

在与保守势力的激烈战斗中，革新势力看起来渐渐不支了。那么，革新势力的后台老板宋仁宗的态度究竟怎样呢？他难道就这样袖手旁观不闻不问吗？应当说，宋仁宗的心情是非常复杂的。一方面，他无法忍受暮气沉沉、效率低下、明哲保身的官场风气，渴望建立起一个国富民强的大宋王朝，为此他必须起用范仲淹、欧阳修等一批锐意革新的猛士；但另一方面，他也不希望因为革新、改革而打破平衡已久的政治格局。毕竟，对于宋仁宗而言，维护与稳定皇权、政权永远是最重要的命题。如果因为革新运动而彻底搅乱了平衡的政治、经济、军事格局，那对于他来说，意味着将要面临更加复杂更加混乱的局面，这显然不是他想要看到的。所以，对宋仁宗来说，他不得不时刻处于权衡利害的两难境地当中，革新派突进的速度快了，碰着了朝廷中某些人的敏感神经了，他就要将革新派的火苗压一压；保守派的气焰过于嚣张了，传统势力开始沉渣泛起了，他又要将那几个民怨较大的官员外放。总之，对于宋仁宗来说，在革新与保守这两派之间，他不得不扮演调停人的角色，因为这两部分人他都需要。只不过对他来说这实在不是个轻松的活儿，正所谓压住葫芦起来瓢，顾了这头就顾不了那头儿。

　　正因为宋仁宗的这种极为特殊矛盾的心态，所以他对待革新派的态度就不可能始终如一。这从一件事情就能看出来。宋仁宗庆历四年（1044）四月，欧阳修奉命出使河东，并出任河北都转运按察使，负责处理河北地区相关军政要务。名义上是京官奉诏赴地方考察工作，实际上是因为欧阳修这个革新派的"大炮"太猛烈了，保守势力早就视他为眼中钉肉中刺，于是仁宗便将他支出朝廷，赶走了事。

欧阳修临行前曾与宋仁宗有一段对话，耐人寻味。宋仁宗对欧阳修说：用不了多长时间，你就会再次回到朝廷的，不会让你长期呆在地方，关于朝政方面的事情，还是希望你能够像以前一样，知无不言，言无不尽。欧阳修回答：我作为一个谏官的时候，朝廷授予我权力，为了查清事实真相，可以从各个不同渠道获得证据。即便如此，我上书论事的时候还唯恐与事实不符，更何况现在去地方做官，有别的专职工作要做，再像谏官那样擅论朝政，岂不是犯了越职言事之罪？宋仁宗宽慰他说：没有那么严重啦！只要是说得有道理，就不必顾忌别人说三道四。

这样看来，宋仁宗还是信任他的，对革新派还是宽容的。

可是谁又能想到，欧阳修八月份奔赴河北就任，十一月份就发生了苏舜钦、王益柔事件，对此事件处理后不过几天时间，宋仁宗就下达了一道诏书。看到这道诏书的内容后，欧阳修大吃一惊，并立刻做出了非常激烈的反应。那么这封诏书的内容是什么？欧阳修何以有如此激烈的反应呢？

诏书云：

> 朕闻至治之世，元、凯共朝，不为朋党，君明臣哲，垂荣无极，何其德之盛也。朕昃食厉志，庶几古治。而承平之弊，浇竞相蒙，人务交游，家为激讦，更相附离，以沽声誉。至或阴招贿赂，阳托荐贤。又按察将命者，恣为苛刻，构织罪端，奏鞫纵横，以重多辟。至于属文之人，类亡体要，诋斥前圣，放肆异言，以讪上为能，以行怪为美。自今委中书、门下、御史台采察以闻。（《续资治通鉴长编》卷153）

　　大意是说，朕听说在古代最伟大最太平的盛世，大臣们在朝廷上一起共事，从来都没有也不会结为朋党。那个时候，君王圣明，大臣们贤能，真是一个令人神往的伟大时代，是一个理想的王朝。我每天都在鼓励自己树立大志，希望我大宋王朝也能够成为古代那种伟大的太平盛世。但是遗憾的是，现在朝廷上上下下，大臣们彼此之间尔虞我诈、互相瞒骗。嘴上说是引荐人才，实际上是结党营私；嘴上说是揭发奸党，实际上是人身攻击；嘴上说是加强团结，实际上是挑拨离间。更严重的，甚至私下收受贿赂，勾结同党，沽名钓誉。至于那些派到各部门、各地方负责考察干部政绩的按察使，也非常不称职！他们对待官员严苛刻薄，随意罗织罪名，对他们横加讯问，动辄扣上一顶大帽子！还有那些所谓的理论家们，他们的文章不仅诋毁前代圣人，而且言语肆无忌惮，专以诽谤嘲弄上级为能，专以桀骜不驯、行为古怪为美。对这些干部，中书门下御史台等部门应当严肃查处，绝不姑息！

　　大家听一听，这个话不对味儿呀！

　　早先宋仁宗曾经问身边的大臣：君子也结党吗？范仲淹的回答是君子结党，但是君子结党对国家有利。后来欧阳修又进一步论证了这个问题，指出君子之党是效忠国家、皇帝的，是跟君主一条心的，所以皇帝应当支持这样的朋党，君子结党结的人越多越好。当时宋仁宗并没有表示什么不同的意见呀！

　　而且就在三个月前，宋仁宗对欧阳修临别所说的话，不还是充满了信任与赏识的吗？怎么才过了没几天，就突然来了个一百八十度的大转弯呢？你看，他说现在的大臣名为引荐人才，实为结党营私，这就是在警告范仲淹等人不要拉帮结派，不要搞朋党那一套。他说大臣们对别人人身攻击，大搞挑拨离间，这也是在警告欧阳修，以后少写些什么《与高司谏书》之类的文章。他在诏书中对按察使的批评，对所谓理论家的嘲讽的警告，既是在告诫欧阳修等人以后要收敛自己的言行，同时也是对革新派前一阶段工作的批评甚至否定！

很显然，宋仁宗这个善于搞平衡的和稀泥大师，这一次又是故伎重演，再次施展平衡术。革新派的火力实在是太猛了，已经大大地危及保守势力的利益了，再这样下去，政局的制衡格局就会被打破，而皇帝的权威地位就会遭到挑战，所以在这个时刻，宋仁宗反而会倒向支持保守势力，对革新派保持强硬立场。难道不是吗？你说你们不是朋党，我看你们就是朋党，你说君子的朋党对国家有好处，我说凡是朋党就有坏处。在这一轮新旧大战中，宋仁宗的屁股坐到保守派那边去了，他从革新派的后台老板摇身一变，成了保守势力的山头老大，这就使得革新势力更是雪上加霜了。

正在河北任官的欧阳修见到宋仁宗的这封诏书，真是大吃一惊！按理说，此时的欧阳修已经远离京城，去地方做官，没必要再搅入中央朝政的政治漩涡当中去，多一事不如少一事，少说一句话也没人会怪他。但是以欧阳修刚直的个性，对革新运动的忠诚与热情，岂能就此忍气吞声？如果就这样沉默下去，《朋党论》岂不是白写了？革新举措岂不是全都白做了？我们将来还怎么继续在朝廷做人做事做官呢？不行，必须要明确讨个说法！这就是欧阳修，他就是有这股子明知山有虎偏向虎山行的劲头！于是，在朝廷已经对革新派进行了严厉的批评甚至否定的情况下，在革新派的首脑人物纷纷离开中央的情况下，欧阳修依然迅速向宋仁宗呈上一道奏章，陈明自己的见解。他说：

皇上，我听说怕死的大臣不算忠臣，不说逆耳的话不算是谏言。所以我甘愿冒着犯颜直言的罪过向您进一言：

我看到这一次离开朝廷的杜衍、韩琦、范仲淹、富弼等一干大臣，都是您当时亲自提拔委任的国家栋梁之材。这次被罢免了朝廷要职，天下人可能都不大明白怎么回事，因为只知道他们有经天纬地之才能，却从不曾听说他们犯了什么罪，竟然到了要被罢黜的程度。我现在在京外做官，朝里的事情不大清楚，可是也知道自古以来小人是如何陷害忠良的。如果想要陷害善良的人，最好就诬陷他们结党营私；想要动摇执政大臣的根本，最好就诬陷他们专擅朝纲。为什么这么说？因为只有指责对方是朋党才能一网打尽，只有指责执政大臣专擅朝纲，皇上才能厌恶他们排斥他们。现在杜衍等人忽遭罢黜，我想肯定是有人用这朋党、专权的罪名在皇上跟前陷害他们！

欧阳修接着用事实来告诉宋仁宗，范仲淹等人只是同心同德推进革新，他们本身并没有结成什么谋取私利、沽名钓誉的朋党，他说：

过去人们就听说范仲淹忠直敢言，但是奸臣们却诬陷他结党营私，一时间似乎难以辨明谁对谁错。现在您亲自提拔了他，朝夕相处，您总该认清他是个什么人了吧？就拿这次被您先提拔后罢黜的这几个人来说吧，杜衍为人谨慎规矩，不会犯大错，范仲淹胸怀开阔而有自信，韩琦品德端正、个性质朴，富弼聪慧敏锐、性格果断。这几个人都非常忠于朝廷与皇上，但是他们的性格不同，做事的方式方法自然也不同，在处理日常政务的过程中，并不像别人诬陷的那样，既然结成朋党，则必然是在讨论政务时一唱一和，彼此呼应。不是，完全不是这样。相反，他们之间的政见有时候不仅不相同，甚至是完全对立的。比如杜衍曾经想重惩一位大臣，范仲淹则力主宽大。范仲淹力主修筑河东防务，以备契丹来侵，而富弼对此则不能苟同。我说的这几个人，都是皇上您很熟悉的。他们平时闲居之时，彼此交流沟通甚好，等到为了国家利益讨论问题时，就将友情抛在一旁，一切都以国家利益为重。所以他们这几个人是真正的大忠臣，忠臣要为国家、民生谋，所以彼此之间必然会有不合之论，如果没有，那反而奇怪了。

在奏章的结尾部分，欧阳修告诫宋仁宗：

您是一个圣明的君王，能够在成千上万的大臣中选拔出这几位杰出的栋梁之材，很不容易啊！我告诉您，正直的大臣在朝中，这是奸邪小人所嫉恨的；有正直贤能的大臣而不用，这是敌国的福音！现在范仲淹等人离开了朝廷，朝中的奸佞之臣与我们的敌国开始额手相庆了。唉！我真的很为陛下感到遗憾呐！

不过退一万步讲，现在范仲淹担任的陕西四路缘边安抚使之职也非常重要，陛下一定要充分信任他，不要再听信小人的谗言，一定要使他有所作为。现在西北边境不安宁，陛下要用心经营，不敢稍有疏忽，这正是用人之际，富弼、韩琦都是难得的人才，陛下应当及时起用他们才是。我自从前年被您召入朝中担任谏官，屡受皇恩，无以报答，现在眼看小人当道，贤臣被逐，这正是我舍身报国的时刻，我岂能闭口不言而苟且偷安？

我说的每句话都是发自肺腑的，请陛下明鉴！

奏章交上去了。其实大家都能看得出来，欧阳修的这篇文章是在委婉地批评宋仁宗：你对革新运动的态度前后不一，优柔寡断，立场不坚定。你在任用官员的时候轻信谗言，没有主见。你面对奸佞小人的谗言诡计，耳根子发软，什么人的话都信，眼睛被蒙蔽，什么事情都看不清楚。欧阳修话里话外的意思是：正是因为你的立场不坚定，摇摆不定，才导致革新派的优秀人才横遭迫害。欧阳修对宋仁宗的表现失望之极，对革新派同仁们的遭遇痛心疾首！

要说欧阳修的胆子也真是够大了！正像他自己说的，为了大宋王朝，为了自己的政治理想，真可以说是做到了忘身报国，将个人的生死荣辱、沉浮升降早就置之度外了。欧阳修如此激烈的一番言论，再次激起了保守势力的极端仇视，他们当然不能放过欧阳修——好小子，到地方上去做官还不老实，教训起皇上来了，皇上前两天跟你说让你多提建议，那是跟你客气，你真还把自个儿当根葱了是不是？看来不给你点儿颜色是不行了！好，前面跟你使文斗的招你不吃，后来又给你来阴斗、阳斗的招，你也不吃。那好，就来个终极必杀技——流氓斗，我就说你的生活作风有问题，就说你跟你外甥女之间有不干不净的关系，看你怎么见人！你看，坏人诬陷迫害好人常用这样的办法：先是正面打击。正面打击不行，他就不打了，他端盆脏水在路边等你。看你穿得整整齐齐走过来，"唰！"一盆脏水泼上去，然后跟你说声对不起。我打不倒你，但是我可以恶心着你，我就是恶心不着你也要脏死你，让你永远抬不起头来。就是要让别人看你是个道德败坏、道德沦丧的人，你的道德品质都不能保证了，谁还会信你说的话呢？坏人陷害好人最简单的方法就是破坏摧毁他的名誉，名誉一倒，好人就不存在了。

好在，天地自有公道。欧阳修没有被这盆脏水泼倒，小人们诬陷欧阳修乱伦的目的也没有达到。欧阳修最终被贬滁州，他登上琅琊山，来到醉翁亭，与朋友举杯同乐，宴酣之际，乘醉写下名传千古的《醉翁亭记》。他说："醉翁之意不在酒，在乎山水之间也。山水之乐，得之心而寓之酒也……"以前我们也许只是觉得作者沉浸于滁州的山水之中，酒不醉人景先醉倒人了。现在，当我们对欧阳修来滁州之前所经历的曲曲折折有了一个大概的了解之后，再来读《醉翁亭记》，也许就有了一种别样的感觉。

《真心英雄》唱得好：不经历风雨，怎么见彩虹，没有人能随随便便成功。如果说《醉翁亭记》是文学史上一道美丽的彩虹，那么，这道彩虹之所以绚烂多姿，就是因为他的作者不知经历了多少风风雨雨。可以说，《醉翁亭记》是四十岁的欧阳修的人生阅历、艺术才情、思想境界的总爆发与综合表现。

由于这个原因，《醉翁亭记》一经写出，便立刻传布天下，广为人知："天下莫不传诵，家至户到，当时为之纸贵。"《醉翁亭记》写成后，最忙的不是欧阳修，而是琅琊山的僧人们。为什么？《醉翁亭记》写出来后，记文就刻在了亭旁的石碑上。这可了不得了，前来观摩的人越来越多，不仅要现场观摩，观摩完了还要拓一块拓本带走留个纪念才行。碑文怎么拓？将宣纸贴在石碑上，然后用毛毡做成的拓包轻轻捶打纸张，使之务必紧贴碑面的文字，让每个字都严丝合缝地印在纸张上，然后在宣纸上涂抹黑墨或者朱墨，使碑刻之字在纸上得以清晰的呈现。拓完之后将纸张揭起，拓本就做成了。你猜怎么着？来要拓本的人太多了，结果寺庙里用来做拓包的毛毡都用光了，不得已，僧人们只好将自己床铺上的毛毡贡献出来制作拓包。更有甚者，有的商人看到《醉翁亭记》如此受欢迎，就打算钻钻空子。他们随身带上文章的拓本，走到一处"海关"，需要交税的时候，就给税官送一本《醉翁亭记》的拓本，就可以免税了。你看，《醉翁亭记》不仅能够令人赏心悦目，还能起到偷税漏税的作用，就这么牛！

这说明什么？当然首先是文章写得好，但更说明欧阳修在当时老百姓心目中的地位与声誉。

五年以后，欧阳修早已卸任滁州知州，转任颍州知州。当时著名的音乐家、琴师沈遵，在看罢《醉翁亭记》之后，按捺不住内心的激动，专门来到滁州琅琊山琅琊谷，倾听飞瀑的流淌，鸟儿的鸣唱，就在涧边的溪水旁席地而坐，谱琴曲一首，名曰《醉翁操》（又名《醉翁吟三叠》）。

又过了五年，位居翰林学士高位的欧阳修奉命出使契丹国，途中居然巧遇沈遵，这真是机缘巧合。当晚，欧阳修、沈遵二人欢饮至夜阑时分，沈遵援琴为欧阳修抚琴一首《醉翁操》。欧阳修听后非常感动，立刻为此曲填词，名曰《醉翁吟》，并作《赠沈博士歌》，歌曰：

沈夫子，胡为《醉翁吟》？

醉翁岂能知尔琴。滁山高绝滁水深，空岩悲风夜吹林。

山溜白玉悬青岑，一泻万仞源莫寻。醉翁每来喜登临，醉倒石上遗其簪。

云荒石老岁月侵，子有三尺徽黄金，写我幽思穷崎嶔。自言爱此万仞水，谓是太古之遗音。

泉淙石乱到不平，指下呜咽悲人心。时时弄余声，言语软滑如春禽。嗟乎沈夫子，尔琴诚工弹且止！我昔被谪居滁山，名虽为翁实少年。

坐中醉客谁最贤，杜彬琵琶皮作弦。自从彬死世莫传，玉连锁声入黄泉。

死生聚散日零落，耳冷心衰翁索莫。国恩未报惭禄厚，世事多虞嗟力薄。

颜摧鬓改真一翁，心以忧醉安知乐。沈夫子谓我：翁言何苦悲？人生百年间，饮酒能几时！揽衣推琴起视夜，仰见河汉西南移。

此后又过了三十多年，欧阳修和沈遵都已经去世了。当时庐山有一位道士，名曰崔闲。他也是个精通音律的音乐家，非常喜欢《醉翁操》，就专门邀请苏轼为这首曲子填词，广为传唱。

这就不仅仅是《醉翁亭记》的流传了，这四十多年里，流传的不仅仅是一篇文章，而是一种人格，一种境界，一种操守，一种追怀与想念，一种历史与人生。这就是《醉翁亭记》的魅力。

《醉翁亭记》的重心在哪里？就在三个字上：一个"翁"，一个"醉"，一个"乐"。欧阳修说得好："我昔被谪居滁山，名虽为翁实少年。"四十岁对于欧阳修来说实在算不得老，也称不上是"翁"。那么为什么要自称为"翁"呢？——因为经历了太多的崎岖与坎坷，经历了太多的风雨与波折，无论在心理还是生理上，四十岁的欧阳修都不免有一种"曾经沧海难为水"的人生感慨，都不免有一种"翁"的感觉。虽然才到不惑之年,但是对欧阳修来说,实际的人生况味远远不止是"不惑"的问题,革新运动的诡谲多变,人事关系的错综复杂,使欧阳修的心理恐怕早就到了"知天命"的阶段了。所以"翁"这个字也许最为契合欧阳修此时此刻的心境与心情。

那么,翁为什么要"醉"呢?那是因为与官场之险恶、人心之叵测、宦海之浮沉相比,滁州的美景,琅琊山的美景,以及美丽的醉翁亭,实在是一种单纯的可爱,一种纯粹的优美,一种忘怀世事的世外桃花源的宁静与纯粹。一个人只有在他遇到了很多挫折的时候,才会渴望沉浸在一种简单、纯粹的优美当中。欧阳修此时就渴望沉醉在这简单纯粹、远离污泥浊水的美丽当中,只有这样,才能让他沉重的心情变得轻松,复杂的头绪变得简单,愤怒的情绪变得平和,才能让遭受不白之冤的委屈之心慢慢趋于安宁。这滁州的美景,这醉翁亭,简直就是救治欧阳修心灵创伤的灵丹妙药,所以这个"醉"从根本上来讲不是酒醉的醉,而是渴望沉醉或沉迷于一种远离现实的状态。由此可知,欧阳修并未真醉而是假醉。他的本质是清醒的,他自称是醉翁,但是他是一个再清醒不过的醉翁。他的内心,他的头脑其实是无比的清醒。正是因为无比的清醒,所以才无比的痛苦,所以才愿意让自己快快地醉去。

还有第三个字"乐"。欧阳修说:"醉翁之意不在酒,在乎山水之间也。山水之乐,得之心而寓之酒也。"这是山水之乐,景物之妙带来的快乐。除此之外,欧阳修还有一"乐",它不是美景之"乐",而是滁州百姓幸福生活之"乐":

> 至于负者歌于途,行者休于树,前者呼,后者应,伛偻提携,往来而不绝者,滁人游也。

在醉翁亭坐着喝酒的时候,来山里游玩的人可真不少。有人背着行囊一边走一边唱，有的人走着走着累了，便靠在树下悠闲地休息。走在前面的人不停地招呼后面的人快点走，后面的人则不停答应着往前赶，这一路上老老少少，互相提携，熙熙攘攘，络绎不绝，这是滁州老百姓在快乐地出游啊！

在《醉翁亭记》的结尾，欧阳修写道：

> 已而夕阳在山，人影散乱，太守归而宾客从也。树林阴翳，鸣声上下，游人去而禽鸟乐也。然而禽鸟知山林之乐，而不知人之乐；人知从太守游而乐，而不知太守之乐其乐也。

不一会儿太阳快要落山了，游人的身影渐渐开始散乱，太守的宴会结束了，该回去了，宾客们也跟随着他一同回去。这时候，在渐渐黯淡的浓密的树荫深处，依然能够听到鸟雀在欢唱，这是游人离开后鸟儿快乐的歌声。不过这些鸟儿虽然非常快乐，却仅仅是因为栖息山林而感到快乐，他们又哪里知道游人的快乐呢？而游人们呢？虽然跟从太守饮酒赋诗、游赏山景，感觉到很快乐，但却并不知道太守快乐的原因到底在哪里啊！

那么，欧阳太守真正快乐的原因到底是什么呢？在欧阳修给朋友的一封信中，我们找到了答案：

> 某此愈久愈乐，不独为学之外有山水琴酒之适而已，小邦为政期年，粗有所成，固知古人不忽小官，有以也。

我自从来到滁州以后，住得越久就越快乐，这不仅仅是因为读书能够带给我极大的快乐，也不仅仅是因为这美丽的山水，这曼妙的琴音，这醇香的美酒。更重要的是我来到滁州这个小地方没过多长时间，就将这个小小的地方治理得井井有条，百姓安居乐业。所以欧阳修领悟到为什么古人对于再小的官职也很重视的原因了：官虽然小，城市虽然小，但是麻雀虽小，五脏俱全，一州一县如果能够治理得很好，老百姓同样能够有幸福的感觉，幸福指数高了，他这个父母官才能真正快乐。百姓的幸福就是我这个滁州知州最大的幸福，百姓的快乐就是我最大的快乐与安慰。

那么，欧阳修到底做了什么事情，能够让滁州的老百姓感到如此快乐呢？换言之，在滁州，欧阳修是如何做的这个官，能让老百姓感觉到幸福呢？其实就是六个字：务大体，简细事。还可以概括为两个字："宽"与"简"，也就是抓大放小，抓住大事情，不纠缠于繁琐的小事。在给朋友的信中，欧阳修阐述了自己的执政理念：

> 某闻古之为政者，必视年之丰凶。年凶则节国用，振民穷，奸盗生、争讼多，而其政繁。年丰民乐，然后休息而简安之，以复其常。此善为政者之术，而礼典之所载也。

治理国家与地方，要根据实际情况，要看是丰年还是凶年。遇到灾荒年，就应该开源节流，赈济穷人。由于盗贼多，官司多，那么政务必然繁重繁多。可是如果是太平之年，丰收之年，那么做官的就尽量少去打扰老百姓，少发布指令，让老百姓稳稳当当地生活，安安静静地享受生活的快乐。这才是好政治的真实内涵。

在欧阳修看来，要管理好一方百姓，是很不容易的。从根本上来说就是要顺应老百姓自己的要求，引导老百姓实现他们的幸福愿望。

我们都还记得柳宗元在《种树郭橐驼传》中所写到的那些官员，天天都去基层指导工作，一来二去总让老百姓没有时间来做自己的事情，更谈不上享受自己的生活，也感觉不到生活的快乐。所以柳宗元大声疾呼，为官之人要像这个种树之人一样，种树要顺应树的天性，让它自由自在地生长，这才是树的健康状态。同样，官府也不要天天都去折腾老百姓，而是要引导老百姓找到属于他们自己的幸福生活道路。

宋代大哲学家朱熹曾经记录欧阳修的一段话，大意是：

治理一方百姓，就好比治病。有的医生给人看病，有礼貌有派头，说得头头是道，口若悬河，可是患者吃了他的药，却没有用，这就是白搭。有的医生其貌不扬，给人看病，没那么多讲究和废话，但是开一服药，病人就好了，这就是好医生。治理一方百姓也是如此，说得再多再漂亮也没用，只有让百姓觉得方便、舒服，觉得日子过得好才行。

对欧阳修来说，为政之道必切于实用，只要使人民群众享受到好处，只要与人民方便了，那就是一个好官。

朱熹记录说，欧阳修曾在扬州、南京、青州等地做官，刚去三五天，公务就减去十分之五六，等到一两个月以后，官府衙门就清静得如同寺庙。为什么？因为衙门管好了自己的事情，至于老百姓的事情尽量不去管，不去越俎代庖。所以在《醉翁亭记》中，当欧阳修看到老百姓在山林间悠闲地享受生活的时候，他就感觉到了百姓的幸福感，他这个官就做好了，这就是他这个醉翁真正快乐的根源所在。

大家都应该记得，欧阳修在中央做官的时候，坚决主张改革官员考核制度，要求中央选派专人负责考核朝廷与地方官员的政绩，对于那些不合格的官员，特别是那些平庸无能的不材之人，要坚决清除出干部队伍。现在，欧阳修自己也被下放到地方做官了，他就是要以自己的实际行动给大家看，什么样的官是合格的官，什么样的官是有才之人，要以自己实际的行动来实践自己所主张的政治改革理想。

欧阳修在中央做官，大力鼓吹改革运动，与反对势力坚决斗争，应该说，欧阳修在政坛上的地位，不是靠唯唯诺诺和妥协获得的，而是依靠自己对理想的执着，对政治改革的热情，依靠自己敢想敢做的风格获得的。他的被贬也是因为他积极、大胆的政治风格。现在，他被贬滁州，这种敢想敢做、积极主动的政治作风也带到了滁州。他虽然不在中央做官了，但是他改革的理想、改革的劲头、改革的胆略并没有变，滁州则成为了他贯彻实践其政治改革理想的重要实验区。所以他被贬滁州，虽然也有失落，也有不愉快，但更多的是快乐，因为欧阳修对前途始终充满着信心，对未来充满着希望，他虽然自号"醉翁"，但是我们却清楚地看到，他是一个不折不扣的清醒的"醉翁"。

说他清醒，立刻就有证据来到面前。

宋仁宗庆历七年（1047），也就是欧阳修来到滁州的第二年，有一位年轻人专门来滁州拜访欧阳修，向他请教古文。这就是二十九岁的曾巩，后来的唐宋八大家之一。此时的欧阳修，不仅已经拥有一座醉翁亭，而且他还在醉翁亭的近旁，专门修筑了一座新亭子，叫作醒心亭。欧阳修非常欣赏曾巩的才华，邀请这位比自己小十二岁的青年人写一篇《醒心亭记》。我们来看看，在曾巩这篇《醒心亭记》中，欧阳修这位清醒的"醉翁"会有怎样的表现呢？

> 凡公与州之宾客者游焉，……或醉且劳矣，则必即醒心而望。

欧阳公与朋友在这里游玩，只要是喝醉酒了，就一定要登上这醒心亭，向远处眺望。

> 使目新乎其所睹，耳新乎其所闻，则其心洒（xǐ）然而醒，更欲久而忘归也。

在这亭子上，眼睛能看到更新奇的景象，耳朵能听到更动听的声音，这时候，欧阳公那沉醉的心就清醒过来了，就更想久久地呆在这里。

欧阳修曾在《醉翁亭记》中说到自己的"太守之乐"，那么在曾巩看来，欧阳修究竟"乐"的是什么呢？所谓：

> 一山之隅，一泉之旁，岂公乐哉？乃公所以寄意于此也。

难道，欧阳修的快乐只是因为山水之间的景物吗？不是，是寄托在山水中的深厚的人文情怀。只要实践顺应自然、无为而治的为政风范，老百姓丰衣足食没有遗憾，天下的读书人人尽其用，各得其所，社会发展欣欣向荣，自得其乐，欧阳公便能真正获得快乐。

在这篇文章的结尾处，曾巩深情地说：

韩愈去世几百年之后，才出现了像欧阳修这样伟大的人物。现在与欧阳修一同游山水的人，他们大概还不知道欧阳修是百年难遇的人物。等到再过几百年几千年，有人看到欧阳修的文章，看到欧阳修留下的事迹，就会感慨他是百年难遇的杰出人物。如此看来，能够有机会与欧阳修同游醒心亭，真是一件高兴而荣幸的事情！我能够受他的嘱托写出这篇文章，也感到无比的荣幸与骄傲。

为什么呢？因为一座醉翁亭，一座醒心亭，让曾巩看到了欧阳修的人格的核心。这个人格的核心，就是时时刻刻要保持清醒的头脑，欧阳修的醉是表面的，他的醒才是真实的。他的醉就是因为他的清醒，而他之所以清醒，乃是因为有一颗关怀世事的心。这正是中国古代知识分子的一种非常难得的人格。

"生于忧患，死于安乐"，这是中国人特别具有的意识。这种忧患的意识，不是从天上掉下来的，也不是从地缝里长出来的，而是我们的祖先一代一代传递下来的文化传统与文化精神。它就像民族文化的 DNA 一样，深深地植入你的血液当中。我们每个人虽然家庭环境、成长背景有所不同，但只要是个中国人，我们的身上就会有这种文化的烙印与基因。它使我们的民族，我们的国家，能够时刻保持强大的清醒的反思能力。有了这种能力，就是遇到再大的困难、波折甚至动乱，我们都有能力挽危澜于既倒。

欧阳修这个醉翁，当他痛苦的时候，他可以在沉醉中暂时轻松他的身心。不过他的灵魂是清醒的，正因为他的灵魂是清醒的，所以他能够在醉过之后，依然积极地投入社会的洪流，继续他的革新与奋斗。在我们的心中，他这样的醉翁不仅令人尊重，而且也非常可爱。

第六讲

吃力反而不讨好

欧阳修的文章独步当代，名垂千古；他的个性耿介刚直，毫不妥协。这些使他成为北宋最具特色也最有成就的文学家、政治家之一。然而他的这种性格有时候也会得罪朋友，有时候甚至会做一些费力、出力却不讨好的事。他多年志同道合的挚友尹洙、范仲淹去世后，他受逝者亲属嘱托，费尽心力为朋友撰写墓志铭、神道碑文，可是他无论如何也想不到，文章写成了，换来的不是逝者亲属的感谢，反而是愤愤不平的指责与埋怨。这究竟是怎么回事呢？

　　宋仁宗皇祐四年（1052），范仲淹去世，北宋政坛、文坛的一颗巨星陨落了。范仲淹与欧阳修的关系非同寻常，一方面，范仲淹对欧阳修有奖掖提携之恩，另一方面，两个人也是志同道合的挚友，他们的友谊经历了多次政治风浪的考验。范仲淹去世之后，他的儿子范纯仁邀请父亲的朋友、战友富弼为父亲撰写墓志铭，邀请欧阳修为父亲撰写神道碑文。

　　墓志铭与神道碑文的区别是什么？墓志铭一般由志和铭两部分组成。志多用散文撰写，叙述逝者的姓名、籍贯、生平事迹；铭则用韵文概括全篇，主要是对逝者一生的评价。墓志铭写好后刻在石碑上，放置于墓穴之中。神道碑上的内容与墓志铭大同小异，也是记载逝者生前事迹的，所不同的是，墓志铭放置在墓穴中，而神道碑则立在墓道旁。前者陪伴逝者，后者便于生者观览。

　　为范仲淹撰写神道碑文，这个任务对于欧阳修来说，于公于私、于情于理都无法也不应该推托，所以欧阳修慨然允诺。但是当真正动起笔来，他又感到非常困难，非常为难。为什么？因为要评价范仲淹几十年来的功过是非，就意味着要评价过去几十年来北宋政坛、文坛的风风雨雨，就要臧否过去几十年来形形色色的人物。毫不夸张地说，范仲淹的个人历史，是与北宋几十年来的历史息息相关的，所以看上去是在评价范仲淹这个人，实际上是要评价这个王朝过去几十年来的历史，这对欧阳修来说真是一件太艰难、太为难的事情了！尤其是当年反对范仲淹所主持的"庆历新政"的反对派以及他们的徒子徒孙还都在世，对范仲淹的评价稍有不慎，就会掀起又一场政治上的轩然大波，这对死者是一种不敬，对生者也是一种痛苦。

在给朋友的信中，欧阳修表达了自己矛盾、痛苦的心情：

> 范公人之云亡，天下叹息。昨其家以铭见责，虽在哀苦，义所难辞，然极难为文也。（《与韩忠献王书》）

范公去世，天下人都很伤心。范公的家人让我写神道碑文，虽然是义不容辞，但也很为难，这文章真的很难写！

> 修亦续后为他作神道碑，中怀亦自有千万端事待要舒写，极不惮作也。只是劣性刚褊，平生吃人一句言语不得，居丧犯礼，名教所重，况更有纤毫。（《与姚编礼书》）

想要写的事情太多了！可是写不出来，有顾虑，为什么？因为我这个人个性太过刚直，平生得罪的人也多。说话没有遮拦，也不想遮拦，有什么说什么。可是现在正是范公丧礼期间，唯恐因为我说了什么写了什么，弄得不好看啊！

那怎么办呢？总得写呀！总得想个周全的写法吧。欧阳修说：

有亭翼然臨於泉上者醉翁亭也

康震

康震

北京 庚寅

醉翁之意不在酒，在乎山水之間也。山水之樂，得之心而寓之酒也。

醉翁亭記句

康震 庚寅 北京

此文出来，任他奸邪谤议近我不得也。要得挺然自立，彻头须步步作把道理事，任人道过当，方得恰好。……本要言语无屈，准备仇家争理尔。如此，须先自执道理也。（《与姚编礼书》）

我想这篇文章写出来，要能够抵抗得住奸邪之人的诽谤之语。文章要站得住脚，要经得起大家的推敲琢磨才好。说白了，主要是要经得起那些范公对立势力的攻击与诽谤，这文章得写得别人说不出什么来。要做到这一点，一定要在一些核心问题上立得住脚。

范公之德之才，岂易称述？至于辨谗谤，判忠邪，上不损朝廷事体，下不避怨仇侧目，如此下笔，抑又艰哉！某平生孤拙，荷范公知奖最深，适此哀迷，别无展力，将此文字，是其职业，当勉力为之。更须诸公共力商榷，须要稳当。（《与孙威敏公书》）

范公的生平德操，不容易评价啊！特别是这样的神道碑文写出来，要能够让世人辨明什么是奸邪什么是忠良。我评价范公的生平，对上不能有损于国家的尊严，对下经得起仇怨之人的挑战。每下一笔，都感到非常艰难！我这一辈子孤苦而拙于谋生，范公对我的知遇之恩最重，我没别的本事，写文章还算所长，所以一定要奋力为之，将这篇文章写好！我一定会与诸位反复商榷，这篇文章的第一要义便是立论要稳当！

所谓稳当，在这里主要就是指神道碑文的内容要公道、公正，尽量符合历史的真实。总之，不管有多么为难，欧阳修总归想好了撰写的原则，也就开始了漫长的写作过程。富弼的那篇墓志铭写得很快，不过半年时间便交付范纯仁，刻石入墓了。而欧阳修的这篇两千多字的神道碑文居然写了整整十五个月！写完他还是不大放心，又将文章交给当年与范仲淹同在中枢之地共事多年的韩琦过目，韩琦的意见反馈给欧阳修之后，方才最终定稿。

我们看到了，欧阳修对范仲淹的这篇神道碑文，真可谓千般小心、万种留神。还算好，文章写出来后，那些反对革新的保守势力并没有什么反对的声音，这说明这篇文章的观点大体是公允的，写得公道、稳当。可是欧阳修没想到，对立面没有不满的声音，革新势力这边却而有人不高兴了，谁呢？就是负责写墓志铭的富弼。富弼为何不高兴？他自己并没有明说，只说自己是如何来写墓志铭的。他说：

写文章的目的，就是让人们从善如流，除恶务尽，所以文章一定要说明什么是善什么是恶。孔圣人写《春秋》，为了顾及官老爷们的面子，曲里拐弯的，故意不说清事情的是非曲直。等过了几千年，后人再看《春秋》，谁能弄清楚其中真善丑恶的真相呢？这样说来，这文章还有什么用处！

现在人写文章也有这毛病，凡事总写得模棱两可，没个透亮的说法。现在要做件好事多不容易，弄得不好，不仅会遭受诋毁、贬斥，甚至还会株连九族。如果我们只为自己着想，不如实写他们的事迹，这跟罪犯有什么分别？至于那些做坏事的家伙，他们诡计多端，结党营私，千方百计逃避惩罚，反而子孙满堂，享福不尽。如果大家因为害怕得罪人而不如实记录他们的罪过，长此以往，为恶之人只会更加嚣张，而从善之人就越来越少了！

总之，写文章就该让善人受人尊敬，恶人遭人唾弃，就该让善人长生，让恶人短命，决不能模模糊糊、畏首畏尾。我给范仲淹写墓志铭就坚持这个原则，尽力彰显范仲淹的光辉事迹，极力暴露坏人的丑恶嘴脸，我只恨自己写得还不够透彻！我这次给范公写的墓志铭，痛斥奸恶之人的事实都是天下人众所周知的，绝无胡编乱造之词，那些奸恶之人的徒子徒孙现在也大都身居高位，他们一定会对我横加诽谤，我是不怕的！

欧阳公曾说：写文章就要直抒胸臆，就要无所避讳，爽爽快快地写出忠义的精神，正所谓快意恩仇！看来他是赞同我的观点的。

这话里话外的意思，似乎是在提醒欧阳修：你写的神道碑文立场不鲜明、不坚定，含糊其辞，只做老好人，不说明白话！欧阳修原来最大的顾虑本是政治对立方会找神道碑文的茬儿，没想到自己的朋友富弼反而先跳出来指责自己写得不够透亮，在范仲淹与吕夷简之间和稀泥，不够胆气！自己的文章与自己的观点不一致！

以欧阳修的个性，对此当然不会保持沉默。在给朋友的信中，他亮出了自己的观点：

我记述吕夷简的事情，对范公而言，可以看出他有包容宇宙的胸怀气度，抛却私人恩怨，以国家利益为先；对吕公而言，我不过是忠实地记录事实的本来面目，为的是让后人看到一段真实可信的历史罢了。如果非写两个人仇雠相向，大打口水仗，那本来就与事实不符，后来人是不会相信的。总之，我的神道碑文，没什么感情色彩，有的是公道精神。而富弼的墓志铭，嫉恶如仇，求胜心切。请你们转告富弼，如果觉得我的神道碑文不行，可以另请高明。

看起来，富弼所纠缠较真儿的所谓善恶之事，就是欧阳修所提出的吕公之事。那么，这件事的真相究竟是什么？为什么在这个问题上，富弼与欧阳修的分歧如此之大呢？

大家都还记得，宋仁宗景祐三年（1036），范仲淹上书宋仁宗，抨击时弊。他作了一幅《百官图》，痛陈官场的腐败，其主要批评对象就是当时的宰相吕夷简。后来双方唇枪舌剑，打得不亦乐乎。结果是范仲淹被贬饶州。两三年后，北宋与西夏发生战事。宰相吕夷简出人意料地将范仲淹调回朝廷，任命他为陕西经略安抚副使，全权负责对西夏作战。

在这个关键时刻，范仲淹与吕夷简的关系发生了微妙的变化，欧阳修是这样记录这个变化的：

> 及吕公复相，公亦再起被用，于是二公欢然相约戮力平贼。天下之士皆以此多二公。

吕夷简重新做了宰相，范仲淹也因此重新被起用，两个人相约戮力平贼，天下之士都因此高度评价两位国家重臣的作为。换句话说，在这个历史的关键时刻，吕夷简与范仲淹这一对水火不容的昔日政敌，握手言和，演出了一场北宋时代的"将相和"。富弼认为，这不是事实，范、吕二人的矛盾是不可调和的原则问题，他们不可能握手言和。欧阳修写这出"将相和"，无非是要息事宁人，无非是害怕得罪吕夷简的徒子徒孙，在这个大是大非的问题面前，欧阳修和稀泥是完全错误的。

其实不光是富弼，范仲淹的儿子范纯仁对欧阳修这样的写法也完全不同意。范纯仁说："我父至死未尝解仇。"我老爸到死都跟吕夷简没完，都没有跟吕夷简和解过，我没听说过他老人家跟吕夷简相约戮力平贼这档子事。富弼虽然只是强调评价一个人要善恶分明，要有原则，但意思也是一样的，其潜台词是：你欧阳修怎么能胡乱写呢？吕夷简是我们的政敌、仇人，你现在说范仲淹与吕夷简相约戮力杀贼，那岂不是丧失了我们的起码原则？你这样写不就是怕得罪人吗？

欧阳修是一代文学大家，但是他在重大历史事件面前，从来就不是感情用事的人，他的原则性非常强。关于吕公与范公握手言和戮力平贼之事，富弼说了不算，范纯仁说了不算，欧阳修说了也不算，只有事实说了才算！那么，事实的真相究竟如何呢？

大历史学家司马光对这件事有如实记载：

会吕公自大名复入相，言于仁宗曰："范仲淹贤者，朝廷将用之。岂可但除旧职耶？"除龙图阁直学士，陕西经略安抚副使。上以许公为长者，天下皆以许公为不念旧恶。文正面谢曰："向以公事忤犯相公，不意相公乃尔奖拔。"许公曰："夷简岂敢复以旧事为念邪！"（《涑水纪闻》卷8）

吕夷简对宋仁宗讲，范仲淹是国家的贤能之士，朝廷要重用这个人，不能仅仅官复原职。于是提拔他为陕西经略安抚副使，负责西夏战事。仁宗认为吕夷简的做法有长者之风，天下人也都认为吕公不记旧恶。范仲淹当面向吕公答谢说：以前因为朝政之事对您多有得罪，没想到您今天还能如此提携我！吕夷简回答说：我怎么可能老记得过去那些陈年旧事呢？事情再大也大不过国家的事情啊！意思是说，在国家大事面前，我怎么可能斤斤计较过去个人的私怨呢？

无独有偶，欧阳修的学生苏辙也曾记载了范、吕二人的这一段经历：

范文正初排吕许公，勇于立事，自越州还朝出镇西事，恐许公不为之地，无以成功，乃为书自咎，解仇而去。其后以参知政事安抚陕西，许公已老居郑，相遇于途。文正身历中书，知事之难，惟有悔过之语。许公欣然相与语终日。许公问："何为亟去朝廷？"文正言："欲经制西事。"许公曰："经制西事莫若在朝廷之便。"文正为之愕然。故欧公《神道碑》言："二公晚年欢然相得。"由此故也。后生不知，皆咎欧阳公。（《宋人轶事汇编》引《龙川别志》）

范仲淹离京奔赴陕西负责西夏战事，唯恐走后吕夷简又生事端，便致信一封给吕公，对过去的事情引咎自责，缓解了与吕公的矛盾。后来范仲淹担任了参知政事，位居中枢，才知道国家大事的难处，有了悔过的意思。后来他以参知政事之职巡视陕西，吕公已经退休在家，两人见面后相谈甚洽。吕公问范公为何离开朝廷，范公回答为了处理西部边境事务。吕公提醒他：身居朝廷，处理西部边境事务反而更加有利啊！范公如梦方醒。所以欧阳修的神道碑文说他们两人晚年关系甚为融洽。后生晚辈哪里知道这些事情？所以纷纷指责欧阳公。

这就是事实的真相。但是范纯仁就是不认，他只是一味坚持：你们这些说法都是道听途说，我很清楚我老爸没有跟吕夷简和解过，没有这回事儿！他请求欧阳修改写范、吕和解这一段文字。欧阳修这下真的怒了：我所写的都是我亲眼所见，亲耳所闻，你当时才多大？你能知道些什么？改写，没门儿！

范纯仁也是个倔脾气，好，你不改，我给你改。小范自作主张，将欧阳修所写的这一段范、吕二人和解的文字统统删去，然后将删改后的碑文刻上石碑，并将碑文拓本送给欧阳修。欧阳修收到拓本后也不客气，公开声明这一篇神道碑文："非吾文也。"这篇碑文不是我写的，我没写过这样的碑文！真实原版的范仲淹神道碑文，已经收入我自己编辑的文集中了，要读就到我家里来读吧！

两人杠上了！

看来问题的焦点还是在于吕夷简与范仲淹到底有没有和解。小范死活认为他老爸没有跟吕夷简和解过，即便有司马光、苏辙等人的"证词"也不认，那么，总得拿出点儿铁证来吧！铁证是有的，这就是苏辙所说范仲淹离开京城前给吕夷简写的那封信。

这封信在什么地方？当然应该在范仲淹的文集中，但是到了南宋时代，范仲淹文集中已经不见这封信，也许是被范公的家人删去了。但是不要紧，这封信丢不了。南宋思想家吕祖谦编辑的《皇朝文鉴》第一百一十三卷中收录了这封《上吕相公书》。这封信是这样写的：

> 伏蒙台慈，叠赐钧谕，而褒许之意，重如金石，不任荣惧，不任荣惧。……一日登朝，辄不知忌讳……仲淹于搢绅中独如妖言，情既龃龉，词乃暌戾，至有忤天子大臣之威。……昔郭汾阳与李临淮有隙，不交一言，及讨禄山之乱，则执手泣别，勉以忠义，终平剧盗，实二公之力。今相公有汾阳之心之言，仲淹无临淮之才之力，夙夜尽瘁，恐不副朝廷委之之意。

您对我的奖掖之恩、褒奖之意真是重若金石，对此，我真是诚惶诚恐啊！回想过去，我在朝廷的时候，做事不知轻重缓急，说话不知天高地厚，对您这样的国之重臣多有冒犯！唐朝的时候，名将郭子仪与李光弼关系不好，互相不搭话。安史之乱爆发后，他们二人执手立志，共戮国贼。现在您就是当朝的郭子仪，我则没有李光弼的能力，所以担心有负国家重托，只好鞠躬尽瘁、死而后已。

看来，不管范纯仁承认与否，范仲淹给吕夷简的这封信都是一个客观存在的事实，谁也否认不了。但是话虽这样说，为尊者讳、为长者讳是中国自古以来的文化传统，对范仲淹的家人来说，吕夷简既然是范仲淹生前的政治对头和宿敌，现在却要将两人握手言欢的那一幕刻到神道碑上去，无论从情感还是理智上都很难接受。换言之，即便这一幕真的是事实，难道就非得写入神道碑文不可吗？甚至为此不惜得罪范仲淹的家属？欧阳修坚持把这一幕写入神道碑文，其用意到底何在呢？

简单说，就是为了树立全新的政治风气。

我们知道，在唐代历史上有所谓的"牛李党争"，这是典型的朋党之争，说白了就是两大政治集团之间的斗争。他们斗争争什么？

争政治权力，争政治利益，为此打得不亦乐乎、头破血流，反正是有我没你，有你没我。而当初范仲淹与吕夷简之间的争论是所谓的"君子之争"，争的是什么？争的是政见，而不是权力。也就是说，大家对朝政有不同的看法，这个可以争论，谁对我们就服从谁。这就是为什么欧阳修等人拼命地跟皇上说，我们虽然是朋党，但是我们是君子之朋党，君子之朋党与小人之朋党最大的不同是什么？君子之间争的是见解、见识，小人之间争的是利益、权力。以此来看，当初范仲淹与吕夷简争论的根本起因并不是权力，而是治国方略的不同，所以属于君子之争。

但是君子之争也很难把握界限。你来我往不免就会有意气之争，就会意气用事。而一党一派为了凝聚共识，笼络一党一派之人心，不免要极力维护本派本党之政见与人事关系。天长日久，本来是一党一派之见解和政见，却渐渐演变成为一党一派之团体利益、政治利益。于是，为国家利益而争论渐次演变成为派别利益、党派利益而争论。随着争论日趋深化，必然牵涉朝政之得失、人事之调整、利益之冲突，于是本来平易的政见之争最终蜕变为残酷的政治斗争，斗争的格局也简化为：只要是你拥护的我就反对，只要是你反对的我就拥护。如此一来，便将派别、党派的利益置于国家利益之上了！

大家都还记得，宋仁宗景祐三年（1036），欧阳修、范仲淹因抨击吕夷简、高若讷而先后被贬，蔡襄便赋诗一首《四贤一不肖》褒贬这件事。四贤者，被贬的革新派官员范仲淹、余靖、尹洙、欧阳修，一不肖便是饱受欧阳修指责的谏官高若讷。《四贤一不肖》这首诗所写的内容比较符合当时的实际情况，那四个人被贬获得了舆论的普遍同情，而高若讷身为谏官的表现确实让人不齿，所以大家对《四贤一不肖》的认同度很高。但是后来那位石介，为了歌颂"庆历新政"所写的《庆历圣德颂》认同度就很低，连新政领袖范仲淹对这首诗也很反感，为什么？一方面是担心刺激保守势力，引发不必要的政治风浪；另一方面，石介在诗中对保守派人物恶语相向，有人身攻击之嫌，范仲淹等人对此比较反感。石介这首诗就不是君子之争，而有派别斗争之嫌。

欧阳修自己也有过类似的过激做法。

宋仁宗庆历三年（1043），欧阳修在给朝廷的《论吕夷简札子》中，说吕夷简：

> 为陛下宰相，而致四夷外侵，百姓内困，贤愚失序，纲纪大隳，二十四年间坏了天下。人臣大富贵，夷简享之而去；天下大忧患，留与陛下当之。夷简罪恶满盈，事迹彰著，然而偶不败亡者，盖其在位之日专夺国权，胁制中外，人皆畏之，莫敢指摘。及其疾病，天下共喜奸邪难去之人且得已为天废。

吕夷简任宰相，招致外敌入侵，民生凋敝，朝纲紊乱，人心涣散。二十四年来坏了天下大事！他享尽了位极人臣的富贵就要拂袖而去了，却将天下之忧患留给了陛下。吕夷简罪大恶极、臭名昭著，之所以居宰相位如此之久，无非是因为他专擅朝政，大权独揽，人人畏惧。现在他病倒了，天下之人都喜气洋洋，认为这是老天爷给他的报应！

这一段话其实没有什么实际内容，主要就是愤怒的谴责与用力的诅咒。这种人身攻击不仅无助于革新派推进革新，而且有损革新派的形象。这种语言就不是为国家利益而争的语言，而是为派性、派别利益而争的语言。况且，对吕夷简的这个评价并不符合实际情况，我们前面说过，吕夷简对宋仁宗以来的内外朝政还是做出了很多贡献的。

那么，为什么对吕夷简的评价会出现偏颇呢？就是因为将派别利益置于国家与公共利益之上，所以评价的标准就变成了是否有利于派别利益，而不是是否符合历史的实际，是否有利于国家与公共利益。而且，最糟糕的是，本来是君子之争，但是像《论吕夷简札子》《庆历圣德颂》中的语言，散发着暴力与邪恶的气息，哪里还有点儿君子风范？这是小人与君子之贼才有的语言风格。简单说吧，小人用暴力与邪恶的手段来对付君子，来维护自己的派别利益；而君子以其人之道还治其人之身，也用暴力与邪恶的手段来还击他，并且也是为维护自己的派别利益，而将国家利益弃之一旁。那么，你这个君子与小人也没有任何本质的区别，你也就是小人。

随着时间的推移，欧阳修开始重新认识自己的这些做法，并有意识地进行改正。比如，好友蔡襄去世后，欧阳修在为蔡襄写的《端明殿学士蔡公墓志铭》中，就绝口不提蔡襄的那首《四贤一不肖》诗。按理说，这首诗在蔡襄生平中是一件大事，与欧阳修也有着直接的关系，不提此诗肯定是有意为之。在编辑自己的诗文总集《居士集》时，欧阳修也没有收录那篇大名鼎鼎的《与高司谏书》。所有这些都透露出欧阳修思想的一些微妙转变，正是这种转变与反思才形成了欧阳修在范仲淹神道碑文问题上与富弼、范纯仁等人的不同态度。

欧阳修为什么非得将吕夷简、范仲淹握手言和、戮力平贼这一段事实写进神道碑文当中呢？很简单，冤冤相报何时了。欧阳修这样写的主要意图就是要释放一个明确的信息：应当尽快结束党争政治，大宋王朝的政治需要有不同的意见，需要争论，但是这样的不同意见与争论是为了国家利益，为了公共利益，应当结束任何有损国家与公共利益的党争与政治斗争，应当确立以国家与公共利益为最高利益的端正、公道的国家政治。

而范仲淹与吕夷简这一对政治宿敌，为了不同的政见，在宋仁宗景祐三年（1036）曾经上演了唇枪舌剑、水火不容、有你没我的一幕，却又为了国家最高利益，在宋仁宗康定元年（1040），演出了这场尽弃前嫌、握手言和、相约戮力平贼的"将相和"，这不正是欧阳修所期待的全新大宋政治与政治风气的最好榜样吗？因为有了这样的理想与期待，欧阳修自然要冒着得罪范纯仁与富弼的风险，将吕夷简、范仲淹二人的这一幕"将相和"写入神道碑文。因为在他看来，这一幕不仅仅是吕、范二公的历史，更是大宋王朝政治史中值得大书特书的一笔，对于未来的政治与政治家们会有长远的意义。

南宋大哲学家朱熹对欧阳修的做法给予了很高的评价。他说，吕夷简之前贬谪范仲淹，的确可罪，而后来又提拔起用范仲淹，的确可书，可谓前过后功。对他的功与过都如实记载，不隐瞒也不忽略，欧阳修这样做很对，看上去似乎没有顾及革新派的派别利益，但是对国家的长治久安有好处，是符合国家根本利益的！至于范仲淹本人，即便在九泉之下，断不会因为欧阳修写了这一幕"将相和"而迁怒于他。朱熹说得好，因为范仲淹的心"正大光明，固无宿怨，而惓惓之义，实在国家"（《答周益公（第二）书》）。可见，对于伟大历史人物的评价一定要客观、公正，只有这样，才符合国家和民族的长远利益，才会有利于国家和民族的长治久安。短短一篇神道碑文，却关乎大宋王朝长远的政治利益，欧阳公深邃的历史眼光不能不令人钦佩。

欧阳修这辈子不止做了这一件出力不讨好的事，还有一件事，也让他够郁闷的。前面我们讲欧阳修抨击高若讷，讲蔡襄所作《四贤一不肖》诗，曾提到一个人叫尹洙。此人不仅在宦海之中与欧阳修相濡以沫，同进共退，而且是欧阳修倡导之诗文革新运动的重要成员。总之，与欧阳修等人既是政治的同道者，也是文章事业的同路人。欧阳修与他有着非常深厚的友谊。尹洙去世后，他的家人请欧阳修给尹洙写墓志铭。结果，墓志铭写好之后，尹洙的夫人不干了，为什么？你欧阳修对我们家老尹评价太低了，何以见得？在尹夫人以及尹洙的门生们看来，尹洙是北宋古文运动的大家，可是墓志铭对尹洙古文的成就却只以"简而有法"四个字给予概括，太简单了！其次，当时文坛盛行骈文，尹洙以散文创作打破骈文一统天下的格局，对这一点，欧阳修也肯定不足。还有，尹洙是北宋古文运动的倡导者，这一点欧阳修也没有特别强调。总之，对尹洙评价不够高，把尹洙的分量掂轻了，要重新评价！

怎么办？欧阳修当然不会重写改写墓志铭，他专门写了一篇文章《论尹师鲁墓志》，逐一回答尹夫人以及尹洙门生们提出的质疑。

针对第一条，欧阳修认为，"简而有法"的意思是写文章善于取舍剪裁，善于把握轻重褒贬，善于含蓄简练的表达思想。在欧阳修看来，只有孔子的《春秋》这部书才够得上"简而有法"这四个字，因此，"简而有法"是对尹洙极高的评价，并不是贬低。

针对第二条，欧阳修认为，仅就一种文体而言，古文固然很好，但骈俪之文也不错，骈与散本无优劣之分，它们之间根本就不是非此即彼的关系，而是彼此互补的关系。有鉴于此，就不再特别强调尹洙以散文打破骈文格局这一点了。

针对第三条，欧阳修认为，宋初以来，在尹洙之前，倡导古文运动的还有柳开、穆修等人，说古文运动是从尹洙倡导开端的，这不符合事实。

最后，针对自己这篇墓志铭何以写得如此简短简练，欧阳修不禁大发议论：

> 修见韩退之与孟郊联句，便似孟郊诗；与樊宗师作志，便似樊文。慕其如此，故师鲁之志用意特深而语简，盖为师鲁文简而意深。又思平生作文，惟师鲁一见，展卷疾读，五行俱下，便晓人深处。因谓死者有知，必受此文，所以慰吾亡友尔，岂恤小子辈哉！

当年韩愈与孟郊联句作诗，其诗的风格便与孟郊很相似；后来韩愈为樊宗师作墓志铭，文风又与樊宗师很近似。因为仰慕韩愈为文的这种风格，所以我给尹洙作墓志铭，就模仿尹洙语言简练而内涵深远的文章风格，写成的墓志铭也就是文简而意深的样子。我不由得想起尹洙在世的时候，每次见到我写的文章，无不快快地展卷阅读，不过刚刚读了四五行字，便已经知道全文的意思了！他真是我的文章知己，尹洙如果在天有灵，一定会赞同我给他写的这篇墓志铭的！我写这篇墓志铭，为的是悼念我逝去的朋友，难道会在乎你们这些晚辈小子（指尹洙门生）说些什么吗？

看来指望欧阳修改墓志铭是没戏了，于是尹洙的子女与门生只好去找尹洙的另一位朋友韩琦。他们为什么找韩琦呢？原来，尹洙临终之时，范仲淹曾安慰他说：我会安排韩琦、欧阳修撰文评价你的一生，会令你的英名永垂不朽的！尹洙对此非常感激。后来范仲淹就做了明确的分工，欧阳修负责墓志，韩琦负责墓表，也就是墓碑上的评价文字。

现在尹洙的家属对欧阳修撰写的墓志不满意，转而求告韩琦，希望能够在墓表中弥补墓志中留下的"遗憾"。这可真令人为难呐！为此范仲淹亲笔给韩琦写了一封信：

> 近永叔寄到师鲁墓志，词意高妙，固可传于来代。然后书事实处，亦恐不满人意，请明公更指出，少修之。永叔书意，不许人改也。然他人为之虽备，却恐其文不传于后。或有未尽事，请明公于墓表中书之，亦不遗其美。又不可太高，恐为人攻剥，则反有损师鲁之名也。（《与韩魏公书》）

范仲淹一方面充分肯定欧阳修的墓志铭"词意高妙，固可传于来代"，但又说这墓志铭还有些不尽如人意之处（其实也就是不尽如尹洙家人、门生之意之处）。但欧阳修这个人不好说话，他一般不许别人改他写好的文章。可要是换了别人来写，影响力又远远不及欧阳修，写成了也很难流传后世。所以范仲淹希望韩琦能够补充补充。具体做法就是：将墓志中没有写完善写充分的内容，在墓表中多写点儿，多做些补充，算是个弥补。可是——范仲淹又提醒韩琦——你也不能为了照顾尹夫人及其子女的情绪就片面拔高尹洙，这样一来也会招致人们的不满，反而有损于尹洙身后之名。

这个处理意见，兼顾了欧阳修与尹洙家属的意见，表现出范仲淹洞明世事、练达人情的政治智慧。而韩琦后来的墓表之文也的确比欧阳修撰写的墓志多出两三倍文字。

总之，从这件事，我们就能感觉到欧阳修是一个非常坚持原则的人。在他眼中，真理虽然有时候很难看很难听，但是只要它是真理，就是再难看再得罪人，也必须坚持，没商量。正因为如此，欧阳修的人格便成为宋代士大夫所推崇的典范：刚直耿介、宁折不弯。

当然，人非圣贤，孰能无过。欧阳修固然是个大大的忠臣，但这种忠诚有时候也会铸成大错。在后来的日子里，欧阳修这个忠臣的忠诚就害了另一位忠诚的大忠臣。

第七讲

忠臣反被忠臣害

欧阳修是北宋著名的政治家，他为人耿介刚直，对于国事尽心尽力，总能大胆提出自己的意见，并勇于承担责任。刚毅不屈、坚持原则是欧阳修的政治性格。但好心也未必总能办好事，忠臣有时候也会办错事，欧阳修的一片爱国之心，却让另一个大忠臣蒙受了不白之冤，成为宋史上一段难解的公案。

　　宋仁宗嘉祐元年（1056）夏，首都东京汴梁暴雨连绵，雨水淤积，下水排不出去，于是京城里水患成灾。欧阳修时任翰林学士，负责为皇帝起草重要的诏书、朝廷文件，是皇帝最亲重的政治顾问。他的家里也被大水冲得一塌糊涂。怎么办呢？白天只好躲在屋檐下，晚上只好露宿在竹筏之上。一般的人，家里遭了水患，还不得赶紧料理收拾家务？可是欧阳修家遭了灾，他的关注点不是自己家里，而是朝廷如何。也许是在屋檐下，也许是在竹筏上，他起草了两封奏章，呈给宋仁宗，一封叫作《论水灾疏》，另一封叫作《再论水灾状》。这两道奏章的主要内容是什么呢？

　　首先，是对这次水灾的认识。欧阳修说，这一次京城发大水，情况非常严重。自古以来水灾也不少，但是像这一次大河小川纷纷暴涨漫溢，或堵塞城门，或席卷集市，或冲决河堤，毁坏道路，扫荡良田，无论京畿郊野，无一幸免，真是世所罕见！大水冲入首都后，堂堂京城都邑，转眼间就变成了湖泊沼泽之地，冲得大臣们哭天叫地，躲都没处躲，老百姓家里的人员家畜伤亡不知有多少！由于屋宇倒塌，幸存者无处安身，只好在竹筏上露宿，头顶上是倾盆大雨，脚底下是汪洋大水，男女老幼在天地之间的浩浩波涛中战栗不已。而郊外的坟地，被大水浸泡冲刷，致使棺椁飘零、尸骨遍野，真是惨不忍睹！

灾害如此惨烈，说明了什么？欧阳修的结论是：按照天人感应的道理，上天有变，世间必有所应之事。天下的灾害都是有原因的，没有空穴来风，也没有无根之木。灾害如此严重，肯定是朝政出了问题。譬如老天爷风调雨顺，那么，就证明朝廷的各项政策深入人心，老天爷很满意。如果老天爷一会儿地震一会儿火山爆发，那就说明朝廷的政策出了问题，天怒人怨，要赶紧改改啦！欧阳修替宋仁宗盘点了一下，说根据我的观察，这一次水灾主要印证了三件事：

第一，您在位三十多年了，没有立太子。

宋仁宗曾经有过三个儿子，可都早夭了，后来一生一个姑娘，一生一个千金，一生一个公主。女儿无法继承皇位，可宋仁宗又实在不愿意将皇位传给自己的侄儿们。现在大臣们多次给皇上建议，早日立太子，这是对国家负责任的态度。为什么？早立太子，就可以早早开始培养接班人，让太子早早介入治理国家，可以让他尽早成长成熟起来。早立太子，还可以让朝政稳定，以免奸佞之臣挑拨离间后宫，觊觎皇位。可是宋仁宗总还是想着再等等，如果能生一个儿子，就不会这么纠结困扰了，可就是生不出来。迟迟不立太子，三十多年了，老天爷不满意了，要告诫一下宋仁宗，所以就发了大水。

第二，朝中缺贤明能干之臣。老天爷为什么发大水？因为朝廷的纲纪不正，执政者为政有失误，国家管理上有问题。所以这个水灾是天谴，所以我要给你推荐一些有才能、有德行的人，充实干部队伍，给干部队伍补充新鲜血液。他推荐了四个人，并一一进行了点评。头一个就是著名的包拯，包拯当时任池州知州，欧阳修说包拯此人有气节，行为端正，出身贫贱但才华卓著，敢说真话，是个干才！现在天灾人祸的，正是需要包拯的时候。第二个推荐襄州知州张镔，此人个性沉静，外柔内刚，学问通达，看似不爱说话，关键时刻一定能够挺身而出，这样的人适合在中央工作。第三个推荐的是吕夷简的儿子吕公著，说他清静寡欲，虽然出身富贵但是淡泊名利，见识深远，擅长文学，皇上可以安排他常随左右，以备顾问。最后一个就是大名鼎鼎的王安石，欧阳修认为他学问与文章都是当代第一流的，原则性很强，洁身自好，是朝廷难得的实用人才，让他担任什么工作都会非常合适。欧阳修的总结论是：这四个人，都是所谓的难得之士，用了他们，或者可以减缓一些灾情，算是给老天爷一个交代。

第三，你就想不到了。欧阳修说，下这么大的雨，闹这么大的水灾，我告诉您皇上，您必须罢免一个人的官职，只有罢免了他，这场水灾才能平息。这个人是谁呢？就是北宋著名的军事家、当朝最高军事首长枢密使狄青。欧阳修说狄青出身职业军人，开始担任枢密副使的时候，大臣们就认为不大合适，这三四年来他担任枢密使，虽然没有什么过失，但是他以一个职业军人的身份掌握国家最高军事机密，对国家不利！我之前曾经上书《论狄青札子》，说狄青算不上是军事奇才，只不过在当朝将军中较为出众而已。狄青本人虽然没有什么坏心眼儿，但是他统兵既久，深得将士们的爱戴，我担心他担任枢密使时间久了，会受到将士们的蛊惑而生出不测之事。所以我建议罢免其枢密使职务，让他在地方担任一个知州之职也就罢了。这样做既可以保全狄青本人，也可以为国家防患于未然。其实这几年，朝廷上下给皇上说这事儿的人很多了，只是没有引起您的重视而已。

古人讲究"天人感应"，面对无奈的天灾，身为翰林学士的欧阳修，向宋仁宗提出自己的治国策略，既是真心诉求，更是顺势而为。前面两条建议合情合理，可唯独这罢免狄青官职一条令人百思不得其解。那么，这位狄青是何许人也？为何老天下场大雨，欧阳修却提议要罢他的官呢？

狄青乃山西汾阳人。他的人生经历可以用一句话概括：从士兵走向将军，从将军走向死亡。宋仁宗宝元元年（1038），党项族首领李元昊在西北称帝，建立西夏国，对宋朝西北边境构成巨大的威胁。宋朝从京城卫戍部队中选派精兵开赴边境，狄青也是其中的一员。在对西夏的战斗中，他作为指挥使，身先士卒，骁勇善战，多次充当先锋，率领士兵夺关斩将。先后攻克了金汤城、宥州等地，烧毁大批西夏粮草，俘虏士兵两千余人，缴获牲口五千七百多头。狄青还指挥士兵在战略要地修城筑堡，扼守要害之地，使败退之敌无力反击。

狄青作战勇猛，每次上阵之时，他便披头散发，头戴铜面具，一马当先，冲入敌阵，所向披靡。在对西夏的四年战争中，他参加大小战役二十五次，身中八箭却从不畏怯。在一次攻打安远的战斗中，狄青身负重伤，但一听说敌寇前来，立刻披挂上马，疾驰而出，冲锋陷阵，击退来敌。

狄青的军事才能深得陕西经略使韩琦、范仲淹的赏识。范仲淹鼓励狄青读《春秋左氏传》，并勉励他要做一代之名将，必须通晓古今之事，否则只不过是一介匹夫。狄青非常聪明，他在战斗之余发愤读书，博览秦汉以来名将兵法战略，从此成为北宋最著名的职业军人出身的将军。

由于狄青勇猛善战，屡建奇功，所以朝廷对他非常器重，提拔他的速度很快。仁宗宝元元年，狄青对西夏作战时，还只是一个指挥使，相当于一个营长。十四年后，即宋仁宗皇祐四年（1052）一身军功的狄青被提升为枢密副使，担任北宋最高军事副首长。这一年狄青不过四十五岁。

狄青担任枢密副使刚刚几个月，广西少数民族首领侬智高起兵反宋，他自称仁惠皇帝，招兵买马，攻城略地，直指广东，震动朝野。朝廷几番派兵围剿，奈何都损兵折将、无功而返。就在满朝文武惶然无措之际，枢密副使狄青自告奋勇，上表请战。宋仁宗十分高兴，立刻任命他为宣徽南院使、荆湖南北路宣抚使等职，全权负责平定侬智高之乱。狄青毕竟是狄青，他受命之后，对内一面整肃军纪，重振军威，一面调拨粮草，积极备战，对外则作出疲惫怯战的样子，令侬智高放松警惕。狄青瞅准时机，乘敌不备，突然火速出击，一举抢占有利地形，令宋军一部从正面进攻，其余各部左右前后夹击，结果一战而胜！

　　狄青率军班师还朝，论功行赏，被任命为枢密使，成为北宋最高军事首长。在短短十几年的战争生涯里，狄青就由一名普通的士兵，晋升为枢密使，最高军事首长，他不愧为北宋最优秀的军人。而且我们有理由相信，这位最杰出最优秀的军人成为枢密使之后，还会为北宋培养选拔出更多更优秀的"狄青"来，那对于壮大北宋军威，增强北宋军队的战斗力该有多么重大的意义！

　　然而，这都是我们这些当代读者的良好愿望，对北宋朝廷来说，狄青当上枢密使非但没有什么重大意义，反而有了重大疑问。狄青班师回朝之后，日子是越来越难过了。其实早在狄青担任枢密副使以来，朝廷大臣就曾向皇上上书，认为狄青出身行伍，乃是一介武夫，现在因战功而位居宰相之职，不合北宋王朝的政治传统。狄青平定了侬智高，朝廷在高兴之余，仍然念念不忘要牵制狄青，派宦官担任狄青军队的监军。现在狄青更是破天荒地做了枢密使，朝廷对狄青的疑忌和不安情绪就达到了顶点。

　　欧阳修就是这种情绪的突出代表。宋仁宗嘉祐元年（1056），欧阳修上书宋仁宗，奏章的名称就是《论狄青札子》，用现在的话来说就是：说说狄青的事儿！《札子》云：

　　我听说但凡是忠臣，说给皇上的话都比较难听。善于驾驭大臣的皇帝，都能听得进去难听的话。这样一来，上通下达，君臣彼此都知道对方的想法，国家就不会出乱子了。

欧阳修这个话很厉害，为什么？一则，我今天给您要说的话不很好听，不是忠臣说不出口，不是圣君也听不进去，那么，既然我说得出口，我就是忠臣，您要是听得进去，您就是圣君，听不进去，那就不好说了，反正不管您是否能听得进去，我都是忠臣，对忠臣的话还是要听的呀！

欧阳修接着说，自古以来有个现象，对于国家的隐患，一般人很难看清楚，往往只有少数人能够慧眼看透，如果他告诉了君主，君主也听从了，那么就可以防患于未然。可是如果国家的隐患，连天下老百姓都能看得明明白白，只有皇上看不透，那麻烦可就大了！我今天要说的事情就是天下人都知道，就陛下一个人还蒙在鼓里，那为什么没有人告诉陛下呢？很简单，因为这种祸患是隐患，它现在还没有爆发出来，至于什么时候爆发没人知道准确时间，所以上至王公大臣，下至贩夫走卒，大家都只是在议论这件事，可没人敢说出来，如果说了，没有爆发，那算什么？谁担得起这个责任？

可是我为什么敢跟您说呢？因为我跟别人不一样啊，我从来都是敢直言的。所以我今天必须得跟您专门谈谈狄青的事情。我告诉您，狄青不能坐在枢密使这个位置上。为什么？

第一，狄青担任枢密使对他本人不利，对国家更是不利。狄青本来出身行伍，只不过在西夏战事中获取军功，后来平定广西又立大功。但是因此而担任枢密副使、枢密使，朝中的大臣们都认为非常不妥当。虽然这三四年间，狄青没有什么过失，但是以一介武夫而执掌国家军机要政，对他本人对国家都很危险。为什么？欧阳修分析道：狄青本是士兵出身，身份非常低贱。那些与狄青同样出身的将士，看到同辈中有人如此大富大贵，不免仰慕艳羡。狄青见识过人、军事才干出众，天下将士对他是心服口服。

　　宋王朝一直都缺少真正的将帅之才，统军常用文臣，他们并不熟悉军情，如何能够带军队？而狄青统兵以来，不仅自身军事素质过硬，更精通练兵、带兵方略，所以深得军心。那些将士看到狄青不仅谙熟军情，而且善待兵士，便对他感恩戴德。其实狄青的恩德岂能遍及军队所有人等？不过是这些兵士鼓吹煽动所致，所谓"一犬吠形，百犬吠声"——一只狗叫是因为发现目标，一百只狗跟着叫，那不过是听到了第一声狗叫而跟着叫罢了。我想，狄青自己未必喜欢将士们对他如此顶礼膜拜、感恩戴德，但是他现在又能如何呢？自己处在如此之高的位置，很多事情已经由不得他自己的好恶了。

　　第二，既然狄青自己已经无法左右别人对他的好恶，那么他也将无法左右别人给他带来的祸患。所以我认为，狄青应当急流勇退，辞去枢密使这一职务，这样就可以防止别人对他的猜疑。可是狄青本来是军人出身，哪里懂得为人进退之道？最近一段时间，有关狄青的流言蜚语可不少，有人说他的身上可能应验了某种对朝廷不利的谶语，有人说他的家宅之中常有火光等等，街谈巷议甚多，这些陛下又哪里听得到呢？有人可能会说狄青本人忠于朝廷，并无谋反之意。这样的想法太幼稚了。

　　记得当初，唐代将军朱泚反叛朝廷，那也不是他本人的意愿，只是在仓促之间，被手下兵士胁迫拥戴所致。他做坏事，本不是自己所愿，只是日积月累以至于此，加之君主不能防患于未然，终于酿成大祸。这就是为什么我甘冒死罪说出这些难听之语，无非是想让皇上早早提防。

　　第三，那么该怎么办呢？欧阳修给仁宗出主意说：狄青以职业军人身份执掌最高军事首长这一中枢大权，同时深得军中将士拥戴，这本身就犯了政治上的大忌讳，这与狄青本人是否居心叵测已经毫无关系了。现在，不管狄青到底会有怎样的用心，您都应当深谋远虑，防患于未然，果断罢免狄青枢密使的职务，派他到地方上去做官。同时认真观察狄青在去留之际的心理变化，注意社会舆论对此事的反应，以便相机行事。况且宰相府与枢密院的人事变动也是经常有的。狄青如果忠孝如一，那么随着他的兵权被解除，那些关于他的流言蜚语自然也就烟消云散了，狄青的忠贞品格自然昭然天下，永葆始终。世间之事就是如此，祸患未起之时，说得再多也难以置信；可是如果祸患已经爆发，那么再说多少也来不及了。我身为翰林学士，理应为陛下社稷安危着想，听到外面有关狄青的议论，所以不敢保持沉默，还是跟您进一言吧。

狄青打了那么多仗，负了那么多伤，立了那么多功，现在，就因为做了枢密使，却被欧阳修等人怀疑对朝廷有不臣之心。你看冤枉不冤枉？可我们也知道欧阳修与狄青没有什么私人恩怨，就算两人有什么过节，欧阳修也不是那种睚眦必报的小人，但是这次他为什么如此三番五次地要求皇上务必罢免狄青呢？难道是狄青真的有什么图谋不轨之举吗？

还真是没有，非但没有，所有的证据反而都证明狄青是个大大的忠臣，他与宋仁宗的关系特别好，宋仁宗对他非常之信任。

这里可以举几个例子。

狄青是个非常有见识的人。北宋士兵是职业军人，所以拥有朝廷固定配给的军饷、甲胄、兵器、粮草，但是为了防止士兵逃跑，从被征入伍那天起，脸上会被刺字，狄青也不例外，他就是顶着这个字一直做到了枢密使。宋仁宗也许觉得狄青身为枢密使，脸上有这么一块刺字有碍观瞻，曾劝狄青用药水洗去。狄青谢绝了仁宗的好意，他要继续保留脸上这个刺字。狄青说：陛下不嫌我出身低微，论功行赏，破格提拔我，我之所以有今天，就是因为脸上的刺字，我想留着它激励军中将士。本来这脸上的刺字对行伍出身的军人来说是个不光彩的标志，狄青却宁可保留着它，这一方面说明狄青不同凡响的见识，同时也能看出狄青对朝廷、对宋仁宗的一片忠诚。

狄青是个非常诚实的人。他平定了广西的叛乱，但是叛军首领侬智高却逃跑了。将士们打扫战场时发现一具穿着金龙袍的尸体，有的人为了邀功，就跟狄青建议说：谁也不知道侬智高长什么样子，这具尸体穿着金龙袍，我们跟皇上说这就是自封为皇帝的叛军首领侬智高，肯定能够获得更多的奖赏。狄青说：我宁可一辈子抓不到这个人，也不会因此欺骗当今圣上。

狄青是个非常本色的人。他出身本来很贫贱，可是有些阿谀奉承之徒就吹捧他是大唐名臣狄仁杰的后代。狄青对此很是反感，他表示自己并不会因为现在发达了就改换门庭冒认祖先，他说自己不过"一时遭际，安敢自比梁公"。我不过是机遇好，才有了今天的地位，怎么敢贸然高攀狄仁杰呢？

狄青为人忠诚本色，缜密寡言，在军中赏罚分明，与士卒同甘共苦，所以宋仁宗对他十分器重。

每次狄青要出战的时候，宋仁宗都很忧虑，不是忧虑狄青会不会造反，而是忧虑他的安全。宋仁宗说："狄青威名所至，敌军闻风丧胆，畏惧非常。所以一定要告诫狄青：身边的护卫随从，必须保证是自己的亲信；饮食起居都要有专人负责，防止敌军捣鬼。"于是派出使者飞驰入狄青军中告知仁宗的这些话。每次听说狄青破敌归来，仁宗都立刻对宰相说：快速商议重赏狄青事宜，商量慢了不足以激励将士。

当初，狄青平定广西之乱，立了大功，宋仁宗想要任命他为枢密使，宰相庞籍不同意。他说：当初宋太祖赵匡胤手下有个大将曹彬，生擒了南唐后主李煜，立下大功。曹彬想要做宰相，太祖对他说，现在天下尚未平定，让你做了宰相，哪里还肯为我卖力作战呀？于是只赏赐给他三十万贯钱而已。宋太祖为什么这样做？因为他认为宰相、枢密使等国家职位非常重要，而钱财不过如粪土一般。

现在任命狄青为枢密使，他的职位就已经登峰造极了，如果以后狄青再立大功，还拿什么官职来奖励他呢？难道奖励他两倍的枢密使？我们宋朝的宰相多为文官，或任或免问题不大，可是武将做了枢密使，除非有大罪，一般不可轻易罢免。我不同意任命狄青为枢密使，没有别的意思，只是想要保全狄青的一世功名，狄青以一介武夫而迅速被提拔为枢密副使，本来已经是前所未有的事情了，现在他再立大功，议论他的声音还没有平息，又任命他为枢密使，只会招来更多的议论。

宋仁宗听了这番话，也没办法。可是没过几天，可能宋仁宗回过味儿来了，突然声色俱厉地对庞籍说：不行不行，狄青平定南方叛乱，功劳实在大，前几天对他的赏赐实在太少了，我想了想，还是要任命他为枢密使！庞籍一时没有反应过来，神情愕然，只好对仁宗说：总得让我们几个回到中书门下办公室商量商量，明天再给您我们的意见。哪知道仁宗根本不耐烦，说：你们就别回中书门下办公室了，就在这宫殿的阁子里商量一下，我就坐在这儿等你们的意见。庞籍等人没办法，只好在殿门阁子里议了议，那还能怎么样，只能同意了！于是仁宗的脸色才有所缓和。

宋仁宗的这种做法是不合北宋朝廷规矩的。北宋时期，皇帝的旨意必须通过中书门下形成正式的诏书才能正式传达，皇帝不能随随便便一个人说了算。只有极少数的紧急情况，由皇帝亲自出手诏，这个才叫作圣旨。宋仁宗任命狄青为枢密使可以说是特事特办，由他本人直接吩咐宰相现场办公，即刻发布任命书，连皇帝的手诏都免了，你们商量，我等着，商量好了直接报上来，画勾、批准。这个例子生动地说明，宋仁宗对狄青器重、信任到何种程度。

狄青既然如此忠诚，宋仁宗对他也如此器重，为什么欧阳修等人还如此信不过他呢？

归结起来，历史的根子就在于宋太祖赵匡胤这皇帝做得不光彩，抢了人家孤儿寡母的位子。想当年，赵匡胤身为周世宗手下大将，任殿前都点检，乃是禁军的最高统帅。周世宗死后，七岁的儿子继位，是为周恭帝。当时听说辽国派兵南下侵袭后周，皇太后与众大臣莫辨真假，派遣赵匡胤前去抵御，结果赵匡胤行军至陈桥驿，发动陈桥兵变，黄袍加身，废除周恭帝，自己做了皇帝。赵匡胤建立北宋之后，做的第一件事情就是"杯酒释兵权"。

建隆二年（961）七月初九，宋太祖宴请禁军将领石守信等人。酒酣之际，宋太祖对众将说："要不是靠大家拥立，我做不了皇帝，但是做了天子我天天睡不着觉。"石守信等人问道："陛下如今贵为天子，还有什么担心的？"宋太祖说："我这个位置，谁不想坐啊？"石守信等人连忙表白说："如今天命已定，谁还敢有异心？"太祖苦笑着说："你们虽然不会有异心，但是假如有朝一日部下将黄袍披到你们身上，你们即使不想做皇帝，恐怕也不行吧！"石守信等人一听，慌忙跪下说："我们生性愚钝，没想到这一点，请陛下为我们指出一条明路。"赵匡胤说："人生在世，如白驹过隙，图的是什么？无非是享受荣华富贵罢了。你们不如交出兵权，多买良田美宅，为子孙后代留下份家业，自己也可以饮酒作乐。这样，我们君臣之间没有了猜疑，上下相安，不是很好吗？"石守信等人当然不傻，第二天就纷纷交出兵权了。

"杯酒释兵权"当然只是个开头，要将"杯酒释兵权"制度化，赵匡胤还立了三条规矩：

第一，建立枢密院，长官为枢密使和枢密副使，只有发兵、调兵之权。设置三衙统领负责掌管禁军，但只有领兵之权，却无调兵、发兵之权。这样一来，枢密院与三衙统领各有所司，调兵权与领兵权分离，各自独立，相互制约，有利于皇权的统治。

第二，将全国军队分为两半，一半屯驻在京城，一半戍守各地。京城驻军的数量与外地驻军数量总和大体相当，以此做到内外军队互相制约，都没有力量发生变乱，这样皇帝就可以牢牢地控制全国的军队了。

第三，无论是京城还是驻外地的禁军都必须定期调动、轮流驻防。用这种方式造成兵不识将，将不识兵，兵无常帅，帅无常师的局面，从而最大限度地避免军队叛乱的可能。

针对地方节度使的势力，则采取强干弱枝的政策：

第一，由中央派遣文官出任知州、知县等地方官。三年一更换，这些官员直接对中央负责，向朝廷奏事，不再听令于各地节度使。设置通判以分知州之权，造成通判与知州相互制约的格局。

第二，各地州县财赋，除留少量应付日常开支外，其余全部上缴中央财政，从而将地方财权完全收归中央。

第三，各州长官将地方军队最骁勇强壮的军士选送到京城禁军中去。这样中央禁军就集中了全国的精兵，地方军队就再也没有力量与中央抗衡了。

可见，北宋时期对于军事力量的控制多么严格！而现在，宋仁宗居然任命狄青这样一个身经百战、深受将士爱戴的职业军人做了全国最高军事首长，这在欧阳修等人看来，简直就是头脑发昏！他们怎么能不三番五次地上书宋仁宗，要求罢免狄青的枢密使职务呢？

显然，在这样一种背景下，狄青的日子越来越不好过了。

狄青是伟大的战士，是时代的英雄。京城里的贩夫走卒，军队里的普通士兵，都热衷于传扬有关狄青由贫贱而骤然富贵的传奇经历，反复称颂狄青的神威与武功。狄青每次上街的时候，都会引来大批的"粉丝"围观，以至于造成交通拥堵。这些都引起了朝廷大臣们的猜忌与不满。

这一次京城发大水，遭了洪灾，狄青家里也不能幸免，可是关于狄青的流言蜚语反而更多了。原来狄青他们家为了躲避洪水，搬到大相国寺去住。别人就看见狄青身着官服在大相国寺的宝殿上走来走去，不久就有谣言传出来，有人猜疑狄青住在大相国寺里恐怕心怀异志。不久，又有人说，狄青家养的狗生出了角，狄青的家中常常发出奇怪的光芒。所有这些奇怪的现象，都说明狄青有图谋不轨之嫌。

嘉祐元年（1056），宋仁宗生了一场病，后来慢慢康复，有的大臣就上书说，天下有最值得忧患的事情，也有最值得怀疑的事情，现在皇上病好了，最忧患的事情不存在了，可是最令人怀疑的事情还存在着。其锋芒分明直指狄青。

这一连串的事件不由得让我们想起了"智子疑邻"的故事。只要我先入为主，觉得就是你偷了我们家的斧头，我怎么看你怎么像个小偷。狄青本来是个清清白白的忠臣，但是在北宋的政治、军事体制之下，在北宋的文官大臣们的眼中，狄青这位出身士兵的职业军人，这位最高军事首长，怎么看怎么做都像是要谋反要兵变的安禄山。

也许是为了彻底说服皇帝，欧阳修甚至给宋仁宗上起了"天人感应"的课程：

> 凡所谓五行灾异之学，臣虽不深知，然其大意可推而见也。……至于水者，阴也，兵亦阴也，武臣亦阴也，此推类而易见者。天之谴告，苟不虚发，惟陛下深思而早决，庶几可以消弭灾患而转为福应也。（《论水灾疏》）

阴阳五行灾异之学，不可不信也不可全信。但有一条是要信的，那就是水者，属于阴性之物，兵者，主生死之事，也属于阴性之物，以此类推，武将武官大体也是属于阴性的吧。所以发大水必定是上天警告皇上要警惕朝廷的武将了！

　　显然，欧阳修已经在事实上将狄青看作是威胁朝廷安危的潜在力量。在欧阳修以及众位文官的心目中，只要是一介武夫做了枢密使，就是危害国家安全。欧阳修之所以一而再再而三地劝谏皇帝，就是基于对朝廷安危的考虑，而且他反复讲自己这样做也是为了保全狄青的名节。所以他是一个忠臣，狄青也是一个忠臣，他们俩都没有错，那么到底错在哪儿呢？你能说错在体制吗？也不行，因为严格来说体制也没有错。赵匡胤确定的体制就是为了维持北宋王朝的长治久安。在当时，这样的体制就能确保朝廷不发生内乱。因此这件事情严格来说没有对也没有错，狄青杀敌有功，被提升为枢密使，没有错，欧阳修要求罢免狄青也有道理。这就是历史的真相，我们有时候无法也很难对历史的真相做出判断，因为在一定的历史条件下，任何存在的都有可能是合理的，而任何合理的也都有可能存在。

　　如果说，欧阳修这一系列激烈的劝谏之语是有效的前锋突击，那么宰相文彦博的言论就是关键的临门一脚，这一脚便将狄青的性命最终断送掉了。

　　文彦博说，狄青应该尽快离开枢密使这个位置，这样对他有好处，对国家也有好处。文彦博向宋仁宗建议，让狄青出京担任两镇的节度使。宋仁宗向狄青转达了文彦博的建议，可是狄青不同意，他有两个依据：第一，我没有立新功，有什么资格去领两镇节度使；第二，我又没有犯错误，为什么要离开枢密使的位置，去地方做官？宋仁宗听了后觉得也有道理，就向文彦博转述了狄青的意见，宋仁宗一再对文彦博说：你们放心吧，狄青绝对是忠臣。文彦博没客气，直接对仁宗说："想当年，我朝的太祖皇帝赵匡胤难道不是周世宗的忠臣吗？只是因为获得了军队将士的拥戴，就发生了陈桥之变。"这一闷棍将仁宗彻底打晕了，打沉默了。狄青还不知道仁宗与文彦博见过面说过话了，他径直来到中书门下办公地，要讨个说法。

文彦博直勾勾地看着他，说："没啥说法，一句话，朝廷就是不放心你，对你存有疑心！"

狄青终于被外放至陈州担任知州。朝廷依然对他很不放心，每个月两次派宦官去探望他，实际上是在观察他的言行与变化。狄青后来一听到宦官要来看望他，就会一整天惊疑不定。狄青最终在抑郁与惊慌中死去，年仅五十岁。

这就是事情的结果。一代名将狄青曾驰骋沙场，浴血奋战，为宋王朝立下汗马功劳。但遗憾的是，他没有在兵刃飞矢之中倒下，没有血染疆场，马革裹尸，却死在了自己国家大臣们的猜忌、排斥与打击之中。这样一个结果，使狄青的死有了悲剧的色彩，也使欧阳修这一系列言论有了逼人致死的嫌疑。

清代著名学者汪懋麟对狄青之死有精彩的评论。他认为：

狄青虽然出身行伍，十余年间便荣膺枢密使之职。其领受皇恩最多，官位已登峰造极，又值国家承平之际，没有谋反的理由。狄青虽然是个职业军人，却熟读《春秋左氏传》与各家兵法，再从他不奉诏除去面部刺字等一系列事情可以看出，他是一个深明大义之人，不可能做背叛国家之事。

汪懋麟进一步指出：

即便当时有关狄青的流言蜚语甚多，欧阳修等人也应该直接劝诫狄青自己主动辞去枢密使职务，而不应该向皇帝上书，导致皇帝怀疑狄青。而正是这种莫须有的怀疑，最终导致狄青郁郁而终。亏得宋仁宗比较宽容大度，要是换了一个猜忌心很重的皇帝，狄青早就死无葬身之地了。

汪懋麟感叹：狄青勇敢无畏，功勋卓著，深明大义，欧阳修尚且如此怀疑他，那么可以想象，继之而起的将士们，谁还肯为宋王朝出生入死捍卫社稷江山呢？宋朝末年边防空虚，士卒疲惫，败仗连连，未尝与此没有关系啊！

汪懋麟讲得确实不错。两宋重文轻武的国策，终使其自食其果。后来宋朝与少数民族政权的战争中，一直处于被动的地位。到宋神宗登基，希图重振国威，但又苦于朝中没有能征善战之人，这才又思念起了狄青，宋神宗亲自撰文，派使者到狄青家祭奠亡灵，并将狄青的画像挂在禁中，但已于事无补，只能是白费精神啊！

平芜尽处是春山
行人更在春山外

康震

候館梅殘，溪橋柳
細，草薰風暖搖征
轡。離愁漸遠漸無
窮，迢迢不斷如
春水。　寸寸柔腸，
盈盈粉淚，樓高莫
近危闌倚。平蕪
盡處是春山，行人更
在春山外。

歐陽公踏莎行

康震　庚寅
北京

第八讲

科举文章怎么写

欧阳修是举世公认的北宋文学大家，在诗、词、文、赋等各方面都有极高的造诣，取得了举世瞩目的成就，领袖北宋文坛达三十年。然而就是这样一位文坛领袖，在青年时代参加科举考试时，却两次名落孙山。这其中究竟有什么特殊的原因呢？欧阳修科举之路的坎坷不平，对他后来的文学主张、文学创作有什么影响呢？这便是这一章所要介绍的内容。

　　一个文学家、一个文章家，如何才能对社会有影响？在北宋，在欧阳修的时代，只有通过科举考试才能影响一代人的文章风气，进而影响社会风气。宋仁宗嘉祐二年（1057），欧阳修担任礼部知贡举，即第一主考官，负责主持这一年的科举考试。这是一个非常好的机会，为什么呢？欧阳修主持科举考试，他就有权确定今年甚至未来几年科举考试写文章的方向。

　　古代科举考试跟现在的高考有很大的差异。现在的高考语文只是其中的一科，而作文又仅仅是语文中的一部分。古代科举考试，写文章、写诗就是科举考试的主体。科举考试主要就是考你的诗歌创作、文章写作水平。所以一个主考官的诗文风格、诗文创作主张对科举考试的风格走向影响很大，因为他倡导什么诗风、文风，参加考试的士子们就会朝着那个方向去努力。

　　欧阳修主持科举考试，他会倡导一种什么样的诗风、文风呢？再说简单点，他会规定这科举文章怎么写呢？要想了解主考官的想法，就得先看看这主考官年轻时候应试科举的情况。他年轻的时候吃过什么苦，吃过什么亏，跌过什么跟头，参加过什么样的考试，他现在才会有什么样的想法。

欧阳修和韩愈一样，科举考试不顺利，考了两次都没考中。这是为什么呢？欧阳修小时候在湖北随州居住。他家里很穷，买不起书，经常借别人的书来读。当时随州城南有位李姓人家很有钱，家藏万卷图书，欧阳修跟李氏之子李尧辅是朋友，常常到他家里读书。一次，他在李家的一个旧纸篓中捡到一部残缺不全的韩愈文集，喜出望外，如获至宝。虽然欧阳修当时不过十来岁，还不大懂得韩愈文章深厚的内涵，但是他喜欢韩愈文章汪洋恣肆、雄浑奔放的风格，觉得这样的文章比当时流行的浮泛、浅薄之文要好得多，从此他下定决心学习韩愈的文章，当然也学习韩愈所倡导的儒家之道。但是精通韩愈之文后，欧阳修于宋仁宗天圣元年（1023）参加随州州试的时候却落榜了，后来于天圣五年（1027）再次参加礼部的贡举也落榜了。看来，用韩愈之文参加科举考试不行，想当年，韩愈自己考科举，就是因为总写这种浩荡流畅、蓬勃蕴藉的文章，结果接连三次失利，第四次之所以能够考中，主要是由于主考官陆质乃是一个文章大家，虽然陆质写的主要也是骈文，但是他的骈文言之有物，其文章的内在气质与韩愈的文章是相通的。而副考官梁肃的文章观念与韩愈也不谋而合，加之他与韩愈的兄长韩会是旧交，所以韩愈才能在第四次考中进士。但是等到后来再接着考博学宏词科，连续三次，怎么也考不中了。韩愈自己说，要让他写这种流行的时文，也就是所谓的骈文，他心里得别扭好几个月。

那么，什么是骈文呢？为什么韩愈不愿意写这样的文章呢？骈文发源于秦汉，形成于魏晋，盛行于六朝。骈文的主要特点就是根据汉语的语言特点，多用四字句或六字句组成句式，两两相对，犹如两马并驾齐驱，所以称为骈体。在声韵上则讲究运用平仄，韵律和谐；修辞上注重藻饰和用典。由于骈文注重形式技巧，所以内容的表达往往受到束缚，但如果运用得当，也能增强文章的艺术效果。唐宋以来，骈文的形式日趋完善，出现了通篇四、六句式的骈文，所以宋代一般又称其为四六文。我们比较熟悉的骈文有王勃的《滕王阁序》：

> 落霞与孤鹜齐飞，秋水共长天一色。……天高地迥，觉宇宙之无穷；兴尽悲来，识盈虚之有数。……关山难越，谁悲失路之人；萍水相逢，尽是他乡之客。……老当益壮，宁移白首之心；穷且益坚，不坠青云之志。

但是在唐宋时代，骈体文发展到剑走偏锋。大家都片面追求文字技巧，一味堆砌典故，玩弄辞藻，在音调韵律方面又限制得太死板，结果只注重了形式，忽略了内容，其结果往往是文章越写越漂亮，花团锦簇，满目生春，但是细细一看，全都是一堆押韵合辙的形容词，没有实实在在的内容。好似一副恐龙骨架，貌似强大威猛，但是却没有一点点的生命迹象。因为这个缘故，所以韩愈、欧阳修等人都不喜欢骈文。

虽然不喜欢，但是总得对付科举考试呀！当时的科举考试时兴的就是这骈文，你不熟悉骈文，不写骈文就考不中，你说怎么办？与韩愈不同，欧阳修这个人比较善于变通。欧阳修很想继续钻研韩愈之文，但是想想自己清贫的家境，又觉得自己这样一味坚持下去很不现实，只能先向现实低头，先放下韩愈的文章，全力以赴研读时文，即骈体文。后来，欧阳修在给朋友的信中，曾描述了这一时期自己矛盾的心理：

我少年的时候，家里太穷了，为了养家糊口不得不去追求做官，没有空余时间来研究儒家的经典著作，学习圣人的仁义道德。在读书的过程中，我不得不随波逐流钻研写作所谓的时文（骈文），这些文章穿凿附会、一味追求形式之美，写的时候，唯恐不能取悦于大家。

矛盾归矛盾，像欧阳修这样的聪明人，只要改弦更张，骈文学得也很快，写得也很好。宋仁宗天圣七年（1029），他首先参加了广文馆考试，得了第一名。广文馆乃是宋朝官方设立的专门针对科举考试的学校，讲授进士考试的相关内容。紧接着又参加国学解试，这个考试是为了选拔推荐到礼部参加科举考试的人。国学解试中，欧阳修又考了第一名，然后他就可以参加礼部的考试了。

当时的主考官是著名词人、资政殿学士晏殊。这次礼部考试出了个什么作文题呢？《司空掌舆地图赋》。意思就是：司空这个官如何履行掌管地图的职责，就这个题目写一篇赋，描写司空这官职。这个题目一拿到手，欧阳修就发现有问题。为什么呢？据他所知，司空这个官职周代有汉代也有，但是周代司空的职权范围并不仅仅局限于掌管地图，而汉代的司空职权仅在掌管地图。所以他弄不明白这个题目到底是要为周代的司空写赋，还是为汉代的司空写赋。他就去问主考官晏殊。晏殊后来回忆说，他看见一个很瘦弱的年轻人，眼睛似乎不大好，到他跟前来问这个问题。晏殊说，我等了一整天，没有一个考生问我这个实质问题，整个考场只有欧阳修看懂了这个题目，他算问到点子上了，我这道题就想考考他们，看他们是否了解知识的细微差别。他问得好！我要考的正是汉代司空。这回不用问，欧阳修依然考了个第一名。

从广文馆试到国学解试，再到礼部贡举，欧阳修连中三元。两个月后，考中礼部贡举的四百多人又参加了仁宗皇帝亲自主持的殿试，欧阳修考中进士第十四名，他终于大功告成，要迈向仕途了。

说起科举考试，自从隋代创立以来，经过唐代的完善发展，到北宋时期已经日臻成熟。北宋时期的科举考试分为解试、省试和殿试三级，考试的内容以注重文采、讲究辞藻的骈文为主。能够在近于苛刻的层层选拔，特别是在最终的殿试中取得名次，对于科举考生来说是莫大的荣耀。可是对于欧阳修来说，依靠骈体文获得金榜题名的他，对当时科举考试通用的骈文依然深恶痛绝。

厌恶到什么程度？我们在前几章曾经提到过，宋仁宗景祐三年（1036），范仲淹、欧阳修因为抨击时政，惹恼了宰相吕夷简，得罪了谏官高若讷，分别被贬到外地任官。宋仁宗康定元年（1040），北宋与西夏战事告急，范仲淹被重新起用，担任陕西经略安抚副使，负责对西夏的战事。范仲淹一到任，就想起当初为自己仗义执言、同舟共济的欧阳修，于是他奏请朝廷任命欧阳修来自己手下担任掌书记，负责处理军中各类文书文件。出乎范仲淹意料的是，欧阳修谢绝了他的邀请，理由不止一个，但是其中有一个与骈体文有关。

欧阳修在给范仲淹的信中说：现在按规定，官方文书一律用四六骈文写作，但骈文并不是我所喜爱的文章。我年轻的时候为了考进士，没办法，只好学写骈文，这是一块敲门砖嘛！但是自从考中之后就再也不写骈文了，门敲开了，砖头就可以扔掉了。在洛阳担任西京留守推官期间，需要写大量公文，按道理我应该作骈文，但我也没有写。我之所以不愿意做掌书记，其中一个原因就是不想写骈体文。

其实，当时讨厌骈体文的不仅仅是欧阳修一个人，很多有识之士都不喜欢骈文，著名史学家司马光就是其中之一。

宋神宗继位以后，请司马光出来做翰林学士，翰林学士需要做的一个重要工作就是起草诏书与朝廷重要文件。这个差事就是专门写骈文的。司马光坚决不干。宋神宗很不理解，他问司马光：古往今来，有的人能写文章但是学问不怎么样，有的人有学问但写文章一般，像董仲舒、扬雄那样兼有学问和文章之才的人不多，您既有学问又有文采，为什么不愿意做翰林学士呢？司马光的回答非常简单：我写不了那种骈体文。宋神宗说，那没事，你就写类似两汉时期的制诏之文就可以。汉代的制诏之文并未规定必须用骈文来写，可以用散体文来写。

司马光说，这样做不符合本朝的规定，本朝规定这一类文章必须用骈体来写。宋神宗觉得不可理解，问他：你能够考中进士，就说明你是能写骈文的，怎么反说自己不会写呢？你到底为什么不愿意做翰林学士呢？司马光还是不答应，转身就要走。皇上马上派宦官在他屁股后头追，一直追到大门口，强求司马光接受这个职务，司马光还是不接受。宦官没办法，只好催他说，皇上还在那儿坐着等你回去呐，您先回去吧。司马光实在没办法，只好回去。宋神宗这次很干脆，将任命的诏书直接扔到他怀里——你想不想要都得要！反正就是你了！司马光没辙了，只好接受了。这个故事很生动地说明骈文在当时人们眼中的形象。

正因为如此，所以欧阳修一直以来都有个夙愿，就是希望有朝一日通过改革科举考试的文风，来推行自己的文学主张，实现自己的文学理想。在北宋时期，科场文风与整个文坛风气息息相通，联系密切。如果能够改变科场文风，那么整个社会的文章风气也必然得到扭转。宋仁宗嘉祐二年（1057），欧阳修知礼部贡举，担任科举考试的主考官，他决心利用手中的行政权力，痛革科场积弊，刷新文风，推动文学革新的进程。可是，就在他准备大刀阔斧纠错纠偏的时候，一种奇怪的文风却弥漫在准备应考的读书人中，欧阳修认为，这种文风甚至比骈体文更有危害，必须坚决抵制。那么，这种奇怪的文风到底是什么样的呢？

这还要从唐宋科举考试的具体内容说起。

唐宋以来，科举考试的内容有一个变化的过程。大体而言，重在测试诗赋，而轻于策论。特别是北宋初期，为了避免权贵豪门干涉科举，举子登第与否，基本取决于举子诗文的临场发挥水平，策论虽则有之，但与诗赋比较起来比例要小很多。然而重诗赋轻策论的科举政策也有很大的弊端。以诗赋为重的卷子很难考核举子对儒学经典的理解与运用水平，轻策论的试卷也无法系统考察考生对时事政策的把握与看法，这对于未来文官走上仕途、治理政事来说是相当不利的。

怎么办呢？早在欧阳修主持科举之前，他就向朝廷建议科举考试应当重视策论，应当将考核的比重颠倒过来：重策论而轻诗赋。注重考核考生对儒家经典著作的理解与运用，注重考核考生观察现实政治与处理现实政务的能力。总之，为了培养大宋王朝未来的官员，就要考核他运用知识的实际能力。这样的策论之文务必言之有物，看的是真才实学，如果一味要求用骈体之文来写，反而束缚了手脚，顾及了文章的形式之美，就难以顾及文章实实在在的内容了。

由于对科举文章的内容有了这样的要求，自然也就要求考生对儒家的经学有深入的学习与理解。范仲淹等人自从入主中枢之后，为了复兴儒学，便兴办太学，倡导学子们学习经术、经学。他们邀请石介等一批精通道德经术的儒生讲授经学，其根本目的就是要多培养一些经世致用的人才。

然而，世间之事就是这样不尽如人愿。石介等一批教师讲授功课的确尽心尽责，然而石介主持下的太学却渐渐出现了一种奇怪的风气。欧阳修曾经对太学学风有一个评价，说得极为中肯。欧阳修说，世间之事，如果按部就班、循序渐进，自然没有什么出奇之处。可是如果故意追求与众不同的境界，那么一定会剑走偏锋。其结果是：为了获取才德之名而好高骛远，为了沽名钓誉而高谈阔论、不务实际。这便是目前太学的学风。

另一位重要的官员张方平也曾指出太学学风的这种不良倾向，他说：现在文坛上的文风越来越奇怪，大家都争着为了出新意而出新意。自从石介主持太学以来，这种风气越来越兴盛。大体说来，文章以怪诞流荡为美，以不守成法取胜。再说得通俗一点，文章写得怎么与众不同就怎么写，怎么能博人眼球就怎么写。

就石介所倡导的儒家思想来说，也与欧阳修的颇为不同。石介等人所倡导的儒学思想，重在推崇三皇五帝的太古之道，重在歌颂唐尧虞舜的上古之德。总而言之，以石介为代表的太学学风、文风，从思想内容来说，更多的是远离北宋现实政治、民生的上古先王之道；从文章形式来说，更多的是怪僻生涩、诘屈聱牙的语言文字。这种文章，当时被称为"太学体"。

欧阳修的主张则不同。

在欧阳修看来，儒家道德思想的方向就四个字："切于事实"，也就是实事求是。欧阳修认为，整天讲上古三代尧舜禹的仁义道德，可谓舍近求远，大话说得多，实事做得少，没用。孔子算是周代礼乐文明的继承者了，他最重视周礼最重视先王之法。但是孔子讲祖宗的事情，到尧舜禹就打住了。其实，即便是尧舜禹的所谓先王之道，也都是很实际的事情，并不是什么高深玄妙的道理。说到底，还不是如何团结人群、造福百姓、治理水患、整齐法度等等这些非常具体的政务吗？孔子之后的圣人就是孟子了，孟子说到的王道，也不过就是教人如何种植桑麻，如何畜养家畜，他们也从来没有不切实际的高谈怪论。

因为对待儒家思想的基本立足点是实事求是，所以欧阳修对文章之道就有了自己的独特看法。他认为，一个读书人，一个科场举子，应当关心国家"百事"，应当充分发挥文学、文章的社会功能，用手中的笔抨击黑暗，反映现实，激励人群。用言之有物的实事求是之文，来矫正石介等人所倡导的艰涩空洞之文。欧阳修认为，一个读书人应当切于事实，不应该像石介等人看似怪诞出众，实则迂阔矫激。苏轼对此有一段很精辟的议论，大意是说：晚唐五代以来，文教衰落，世风浇薄，人心不古。皇上有心招致一些纯朴厚道、学问精深的学者，想让他们引导社会去除淫靡轻媚的文风，倡导先秦两汉以来的醇厚风范。结果这帮读书人没有真正领会天子的用心，他们的做法是矫枉过正、过犹不及，对所谓圣人的理论追究得太过艰深而几乎达到迂腐的程度，想要追求一种奇绝高妙的文章境界，而几乎达到了怪僻生涩无法阅读的程度。

苏轼说得的确不错。欧阳修等人本来是全力反对骈体文的，没想到又冒出来这个打着古文旗号的"太学体"。两相比较，骈文不过是辞藻华丽了些，说的话还能听得懂，而"太学体"则是内容空洞而形式怪异，对读书人的误导与危害似乎更大。

通过前面的讲述，我们了解到，欧阳修的文章观点是：文章一定要言之有物，平易自然，这是以他为代表的宋代古文运动的发展方向。而石介所倡导的"太学体"，由于追求奇崛的文风，导致文章艰涩怪僻，深奥难懂，成为继骈文之后宋代古文运动健康发展的新障碍。那么，具体而言，"太学体"的文章究竟是怎样的呢？欧阳修将会如何对待"太学体"呢？

古人说：言之不文，行之不远。"太学体"的作品语言生涩，文字怪僻，大多数作品早在流传的过程中就被大浪淘沙了，流传下来的大多是只言片语。我们可以在这儿举几个例子。

当时太学里有一个很有名的学生叫刘几，在石介的学生当中，刘几被公认为国学第一人，将来肯定是要拿状元的。宋仁宗嘉祐二年（1057），欧阳修主持科举考试，这个刘几也参加了。结果欧阳修看到一份卷子，上面写了这么几句话：

> 天地轧，万物茁，圣人发。（宋·沈括《梦溪笔谈》卷9）

"轧"的本意是挤压、排挤，这里用"轧"来表示天地交合、运行；"茁"自然是指茁壮成长。其实说白了什么意思呢？就是天地交合、运行，万物生长，圣人出世。但"轧""茁""发"一般在文章中很少与天地、万物、圣人作这样的搭配，这种搭配固然醒目、新鲜，可是也很别扭、生涩，不自然。宋代科举考试中，试卷上考生的姓名是遮起来的，但是欧阳修一看这几句话就知道这是谁的试卷了。他对别的考官说：这一定是刘几的试卷。他提起笔在"天地轧"等三句诗后模仿着刘几的语气续了两句话："秀才刺，试官刷。"（宋·沈括《梦溪笔谈》卷九）

什么意思？秀才你写的文章太乖谬，我对你这种句子只有一个字就是"刷"，用什么刷呢？用大红朱笔从头至尾横刷将它刷掉。欧阳修将这种刷法形象地称之为"红勒帛"，也就是红腰带。刷掉之后，欧阳修大概觉得还是不过瘾，又在这篇奇文旁边题词："大纰谬。"——你的卷子实在是太离谱了。把那卷子的姓名揭开一看，果不其然，就是这位刘几。

奇怪的文章当然不止刘几一个人的了。还有一首诗，是这么写的：

学海波中老龙，圣人门前大虫。（苏轼《评杜默诗》）

话倒是很通俗，意思也很明白，无非是在知识的海洋里自由地遨游，终于能够成为圣人门下的一名杰出人才了。说得很新鲜，但是有点儿不成话。

还有：

周公伻图，禹操畚锸，傅说负版筑，来筑太平之基。（欧阳发等《先公事迹》）

直译的话就是：周公亲自设计规划图，大禹扛着铁锹、簸箕来参加建设，傅说负责垒土墙，共同修筑太平基业。大禹乃是古代传说中的圣君，他率领民众治理水灾。傅说是商代的大臣，垒土墙的出身。周公乃是西周著名的政治家。这句话其实是想形象地表达这个意思：圣人为我们规划未来，与我们一起同甘共苦，共同建设国家的太平基业。但是这种语言的确令人颇费思量，读起来不上口，感觉很别扭，新鲜倒是新鲜了，只是不通畅了。

这一年不仅刘几没有考中，凡是在一般人眼中会考中的"太学体"高手，都被欧阳修"刷"掉了。其实不仅仅是"太学体"的学生们如此，当时就连不少的文史大家也时常犯这样生冷怪僻的毛病。

欧阳修与宋祁合修《新唐书》，宋祁是当时非常著名的史学家、文学家，但他写文章也喜欢追求险怪生涩的风格，欧阳修就想找机会给他个教训。有一天，欧阳修上班比宋祁先到一步，他就在办公室的大门上写了八个字：

宵寐匪祯，札闼洪休。（明·蒋一葵《尧山堂外纪》卷 46）

什么意思？一般人看简直就是天书嘛！过了一会儿，宋祁来了，到门口一看，这什么呀？看了一会儿就笑了：老兄，你写的这不就是"夜梦不祥，题门大吉"吗？晚上做了一个梦，梦见不祥的征兆，早晨起来，赶紧在门上写几句吉祥话。宵者，夜晚；寐者，睡觉；匪者，非也；祯者，吉祥；札者，信札，这里引申为书写；闼者，小门；洪者，大也；休者，吉祥。连在一起可不就是这个意思么。但是这还像是人话么？日常生活谁会这样说话，还不得累死呀？欧阳修说对呀，我这正是模仿老兄您在《新唐书》中的笔法呀！您在《李靖传》中说"震霆无暇掩聪"，这不就是迅雷不及掩耳的意思吗？好好的话不说，为什么非得说一些貌似新颖实则生涩怪僻的话呢？宋祁听了不禁仰头大笑起来……

所以对这样的文章，欧阳修不仅非常反感，而且坚决反对。他倡导策论、散体之文，号召复兴儒学，本意是要反对骈体那种只重形式不重内容的写作风气，没想到反来反去反出个"太学体"，比起骈文的危害，有过之而无不及，骈体文算起来还是渊源有自，而这个"太学体"简直就是个怪胎。所以对"太学体"如果不及时纠偏，就会影响一代甚至几代人的文章风气，影响一个时代文章的发展方向。

欧阳修在他主持的这次贡举中，凡是险怪奇涩之文，一律不予录取，因此极大地打击了以骈体、"太学体"为代表的不良文风，并在某种程度上实现了"庆历新政"提出的科举改革任务。不过，如此顺应时代要求的改革，却在科举考生中引起了一场轩然大波。

为什么？其实也很简单。科举考试是全国性的考试，规模巨大，每年参加的人成千上万，你现在改变了考试作文的方向，那些学习"太学体"的人，好几年的工夫不等于白费了？欧阳修这红刷子一刷下去，倒霉的可不只是几个刘几，而是成百上千个刘几。这些人能善罢甘休吗？肯定不能啊！这些落榜的举子们怒不可遏，他们趁欧阳修上早朝的时候，聚集起千余人拦住他的车驾，当着他的面诅咒诋毁，声势甚大。还有的人故意写《祭欧阳修文》之类的文章扔到他的院子里，至于在外间传播与欧阳修有关的流言蜚语、诽谤诋毁之语就更多了。

欧阳修对此处之泰然，早有思想准备，他说：我昨天上班的时候就知道有人闹事。这很正常。历来的科举考试弊端太多太严重，我既然痛下决心予以改革，自然会对某些人磕磕碰碰，特别是那些京城里的权贵豪门子弟更会怨声载道。看上去反对的声浪很大，好像控制不住了，其实没什么，只要今后的科举考试选拔的都是经邦济世的实际人才，人们慢慢就会理解的。

当然，这次科考之所以发生如此大的风波，还有一个不可忽视的原因。当时的科举考试四年一次，考试间隔时间太长，每次考试的时候，聚集京城的考生多达七八千人，只要一次考不中，那么就得再等四年，如果连续两三次考不中，很多人今后可能就没有机会参加科举了——人生能有几个四年呢？所以这次科场举子们闹事也给朝廷提了个醒，最终催生了两条新的规定：第一，从宋仁宗嘉祐二年（1057）十二月起，科举考试隔年考一次，一则增加了士子们考试的机会，二则减轻了每次科举考试京城大量不稳定人群聚集的压力；第二，进一步加大考核策论的力度，既不能再写怪僻艰涩的"太学体"，也不能写只求华丽而忽略内容的骈文，而应该写注重现实问题、注重儒家思想道德，自然平易、质朴通畅的散体文，这也正是未来文章发展的方向。

正如我们一开始所说的，作为政治家，欧阳修积极参与政治革新，他抨击时弊，考核官员，推荐人才，勘定制度等等，以此来改造政治，改变社会。而作为一个文学家，作为宋代散文的重要奠基者，他凭借自己雄厚的创作实力，凭借自己主持科举考试的文化权力，为未来文坛的发展指明了正确的方向。

那么，欧阳修整顿科举风气的效果究竟如何呢？

两年过去了，在皇帝亲自主持的一次殿试中，欧阳修担任详定官，负责复查并最后评定殿试试卷的等级。卷子收上来了，欧阳修一份一份翻看审定，忽然发现一份卷子里有一句话写道："主上收精藏明于冕旒之下。"字面意思是：皇上将人才收罗到自己的王冠之下。实际的意思就是皇上网罗天下人才。这还是"太学体"那种味道，欧阳修气坏了，这肯定是刘几的试卷。看来这个刘几上次没考中，两年后来考试还是老一套！要还是他，我还是毫不客气地刷掉！结果将试卷姓名揭开一看，并不是刘几。

接着又看了很多份试卷。其中有一份试卷写得好极了，不仅言之有物，平易质朴，而且将骈体的形式与散体的写法糅合在一起，做到了骈中有散，散中有骈，写得也很有文采。欧阳修非常高兴，很欣赏这个考生，赶紧将试卷姓名揭开来看，却是一个叫做刘辉的考生，完全不认识也没有印象。结果旁边有了解内情的官员告诉欧阳修，这个刘辉不是别人，正是两年前被红刷子刷掉的那个刘几！他知道您熟悉他的名字，担心您一看见他的姓名再给他刷掉了，索性改了姓名来参加考试。没想到，在完全不知情的情况下，刘几的文章深得欧阳修的赏识。这说明，通过科举考试的改革，连刘几这样当年的"太学体"优等生，也改弦更张学写古文了。这说明欧阳修推动的诗文革新运动取得了明显的成效。当然，问题的关键还在于欧阳修所倡导的这种文章风气，所倡导的科场文风是正确的，是为大多数人所认同的，所以科场改革才能持之以恒地贯彻到底。

我们说欧阳修是北宋文章改革的宗师，这个宗师的名号可不是谁都能当得起的。欧阳修不仅自己积极创作古文，创作散体文，创作那些切于事实的文章，并且努力将骈文与散文的特点有机地结合在一起，做到骈散结合、充实的内容与优美的形式有机的结合。而且，他还通过科场考试改革将他的文章观念、创作倾向推广到整个社会当中，推广到年轻人当中。正是在他的推动下，北宋的文坛风气开始有了根本的转变，这种转变不仅影响着宋以后文章的创作潮流，甚至由此奠定了中国散文的一些基本特点，功莫大焉。

后浪如何推前浪

宋仁宗嘉祐二年（1057），五十一岁的文坛宗师欧阳修受命担任礼部负责科举考试的主考官，负责为国选材。利用科举改革实现自己的文学主张，是欧阳修的夙愿。对于这次科举考试的命题，欧阳修力主以关系国计民生的现实问题为主题，以平实自然的文风作为评判标准，从而选拔出一大批国之栋梁。那么，这次科举考试的考题究竟是什么？到底会有哪些考生在这次科举考试中脱颖而出呢？

　　这一年科举考试的题目是《刑赏忠厚之至论》，一听就是议论文。什么意思呢？就是刑罚要宽松一点，赏赐奖励要多一点，这才是儒家的仁义忠恕之道。换言之，一个君王，一个官员，在实行刑罚的时候，在赏赐下属的时候，都要尽可能地本着仁义忠厚的原则。实行刑罚的时候，要尽可能地宽容一点；奖励一个人的时候，要尽可能大方一点。你这么做，就是一个有仁爱之心的人；你这么做，就是一个忠厚的人。

　　这个题目不好写。

　　我们前面刚刚说过，欧阳修主持科举以来，力图加强考核考生的策论水平。之前的科举考试比较注重考核诗赋，考核文学创作，而欧阳修主持考试以来，要求考生更多地针对现实政治生活撰写时务策论之文，以便为朝廷多选拔一些通经致用的人才。通经致用太重要了！欧阳修说：

　　　　知古明道而后履之以身，施之于事，而又见于文章而发之，

以信后世。(《与张秀才第二书》)

学习理解了古代的先王之道、孔孟之道，最后的目的是什么呢？就是要身体力行，将这样的"道"贯彻到具体的做事当中去，贯彻到每天的柴米油盐酱醋茶当中去，贯彻到朝九晚五的工作程序当中去。身体力行得差不多了，有了体会与经验，再写成文章。写文章的目的不是为了文章本身，而是要将这种身体力行的体验传递给别人，与别人分享，从而将儒家孔孟之道传播给更多的人，让更多的人来身体力行。总之，就是希望科举文章不要空谈儒家的理论，而要结合自身的实践与感受，针对现实问题展开论述，注重考察考生解决实际问题的能力。

那么，如何来写这篇文章才算是优秀呢？有几个难点。

首先，这是一个老题目。说它老，是因为类似仁政、宽刑等概念都是大家比较熟悉的儒家概念，有点儿类似我们小时候写《记一件小事》《难忘的一个人》这样的作文题，要写出新意来，很不容易。其二，这毕竟是一道考试作文题，要在比较短的时间里，就着这个老题目写出新内容，更不容易，这不但是在考考生的水平，也是在考考官的水平。

这次科举考试的主考官，除欧阳修之外，还有翰林学士王珪等四人。除此之外，欧阳修的老朋友、在国子监任职的梅尧臣担任此次考试的参详官，主要负责复查试卷的工作。就是这位梅尧臣，在众多的试卷当中，慧眼识珠，发现了一份出类拔萃的试卷，从而让欧阳修选出了一位千载难遇的旷世奇才。那么，梅尧臣发现的这份试卷究竟出自何人？这份试卷为什么会得到欧阳修和梅尧臣的交口称赞呢？

这份试卷开门见山就说：尧、舜、禹、周文王、周武王等古代的圣君们，他们都非常热爱老百姓啊！何以见得？只说两点，他们如何对待奖励，如何对待惩罚：只要有人做了一件好事，他们就使劲儿地表扬他、奖励他、鼓励他，甚至专门给他写一首赞美的歌曲，勉励他继续做好事，做一辈子好事！如果有人做了不好的事，虽然免不了要处罚他，但是从根本上来说，还是很同情他，希望他能够改正错误，所谓惩前毖后，治病救人，不将人一棍子打死！

你看，古代的这些帝王，仁义不仁义？忠厚不忠厚？从根本上说，他们是施行仁政的！仁义、仁政的根本是什么？就是要宽，要同情，要拯救，要爱人，爱人是根本！

这里很值得反思的一个问题是对惩罚的态度。文章作者认为，惩罚的前提是同情、理解，你得替犯错误的人思考，他为什么会犯错误。一般来讲，你犯了错误，做了错事，我批评你、训斥你，我的基本出发点在于你错了，所以我有权批评你。但是现在的做法是，你错了，你为什么错了？如果你不那么做，会不会就不错了呢？惩罚不是手段，理解、沟通才是手段，但如何才能做到理解、沟通呢？只有爱人才能做到。孔子说得好：仁者爱人。一个心中有仁义有道德的人，他的基本出发点就是爱人，而爱人的前提就是要沟通、要理解，这也是惩前毖后、治病救人的真实含义。

文章接着引用了一句比较极端的话，这句话来自于《尚书》，曰：

罪疑惟轻，功疑惟重，与其杀不辜，宁失不经。

当罪行轻重拿不准的时候，宁可从轻处置；当功劳大小拿不准的时候，宁可从重奖赏。与其错杀无辜的人，不如冒着渎职的罪过释放他。这难道还不够忠厚仁义吗？

大家可能觉得很奇怪，这不是犯了渎职罪了吗？难道可以随便放走嫌疑犯吗？文章马上回答了这个问题：奖赏不奖赏没关系却奖赏了，这就是"过乎仁"，过于仁慈了；惩罚不惩罚没关系却惩罚了，这就叫做"过乎义"，有点滥用刑罚。过于仁慈虽然可能会犯渎职罪，但还不失为一个君子；但滥用刑罚就成了酷吏，就会成为道义、仁义、仁爱的敌人。所以结论是：

> 故仁可过也，义不可过也。

仁慈怎么过分都可以，但是刑罚却万万不可滥用。

这句话在理解上有一点问题。一般译为：仁爱仁慈再怎么过分都是允许的，而超过了法度与规矩则是不行的。但是，如果仁爱仁慈过分之后也会超越法律。所以我认为，这句话的本来意思应该是：在不违反法律的前提之下，怎么仁慈都不过分，但是滥用刑罚就触及人性的底线了。

由此出发，文章认为：古代君主即便是赏赐，也不能都用爵位俸禄来奖赏，你立了功，就赏赐给你一个官职，就赏赐给你金银财宝，这个不行，天下的官职与金银财宝是有限的，当你没有官职，没有金银财宝赏赐的时候怎么办？而且，用财物赏赐人，只对贪财之人有作用，但是有的人做事并不是为了升官发财，而是为了社稷民生。因此，奖赏的根本不在于物质层面。

同样的道理，惩罚一个人也不能就靠关禁闭、严刑拷打来解决问题。为什么呢？因为有的人用暴力是无法驯服的，只有靠真诚去感化感动他。一味地使用暴力，等到暴力不能奏效的时候又该怎么办？

所以文章一针见血地指出：

> 先王知天下之善不胜赏，而爵禄不足以劝也；知天下之恶不胜刑，而刀锯不足以裁也，是故疑则举而归之于仁，以君子长者之道待天下，使天下相率而归于君子长者之道，故曰：忠厚之至也。

什么意思？古代君主知道天下的善行是赏不完的，不能都用爵位俸禄来奖赏；也知道天下的罪恶是罚不完的，不能都用刀锯来制裁。所以当赏罚有疑问时，就以仁爱之心对待。用君子长者的宽厚仁慈对待天下人，使天下人都相继回到君子长者的忠厚仁爱之道上来，所以说这就是赏罚忠厚到了极点啊！

所以说，归根结底，奖励与惩罚的根本立足点、出发点、归宿点，就是四个字：仁爱忠厚。

这篇文章涉及一个非常根本的问题，就是如何看待世界、看待人性。你看世界的基本立足点是信任还是怀疑，你看人性的基本立足点是善良还是丑恶，将决定你对于奖励或者惩罚的基本态度。这篇文章实际是在探讨人性的基本立足点。也就是说，作为一个君王、一个官员，你如何看待世界、评价人性，将决定你的施政能力与施政效果。这篇文章不过短短六百字，从一篇应试的作文来说，可以自由发挥的空间是很小的，却纵横捭阖，自由开阔，在螺蛳壳里做了一个大道场！的确是好文章！既有思想，又有才气，语言又很平实自然，其水准相当了得！

梅尧臣赶紧将这份试卷拿给主考官欧阳修看，欧阳修也认为这是一篇极为难得的优秀论文，但赞赏之余，也发现试卷里有一处内容不知所出。正是因为如此，导致这份试卷的作者与第一名失之交臂。那么，究竟是何内容让博学的欧阳修也不知所出呢？这篇试卷的作者又是谁呢？

这篇文章为了说明历来圣贤的君王大都宽以用刑，就举了一个例子：

> 当尧之时，皋陶为士，将杀人，皋陶曰"杀之"三，尧曰"宥之"三，故天下畏皋陶执法之坚，而乐尧用刑之宽。

尧帝当政时，皋陶是法官。皋陶要处死一个人，一连三次上报尧帝，尧帝接连三次要求免于死刑。所以天下人都畏惧皋陶执法之严，而称颂尧帝用刑之宽。

欧阳修是一代文宗，大学问家，他看了这个事例觉得很奇怪，就问梅尧臣：这个事例从哪里来的？我怎么没有印象？你猜梅尧臣怎么回答？梅尧臣说：何须出处！嗨！文章写得这么好，这个事例言之凿凿，应该不会有错，还问什么出处呀？欧阳修一想，也许是自己一时想不起来，或者记错了。当时正是批阅试卷的时候，考官一共也就六七个人，时间紧张，也就没有再细问。虽然这个事例的虚实有点让人怀疑，但这篇文章写得是真不错，绝对够得上第一名。欧阳修心里嘀咕：该不会是自己的学生曾巩吧？原来，曾巩与欧阳修很早就结识了。欧阳修非常欣赏曾巩的才华，称赞他是自己门下最优秀的学生。欧阳修被贬滁州时，曾巩曾前往拜访，欧阳修还请曾巩为自己修筑的醒心亭撰写《醒心亭记》。所以，欧阳修对曾巩的文章是非常熟悉的。看到这篇文章写得这么好，欧阳修就想是不是曾巩写的？如果是他写的，一旦录为第一名——同为江西人——人家会不会说自己徇私舞弊呢？还有就是文中所引用的这个事例，一直也不知道是真是假，如果点为第一名，核实起来不大好办。思来想去，欧阳修决定将这篇文章放在第二名的位置。

开榜之时，揭开这份试卷的姓名一看，不是曾巩，是四川眉山的考生苏轼。就这么着，苏轼以第一名的水平，拿了个第二名的排名。

一发榜，欧阳修就跟梅尧臣说：

> 此郎必有所据，更恨吾辈不能记耳。（陆游《老学庵笔记》）

这个小伙子所举的事例一定有出处的，只恨我们记不起来了。

后来，苏轼来到欧阳修家里答谢座师之恩。欧阳修就问他，你用的这个事例究竟出自何处？苏轼回答说："出自《三国志》孔融的事迹中。"欧阳修翻看《三国志》，没有这个事例呀？于是过了几日，又问苏轼，苏轼说：哦，没有啊？没有那就对了，这个事例是我杜撰的，我想当然觉得尧帝身上一定发生过这样的事情！

那为什么又要欧阳修去看孔融的事迹呢？也很简单。苏轼说，想当年曹操灭了袁绍，就把袁绍的儿媳妇、袁熙的夫人赐给了曹丕。孔融听说之后气急败坏地去找曹操，他对曹操说：当年周武王灭掉了商纣，就把商纣的宠妃妲己赏赐给了周公。曹操说从没听说过这个事儿啊？你从哪儿听来的？孔融说："以今日之事观之，意其如此。"从今天你的行为表现来判断，当年周武王也会这么做，你们是属于一个逻辑的人。

苏轼说："尧、皋陶之事，某亦意其如此。"我也是想当然。因为在历史上，尧帝就是一个仁厚宽简的人，而皋陶则是一个严刑峻法之人。所以从他们做人的逻辑来推断，也必能做出这样的事情来，所以我想当然耳！

看来，并不是欧阳修记错了，而是这个事例完全是苏轼自己想当然编造的！不仅仅是编造的，而且还出现了知识性的错误！

首先，根据《尚书·舜典》所载，皋陶为舜的大臣，而苏轼错记为尧之大臣。其次，皋陶的故事也并非完全不存在，只是这个故事的主角不是尧帝与皋陶，而是周公。根据古代儒家经典《礼记》的记载，周公家族有人犯法，被法官判了死刑，周公为此人说情：饶了他吧。法官说：不饶。周公又说：饶了吧！法官还说：不饶。来回说了三次，法官后来干脆自顾自走了，去执行死刑了。周公赶紧派人追上去说：千万得饶过一命啊。法官回答说：来不及了，此人已经跟你永别了。

如此看来，苏轼在这个问题上，既张冠李戴又灵活运用。首先，他将皋陶的领导弄错了，误认为是尧帝；第二，他将周公的事儿装到了尧帝与皋陶身上；第三，当欧阳修询问事例的确切出处时，因为实在答不上来，只好借用孔融与曹操的事迹来为自己的张冠李戴辩解。所以，真正忘记了历史事实的不是欧阳修而是苏轼。

那么，欧阳修对苏轼的这个回答会是什么反应呢？

面对这个令人吃惊的张冠李戴的学生，欧阳修这位饱学之士的反应同样令我们吃惊：

> 欧退而大惊曰："此人可谓善读书，善用书，他日文章，必独步天下。"（杨万里《诚斋诗话》）

欧阳修对别人说，不得了，苏轼这个人真可以说是一个善于读书、善于用书的天才，将来他的文章一定能够独步天下。换言之，苏轼这种人虽然学习知识，却不会被知识所束缚，不仅不会被束缚，还能创造新的知识。

在给好友梅尧臣的信中，欧阳修谈自己读苏轼来信的感受：

> 读轼书，不觉汗出，快哉快哉！老夫当避路，放他出一头地也。可喜可喜！（《与梅圣俞书》）

读了苏轼的来信，我头上冒汗，不是因为生病，而是因为感受到了苏轼的虎虎生气，读他的文字真是人生一大快事！我这个老头子要让出一条路来，让他出人头地，这真是一件大快人心的事啊，可喜可贺！

跟别人说起苏轼的时候，欧阳修甚至说：

> 汝记吾言，三十年后世上人更不道着我也。（朱弁《风月堂

诗话》)

你记着我的话，三十年以后，不会有人再记得欧阳修，他们统统都会记得苏轼这个名字。你要知道，这一年苏轼不过才二十岁出头，还是个毛头小伙子。而欧阳修早已是五十多岁的人，乃是朝廷重臣。以欧阳修的辈分、资历、年龄、身份如此抬举苏轼，真是不同寻常！试想，有几个年轻人在一生当中，能获得这样高级别的称赞与抬举呢？

大家可能会说，这是怎么回事？苏轼的文章中都出现知识性的错误了，欧阳修还如此吹捧他，至于吗？我们看不是苏轼有问题，就是欧阳修有问题！

我们前面曾经讲过，科举文章到底应该怎么写。在欧阳修看来，骈体文不行，石介等人所倡导的"太学体"更不行。那么，什么样的文章行呢？看到苏轼的文章，欧阳修认为找到了知己，这样的文章与他"心有戚戚焉"！欧阳修之所以如此看重年轻的苏轼，就是因为从这篇文章中，欧阳修看到苏轼文章的思想、风格与自己不谋而合。这是两个天才的相遇。

苏轼的这篇文章，有一个核心，就是宽刑仁政，具体而言，就是能奖励的尽量奖励，能不杀的尽量不杀。正是这个思想与欧阳修发生了"共鸣"。

欧阳修四岁丧父，由叔父养大成人，但他父亲欧阳观清廉仁厚的为人对欧阳修的影响甚大。欧阳观死后葬于泷冈（今江西永丰凤凰山），六十年后，欧阳修作《泷冈阡表》祭奠双亲。在墓表里，他盛赞父亲的孝顺与仁厚，其中特别提到父亲生前处理"死狱"时的仁厚精神。欧阳观时任绵州军事推官，负责处理刑事案件。有一个晚上，欧阳观的夫人郑氏看到他坐在桌前批阅公文。欧阳观拿起笔来又放下，反反复复不能下笔，一会儿叹口气，又拿起笔来，但还是难以下笔，看上去非常为难。郑氏问他是不是有什么难处，欧阳观叹了口气说，我手里这桩公文，是一个死罪的案子，我非常想给罪犯找一条活路，我找了很久，还是没有找到。郑氏就问：一个犯了死罪的人，难道还有活路吗？欧阳观回答说：我接触到一个死罪的案件，首先想的是能否为这个人找到一条生路。如果实在找不到，我与死者都不会有遗憾。有时候还真的能找到一条生路，甚至可以推翻原来的判决。但是如果不想方设法为死囚找生路，那么他就是死了，也会心怀怨恨的。欧阳观又说：我虽然常常想尽办法为罪犯开脱，希望他们能免于死罪，但也难免有误判错杀的时候。更何况还有很多人想千方百计置别人于死地呢！

欧阳观是个很小的官，但是，他的为官之德深刻地影响着欧阳修。毫无疑问，欧阳观的官德与苏轼、欧阳修的政治主张、为政理念是不谋而合的。事实上，宽以待人、慎以用刑本来就是中国儒家仁政思想的重要体现。孔子曾说："仁远乎哉？我欲仁，斯仁至矣！"（《论语·述而》）仁义道德离我们很远吗？说实话，不远，如果你心里想有仁爱，想做个仁爱的人，那仁爱就会来到你的身边。仁爱要从我们自己做起。孟子也经常说，要"以不忍人之心，行不忍人之政"（《孟子·公孙丑上》）。看见一个人很可怜，就起了恻隐之心、慈悲之心、不忍之心，这样的人才能做政治家，才能施行仁爱慈悲的好政治。显然，在欧阳修、苏轼等人看来，政治的根本目的不是管理人，而是培育人；不是惩罚人约束人，而是完善人解放人。

譬如苏轼的这篇《刑赏忠厚之至论》，其中"赏不以爵禄，刑不以刀锯"就与孟子的思想甚为契合，而"仁可过，义不可过"的观点则更为新颖大胆，在传统仁政思想的基础上有所突破，这些都是欧阳修心仪并欣赏的地方。所以，欧阳修之所以不遗余力地奖掖推挽苏轼，并不仅仅是由于苏轼的"想当然尔"，而是有着更为深层的思想渊源。

此外，欧阳修写文章最反感雕琢粉饰，他所崇尚的就是"简易自然"这四个字。这里所说的"简",不是草率、简陋,而是"简而有法""言简而意深"。这里所说的"易",也不是庸常平熟,而是明白易懂,不故作高深。欧阳修的文章中很少使用生僻字眼儿,即便是《秋声赋》《醉翁亭记》这样比较讲究辞藻的散文也写得平易流畅,朗朗上口。苏轼这篇《刑赏忠厚之至论》的风格与欧阳修之文颇为相近。虽是科场文字,但流畅圆润,朴素自然,毫无阻滞不通的感觉。苏轼曾评价自己的诗文风格:

> 大略如行云流水,初无定质,但常行于所当行,常止于所不可不止,文理自然,姿态横生。(《与谢民师推官书》)

我写的诗文就像行云流水一样,没有固定的形状。流到一个地方,如果它还能继续向前流动,就让它流动,当它流不动的时候,就自然而然地停下来。我的文章逻辑自然,姿态舒展,就像一棵树一样自然地生长,呈现出它最美的状态。

后人曾评论欧阳修、苏轼的文章,说"欧文如潮,苏文如海"。欧阳修的文章波光激滟,如潮水一般涌动不息,充满着力量。苏轼的文章像大海一样浩渺无际,望不到岸边。可见,欧文与苏文是声气相通的,以此观之,欧阳修又怎么能不喜欢苏轼呢?

有人也许会说,欧阳修是反对骈体文的,苏轼写的骈文也不少,就是散文之中也有不少骈体的句式,难道欧阳修也喜欢这一类文章吗?其实大家有个误区,以为骈文与散文之间水火不容,是你死我活的关系,殊不知骈散之间本不分家,欧阳修曾说:

> 偶俪之文苟合于理,未必为非,故不是此而非彼也。(《论尹师鲁墓志》)

骈体文只要言之成理、言之有物，也是好文章，我们不能为了肯定散文就完全否定骈文。事实上，在欧阳修的文章中，骈体与散体往往彼此交融，相映成辉，如《醉翁亭记》中的"日出而林霏开，云归而岩穴暝"，"野芳发而幽香，佳木秀而繁阴"，"临溪而渔，溪深而鱼肥；酿泉为酒，泉香而酒洌"，这不就是骈吗？不但骈，骈得还很自然，很优美潇洒。

苏轼这份答卷中也有骈：

> 可以赏，可以无赏，赏之过乎仁；可以罚，可以无罚，罚之过乎义。

这样的句式大大地增强了文章的气势与说服力，同时也强化了文章的形式之美，而这也正是骈文的妙处。这样的骈体句式穿插在散体文的平易叙述当中，更有一种摇曳多姿、张弛有序的美感。其实，对欧阳修与苏轼来说，骈还是散，根本就不是个问题，只要文章充实有内容，写得有情有义，写得优美动人，就是好文章，至于是骈多了还是散多了都无伤大雅，最理想的状态当然是散中有骈，骈中有散，骈散结合。

对于欧阳修等人深厚的奖掖提携之恩，苏轼自然永远也不会忘记。他在给梅尧臣的信中，回顾自己被录取为进士的整个过程，不由得感慨万千。他说：还在我七八岁的时候，就听说过欧阳公的名字，他的为人很像古代的孟子与韩愈。还听说您与欧阳公是同道好友，与欧阳公交谊深厚。等到大一些的时候，能够读懂一些欧阳公与您的诗文词章，心里很是仰慕，最羡慕的就是你们能够脱离世俗的低级趣味而享受真正属于自己的乐趣。只可惜我那个时候正在学习讲究对偶声律的骈体文，为了求取一官半职，没办法，所以自己觉得没有什么脸面去拜谒你们这些优秀的人物。我自从来到京城参加考试，一直不曾登门造访你们。春天的时候，考试的举子们都汇聚到了礼部，由您与欧阳公亲自主持科举考试。我真没想到自己居然能够获得第二名的成绩。

承蒙您的谬奖，认为我的文章有孟子的风格。而欧阳公则认为这篇文章已经克服了世俗之文的诸多毛病，所以打破僵局，做主录取了我。我现在之所以能够考中进士，并不是在你们面前请托关系的结果。实事求是地讲，我向往你们十余年了，只闻其名不见其人，今日一朝相见，遂为难得的知己。

他接着说：

> 退而思之，人不可以苟富贵，亦不可以徒贫贱。有大贤焉而为其徒，则亦足恃矣。苟其侥一时之幸，从车骑数十人，使闾巷小民聚观而赞叹之，亦何以易此乐也！（《上梅直讲书》）

人生在世，不可以苟且富贵，但也不可以与贫贱为友。如果有大贤大德之人，我能从其游，成为他的弟子，也就足够了。

我们经常说长江后浪推前浪，一般认为后浪是新浪，前浪是旧浪。所以李敖说，长江后浪推前浪，前浪死在沙滩上。但我们今天要讲的是，长江后浪推前浪，后浪把前浪推到沙滩上，是为了让它看到大陆的风景。这里所说的后浪自然是欧阳修，前浪是谁呢？当然是苏轼。

雪消门外千山绿
花发江边二月晴

康震
寅

西湖春色歸　春水綠于染

羣芳爛不收　東風落如糝

參軍春思亂如雲　白髮

題詩愁送春　遙知湖上

一尊能憶天涯萬里人

萬里思春尚有情　忽逢

春至客心驚雲消門外

千山綠花發江邊二

月時　少年把酒逢

春色今日色暮　素頸

已白異鄉物態與人殊

惟有東風舊相識

歐陽公春日西湖詩

康農庚寅秋

第十讲

力断皇帝家务事

宋仁宗嘉祐六年（1061），五十五岁的欧阳修被任命为参知政事，相当于副宰相，从此，他进入朝廷中枢，开始了政治生涯中最辉煌的六年时光。而就在此时，大宋皇宫之内，一件皇帝的家务事，摆在了欧阳修和宰相韩琦等人的面前。这件事关国体的家务事如果处理不好，会给大宋王朝带来严重的后果；如果处理得当，才能保证王朝未来相对的稳定。那么，这究竟是一件怎样的家务事呢？欧阳修等人将如何处理这个难题呢？

俗话说得好，清官难断家务事，在封建王朝，最大的家务事应该就是皇帝的家务事，清官连普通百姓的家务事都断不了，更何况皇帝的家务事呢？

对于宋仁宗来讲，他的第一桩家务事是什么呢？就是立太子。

宋仁宗在位四十年了，没有立太子，这是一件很严重的事情。立太子就是要立接班人。接班人不立，国体不稳。

宋仁宗曾经有三个儿子，但是都夭折了，从那以后就一直没有儿子。随着宋仁宗年纪的增长，身体也不好，大臣们就非常着急。韩琦曾经问他：

陛下春秋高，未有建立，何不择宗室之贤者，以为宗庙社稷计？（《宋史·韩琦传》）

您年纪越来越大了，还没有儿子，就在皇室宗亲里边选一个德才兼备、贤能聪颖的侄子，立为太子，不是挺好吗？宋仁宗却说，不着急，再等等，再等个一两年的。他等什么呢？他想等等看后宫有没有妃子给他生出儿子来。对于宋仁宗来讲，首先肯定要考虑将皇位传给自己的亲生儿子，而不是传给自己的侄子。

包拯时任枢密副使，个性非常耿直。他很严肃地跟仁宗说，太子这个位子已经空了很久了，天下百姓都很忧虑。万事万物都要有根本，太子就是天下的根本，太子不立，国家的根本就很难稳定，就会有祸患！宋仁宗很不高兴地反问他：怎么瞅着你比我还着急啊？我问一句，您觉得立谁合适啊？这话问得很重。谁敢干涉立太子这样的事情？包拯说：您这是误会我了，我今年都快六十岁了，也没有儿子，我又没有什么私人目的，我是为国家社稷操心！

宋仁宗当然不会真的跟包拯生气，他话是这么说，但心里是明白的，总得有两手准备，一方面着眼于生儿子，另一方面着眼于在皇室宗亲里边选择合适的侄子。等来等去，生出来的都是姑娘，无法继大宝之位，看来儿子是的确生不出来了。没办法，仁宗只好在子侄辈里选了一个人，是他堂兄的儿子，叫赵宗实。人选是定下来了，但是宗实这个名字不甚好，于是就由欧阳修主持，给赵宗实重新拟了几十个名字，全都是带"日"字偏旁的，最后由宋仁宗亲自选定了"曙"字。

嘉祐七年（1062）八月，宋仁宗下诏立三十一岁的赵宗实为皇太子，赐名赵曙。赵曙这个人不知怎么回事，死活不想当太子，以体弱多病为由，力辞太子之位，但宋仁宗不同意。使者往返多次，赵曙均不肯入宫，最后被使者强行抬入皇宫，这才受封为皇太子。次年三月，宋仁宗驾崩。

赵曙这个人连太子也不想做，自然也不想做皇帝。宋仁宗刚去世的时候，曹皇后很有头脑，她将后宫所有的钥匙都掌握在自己手中，然后就叫人去传太子，赵曙死拉硬拽就是不愿意来，高声叫道：

"某不敢为，某不敢为！"我干不了这个，我真干不了这个。后来硬让大臣们给拽了来，穿戴整齐龙冠龙袍，这才正式登基，做了皇帝，即宋英宗。

不管怎么说，立太子、即皇帝位这一桩皇帝家务事总算是解决了。可是谁又能想到，紧接着又一桩烦心的皇家家务事摆在了大臣们的面前。

宋英宗赵曙刚刚即皇帝位不久，便不知什么原因突然得病，神智错乱，语无伦次，举止异常。在之后的一段时间，他的病情时好时坏，好的时候一切如常，坏的时候连夜呼号，生活不能自理，更别说料理朝政了。没办法，群臣们便请曹太后垂帘听政，暂时管起朝廷的这一大摊子事。曹太后性情温良，又精通经史典章，对军国大事也都处理得很妥当，因此宫廷中也较平稳。应当说，作为宋英宗的养母，曹太后在这个特殊时期为社稷为皇家都尽到了责任。

可这一阶段的宋英宗却因患病而性情暴躁，稍不如意，就责骂左右，甚至对他们大打出手。英宗身边的宦官不堪忍受，就跑去向宦官头子任守忠诉苦，任守忠则到曹太后面前告状，故意说皇帝举止失常其实是不满曹太后垂帘听政。曹太后不是宋英宗的亲生母亲，垂帘听政没多久，也曾被病中的宋英宗冲撞过几次，现在听了宦官的挑拨之言，难免对英宗生出疑心。如此一来，英宗也对太后有了戒备之心。一时间，太后与皇帝由疑生怨，由怨成隙，甚至传出要废掉皇帝的流言，令后宫人人恐惧，大臣们也手足无措。太后与皇帝不和，这可不是一般的家务事，不是一般的儿子与母亲的矛盾，而是国家的大事，他们之间闹矛盾、闹别扭，必然会令人心大乱，必然会影响国家的命运。因此如何在母子之间消除矛盾、消除彼此的疑心，在他们之间搭起一座理解与沟通的桥梁，就成为欧阳修以及几位执政大臣颇费脑筋的一件大事。

一天，曹太后派人给宰相韩琦送来一封书信，信中数落宋英宗的种种过错，韩琦当着使者的面儿烧毁了这封文书，说：太后常说皇上心神不宁，心神不宁自然就会言语举止有失分寸，这有什么奇怪的呢？太后跟一个病人计较什么呀？这事儿不要再说了，我现在就将这封信烧了。

紧接着他便与欧阳修一起去找曹太后，当面劝慰太后。曹太后泣不成声，诉说宋英宗终日疯疯癫癫，行为异常，对她垂帘听政耿耿于怀，还经常不顾母子情分，出言不逊，自己的确是忍无可忍，请各位大臣给她做主。韩琦赶忙劝解说：皇帝之所以如此，主要就是因为生病的缘故。一旦病情好转，他一定不会这样，哪有儿子有病，做母亲的非但不宽容反而指责的呢？说着说着，韩琦的话就收不住了，韩琦说：皇帝如果有个什么三长两短的，少不得还是太后的事儿呀！曹太后本来就满肚子的委屈，现在一听韩琦这话，立刻变了脸色，愤愤地说："这话怎么说？儿子是我的，他有病，我自然应该关心！"那意思就是：你们别拿这话来噎我，皇上是我儿子，出了问题我担着，用不着你们来操心！

眼看这俩人话越说越难听，越说火气越大，欧阳修在一旁连忙说：太后您侍奉先帝几十年，您的道德操守，您的人品素养，天下人都知道都了解，这几十年的实践证明，您是我朝合格的皇后，也是合格的太后。想当初先帝在世的时候，非常宠爱张贵妃，这个张贵妃也就恃宠骄纵很不像话，您为了大局着想，不都忍了吗？您连这个都忍了，怎么现在反而为了一点口舌之争而跟儿子闹矛盾呢？您怎么反而沉不住气呢？我们相信，您不是不能容忍他，不能宽容他，您是看儿子病得这么重，心里头也着急，作为母亲，怎么可能不希望儿子是个优秀的皇帝呢？

这一番话说得非常得体，曹太后听后觉得舒坦多了。她说：如果你们都能这样理解我的心思就好了，我哪儿还有什么说的？欧阳修赶紧说：这哪里只是我们几个人知道，天下人都知道您的用心呀！抓住这个时机，欧阳修紧接着又说：先帝在位的时间很长，对我们对百姓恩德有加，他虽然归天了，但我们拥戴他的儿子做皇帝，没有人敢表示不同的意见。皇太后您虽然贤明聪慧，又在垂帘听政，但深居后宫，行事毕竟多有不便。我们这五六个执政大臣，说到底都是些读书人出身，没有什么过硬的本事与资历，如果不是先帝有遗诏在这里，谁会听我们的话呀？

我们是了解欧阳修的，他从来就不是一个和稀泥的人，该说的话他从来都是敢说出来的。他对曹太后说的这番话显然是话里有话，但是在这种场合又没法明说，只好先拿自己说事。其核心要点在于先帝的遗诏，遗诏的核心在于确立赵曙为皇帝的合法继承人，也就是说赵曙这个皇帝是宋仁宗传给他的，我们这些执政大臣之所以拥戴赵曙，就是因为遵照先帝的遗诏，我们拥戴的是合法性、正统性。我们这些宰相、副宰相之所以说话还有人听，也是因为我们手中有先帝的遗诏，先帝的遗诏就是我们现在言行权威性的合法依据与基础。所以，要无条件地遵照、尊重先帝的遗诏。谁要是不遵从先帝的遗诏，对现在的新皇帝有不测之心，那么我们就可以依照先帝的遗诏断然采取措施！

这就是欧阳修这番话的潜台词。

什么叫执政大臣？执政大臣不是来劝架的，你以为韩琦、欧阳修是来劝架的吗？不是，是来稳定局面的。韩琦当场烧掉曹太后的来信，就是要中止所有不利于新皇帝皇位稳定的言行，这才是执政大臣要做的事情。所有威胁或不利于新皇帝的流言蜚语都应该当机立断地予以终止。那么，在当时的形势下，谁有能力威胁到宋英宗帝位的稳定呢？不是欧阳修等这些大臣，而是皇太后。虽然有关废掉宋英宗帝位的言论仅仅只是流言蜚语，没有也很难成为事实，但是作为新旧朝交替时期的执政大臣，应该对所有可能的情况都做到未雨绸缪。

　　欧阳修的聪明之处在于：他很清楚曹太后与宋英宗之间已经有了很深的误会，彼此之间已经产生了严重的不信任。曹太后垂帘听政，新皇帝病重不能理事，这实在是太危险了！所以欧阳修一上场就搬出了先帝爷及其遗诏，在这个新旧交替的时刻，先帝遗诏是无可争议的判决一切是非曲直的最高权威。只有这个权威才能镇得住包括太后在内的所有势力，才能稳定新皇帝的位置。而韩琦的表现就不很聪明。他的办法是强调皇帝正在生病，只要病好了一切就都好了。实际上，英宗生病引发了两宫矛盾，并已经产生了极其恶劣的后果，这个后果已经开始成为既定事实。现在问题的关键是要尽快消除这些不良后果，保证英宗皇位的绝对稳定。所以，欧阳修的这番话很关键，他的话像是外软内刚的铁锤。铁锤的外面包着一层柔软的橡胶皮，里面则是坚硬的钢铁。铁锤敲击对方的时候，表面上感觉似乎很柔软，但是真正打在身上却会造成巨大的内伤，因为这潜藏的硬度与压力是非常巨大的。

　　正因为如此，听了欧阳修的一番话之后，曹太后虽然心里还是不大舒服，但是对于她这个正在垂帘听政的"准政治家"来说，欧阳修这些话的分量她自然能够掂量得出来，因此也就卖个顺水人情，不吱声了。

　　抚平了曹太后的情绪，韩琦、欧阳修二人又来看望同样一肚子委屈的新皇帝赵曙。果然不出二人所料，宋英宗这里也是牢骚满腹，向他们抱怨说：太后对我很不好，到底不是亲妈。欧阳修他们就跟宋英宗说，自古以来君王不少，真正被称为最孝顺的只有舜帝，为什么呀？爹妈对子女好，子女孝顺，这没说的；爹妈对子女不好，你依然孝顺，这才是最难得的至孝。舜帝的遭遇就是如此。舜帝的父亲心术不正，他的继母两面三刀，他的弟弟桀骜不驯，这三个人都不是什么好人，他们串通一气，总是想要置舜于死地而后快。舜在家人要加害他的时候，总能及时逃避；情形稍有好转，又马上回到他们身边，尽可能给予他们帮助，正所谓："欲杀，不可得；即求，尝在侧。"（《史记·五帝本纪》）想要杀舜总也杀不掉，想要得到他的帮助他却总能在身边。家庭环境如此恶劣，舜却依然保持着优秀的品德，对父母孝顺，对弟弟友善，所以人们才称舜帝为至孝之人。以此来看，皇上您做得究竟怎么样呢？太后是个非常仁厚慈爱的母亲，对您非常关心爱护，可是我们刚跟您一见面，您就说母亲这不好那不好，您觉得这样做像是一个皇帝的样子吗？再说了，天下哪有子女说父母不是的呢？

韩琦和欧阳修在太后那儿拿软铁锤敲打敲打，把宋英宗的位置夯实了。在宋英宗这儿则做点儿教育工作，教育他要懂得孝顺，懂得处理好与太后的关系，不要再给人家闹事提供口实。

终于，在韩琦、欧阳修等大臣的大力撮合下，随着宋英宗病情的逐渐好转，皇帝与太后之间的关系也慢慢恢复正常。在此基础上，欧阳修和韩琦等人软硬兼施，迫使曹太后撤帘还政，将权力交给宋英宗，而宋英宗也就正式开始亲政。那个乌鸦嘴宦官头子任守忠也因离间罪被贬逐。

现在总算天下太平了，真不容易，皇上的两档子家务事都顺利解决了，每一次都是有惊无险。对于欧阳修等人来说，处理皇上的家务事太难了，分寸太难拿捏。你处理得好，也许能得到皇帝的青睐，但这也是你分内的职责。可要是处理不好，那就会引火烧身，脱不了干系。欧阳修以副宰相之职，亲身参与处置这两档子家务事，也可以说是经受住了考验，阅历不凡了。

宋英宗亲政之后，按照惯例，要给皇室宗亲、文武百官加官晋爵。可是，在给自己的亲生父亲，也就是宋仁宗的堂兄濮安懿王赵允让加封时，却出现了一个进退两难的问题，那就是宋英宗如何称呼濮安懿王？又如何称呼宋仁宗呢？如果称呼赵允让为父亲，那又该如何称呼宋仁宗呢？这件看似简单的事情，却搅得朝野上下波澜起伏，截然相反的两派意见各执一词，互不相让。

照规矩来说，皇帝应当称呼自己的生父为皇考，可是这里有个问题，如果当初宋仁宗没有将赵允让的儿子赵宗实过继给自己当儿子，赵宗实也就不可能做太子，更不可能做皇帝，就不可能是现在的赵曙。从法律、法理上来说，他现在应该称呼宋仁宗为皇考，因为他已经过继给了宋仁宗，与此同时，他就只能称呼自己的亲生父亲赵允让为皇伯了，也就是说他跟自己亲生父亲的关系就变成了侄子与伯父的关系。但是对宋英宗来讲，他愿意这样做吗？他肯定不愿意。血缘的父亲与法律的父亲到底不是一回事。可是如果他称呼赵允让为皇考，称呼宋仁宗为皇叔，那赵曙自己这个皇帝的位置又是从哪里来的呢？这个皇位的合法性就会遭到质疑。

这可真是个难为人的事情。宋英宗自己觉得很为难，不过他很聪明，才不会一个人躲在宫里郁闷呢，他下诏将此事送交大臣们讨论。这个举动真是意味深长，因为对英宗而言，到底应该如何称呼赵允让与宋仁宗，本来似乎是一个不需要讨论的问题，但是他让大家讨论，这里面其实就隐含了一种态度：我还是希望能够称呼赵允让为皇考，但是我需要知道众位大臣对此事的态度，如果大臣们并不反对，那当然皆大欢喜，如果反对，英宗也希望能够找到一个依据，足以证明称呼赵允让为皇考是合情合理的。

最初，韩琦、欧阳修等执政大臣觉得称呼赵允让为皇考应该不成问题。这里有一个基本的理论依据，是欧阳修提供的。欧阳修说：

> 所生、所后皆称父母，而古今典礼皆无改称皇伯之文。
> （《濮议》卷1）

不管是亲生父母还是继父母、养父母，都应该称父母。从古到今，没听说过哪条礼仪制度规定，如果有了养父母、继父母，便只

能称自己的亲生父母为伯父伯母的。所以，皇上依然应该称赵允让
为皇考。韩琦、欧阳修这一派的主张姑且叫作皇考派。有了执政大
臣们的支持，宋英宗原以为这件事情就很简单了，也自认为大臣们
都会送他这个顺水人情，没想到当他将这个问题抛给大臣们讨论的
时候，好像炸了马蜂窝了，真可谓一石激起千层浪，朝廷上下反对
的浪潮此起彼伏，为首的就是著名史学家、时任谏官的司马光。

司马光坚决反对皇上称赵允让为皇考，他说我也有理论根据：

> 为人后者为之子，不得顾私亲。……濮安懿王虽于陛下有
> 天性之亲，顾复之恩，然陛下所以负扆端冕，子孙万世相承，
> 皆先帝德也。（《宋史纪事本末》）

意思是：你现在已经过继给了宋仁宗，正因为如此，你才继承
了大宋国统，做了皇帝，没有仁宗皇帝就没有你的今天。你现在既
然已经是皇帝了，就不能再顾及你的私亲，总想着自己的血缘亲情
了，你不是个普通人，不是普通的孝子贤孙，你首先是皇帝，是国
家元首，所以你的父亲只能是宋仁宗赵祯，而不是濮安懿王赵允让。

著名理学家程颐为御史中丞彭思永代笔上书，认为：

> 天地大义，生人大伦。
> 苟乱大伦，人理灭矣。
> 国无二君，家无二尊。（《代彭中丞上英宗皇帝论濮王称亲
> 疏》）

首先，这个问题关系到天地之间的大仁大义，关系到人伦大道，
不是个小问题，不能等闲视之，如果乱了伦常，就没有人理了，就
不是人了！而且最重要的是，一个人不可能有两个父亲，一个国家

不可能有两个皇帝。这不是乱来吗？

以司马光为首的这一派坚决反对宋英宗称赵允让为皇考，认为应该称之为皇伯。我们姑且将这一派称之为皇伯派吧。

宋英宗是一个以孝道著称的皇帝，他之所以引发追赠生父名分的争论，归根结底还是想要树立自己仁孝治国的形象，巩固自己的皇权。不过，要想堵住反对者特别是司马光等这些谏官们的嘴，要想取得这场论战的最终胜利，最关键的是要得到曹太后的首肯。宋英宗治平二年（1065）六月二十一日，英宗再次下诏讨论这个问题，二十三日，曹太后就下手诏给宰相，严令不得讨论，很显然，曹太后是不可能同意宋英宗的想法的。宋英宗见到太后的手诏之后，赶忙下诏暂停讨论。

但是皇伯派们却一直不停地上书力挺司马光、程颐的意见，一时之间，声浪阵阵。宋英宗当然不愿意听从皇伯派的意见，可是他也不想得罪曹太后，于是就不吭声、不表态、不批示。皇伯派的大臣多为朝廷的谏官，他们的劝谏之言在朝廷中发挥着重要作用，但是现在宋英宗不仅不闻不问有关皇伯皇考的奏章，连其他有关朝政的奏章也多不采纳，他们怎么能不恼火？这股火气当然不敢直接发向宋英宗，所以就发向了韩琦、欧阳修。他们认为韩琦：

> 自恃勋劳，日益专恣，广布朋党，赠紊法度。……致两宫之嫌猜，贾天下之怨怒，谤归于上。（《续资治通鉴长编》卷 206）

你们支持皇帝称濮安懿王为皇考是有个人目的的。你们拥立赵曙为太子，又拥立他做了皇帝，立了大功，所以日益骄纵专权，广结朋党，混乱纲常法纪，这样做会进一步激化皇帝与太后的矛盾，招致天下的怨怒，人们都会因为这件事情而怪罪皇上，诽谤皇上，你们这些执政大臣到底居心何在？

他们指责欧阳修：

> 豺狼当路，击逐宜先，奸邪在朝，弹劾敢后？伏见参知政事
> 欧阳修首开邪议，妄引经据，以枉道悦人主，以近利负先帝，欲
> 累濮王以不正之号，将陷陛下于过举之讥。朝论骇闻，天下失
> 望。政典之所不赦，人神之所共弃！（《续资治通鉴长编》卷207）

豺狼当道的时候，就应该抢先出击，有奸臣在朝的时候，就应
该勇于弹劾他。副宰相欧阳修是邪恶理论的开创者，他妄自引用所
谓的经典，用他那套歪理邪说来取悦皇上，使得皇上急功近利却辜
负了先帝，他还要陷濮安懿王于不义之地，让陛下成为天下最为不
孝的人，朝野上下听到他的言论无不惊骇，无不失望，他的做法是
国家法典绝对不能宽恕的，是天人鬼神都要抛弃的！言论之激烈已
经达到了你死我活的程度。

一时之间，在曹太后的影响下，在司马光等人的坚持下，似
乎是皇伯派占据了主动。可是没过多久，曹太后的态度却出现了
一百八十度的大转弯。这是怎么回事呢？

宋英宗治平三年（1066）的一天，宰相们正在垂拱殿议事。宰相
韩琦家中有事，所以当天未到。但没过多久，宋英宗突然派人急召
韩琦进宫，说要紧急商议皇考一事。韩琦意识到，一定是后宫发生
了有利于宋英宗的转机。他连忙赶到政事堂，当即议定称濮安懿王
赵允让为皇考，由欧阳修亲笔起草好诏书，交到宋英宗手里。宋英
宗拿着诏书进入内宫，韩琦、欧阳修等人就在中书政事堂等候消息。

临近中午的时候，曹太后身边的宦官将一份封好的文书送到政
事堂。韩琦打开一看，正是欧阳修刚才亲笔草拟的那封诏书，不过
现在上面多了一道曹太后的签押，诏书曰：

吾闻群臣议请皇帝封崇濮安懿王，至今未见施行。吾再阅前史，乃知自有故事。濮安懿王、谯国太夫人王氏、襄国太夫人韩氏、仙游县君任氏，可令皇帝称亲。仍尊濮安懿王为濮安懿皇，谯国、襄国、仙游并称后。（《续资治通鉴长编》卷207）

意思是：群臣请求加封濮安懿王，到现在还没有个结果。我翻了翻以前的史实，知道也有这样做的。可以称濮安懿王为皇考，称他的夫人们为皇后。就这么办吧！

这封签押的诏书表明曹太后已经同意尊宋英宗的生父为皇考，这封诏书立即扭转了局势，皇考之称就此敲定。

事情是办成了，但是群臣愤怒了，震惊了，以司马光为首的皇伯派根本无法接受这个事实。也难怪他们想不通，一则，英宗不过因为过继给仁宗才得以登上皇帝的宝座，现在却要尊自己的亲生父亲赵允让为皇考，这将置宋仁宗于何地？难不成仁宗皇帝要与自己的堂兄赵允让并列成为英宗的父亲不成？这不仅于理不通，于情更是说不过去！单就这一节，曹太后就不可能同意，但是现在居然同意了，如何令人信服？二则，宋英宗自从即位以来，非但没有做出什么响当当的事情来，因为身体不好，反而惹出不少的事端，曹太后为了社稷江山，不得不垂帘听政，他非但不领情，反而胡言乱语，搅得两宫不和，就曹太后而言，固然大人大量不予计较，但是要说对这位过继来的儿子有多么深厚的感情，恐怕也难！就这一节而言，曹太后也断不可能同意英宗的做法，但是现在却同意了，于理不合，不能不叫人起疑心。

正因为如此，朝野上下开始流传种种流言。

一种说法是，宋英宗与韩琦等人早有预谋，他们暗中结交太后身边的宦官，让他们一直给太后渗透意见，渐渐说服太后，太后一时主意不定，便签了押。还有一种说法是，当日曹太后酒醉，宋英宗趁机将手诏送进宫去，太后醉后昏沉，稀里糊涂地就签了字。

皇伯派的谏官们本来就对韩琦、欧阳修这些执政大臣很有意见，认为他们裹挟了皇帝，皇帝被他们带坏了。他们本来强烈地反对皇考主张，而现在皇太后居然匪夷所思地同意皇考之议，他们在不理解之中又加进了深深的怀疑。所有这些都点燃了这批谏官的愤怒之火。他们纷纷上书指责韩琦等人假借皇太后之命文过饰非，堵塞言路，为的是遮蔽自己的丑行，强烈请求曹太后、英宗收回成命。一道道奏章义愤填膺、措辞严厉，为了攻击对方，不惜使用最恶毒的语言，其中也包括范仲淹的儿子范纯仁。韩琦看到范纯仁的奏章，非常伤心，对同僚说：我与他的父亲情同手足，看待范纯仁如同亲侄子一般，他怎么能够写出这样恶劣的词句来！

谏官的奏疏如雪片般飞来。宋英宗对于谏官们的态度很和善，但是司马光等人看透了，英宗是不会听从谏官们的意见的，也不会惩罚韩琦等人，于是便提出辞职。宋英宗多次挽留，但谏官们坚辞不受，只要执政大臣们在朝，他们便不在朝，颇有点儿与对方势不两立的气概。万般无奈之下，英宗只好转回头来征求韩琦、欧阳修等人的意见：你们看看到底该怎么办呐？这话问得有点儿滑稽，皇伯派们指责痛斥的是皇考派，就是因为皇考派们在朝，他们才提出辞职的，现在英宗反而来问皇考派到底怎么办，你让韩琦、欧阳修怎么回答？

欧阳修就回答了一句话：

> 御史以为理难并立，若臣等有罪，当留御史。（《宋史·吕诲传》）

那些御史、谏官认为跟我们没法共事，有我们没他们，有他们没我们。如果我们真的有罪，那皇上就把他们留在朝廷中吧，我们走！其实这就是给皇上点眼药的话，你想想，到底是谁想要称呼赵允让为皇考的？就是宋英宗，韩琦与欧阳修只不过是给他抬轿子的，现在给你的事情办成了，你总不能过河拆桥吧？要是真的将韩琦等人从朝中赶跑了，倒是合了司马光等人的心意了，可是以后还有谁信任你这个皇上呀？还有谁愿意给你干活呀？真是两难！英宗没办法，不能再这么内耗下去了，只能让皇伯派的人先离开朝廷。英宗专门交代有关部门，对于这批被贬的谏官、皇伯派官员："不宜责之太重。"（《宋史·吕诲传》）不要对他们处理得太重了，毕竟他们没有犯什么原则性的大错误。

根据宋英宗的诏命，皇伯派的一批谏官纷纷被贬出京城：吕诲出任蕲州（今湖北蕲州）知州，范纯仁出任安州（今湖北安陆）通判，吕大防出任歙州休宁（今安徽休宁）县令，赵鼎出任淄州（今山东淄博）通判，赵瞻出任汾州（今山西汾阳）通判，傅尧俞出任和州（今安徽和州）通判，司马光请求一同被贬，未获批准。一场持续十八个月的"濮议之争"，终于以皇考派的最终胜利得以平息。那么，这场震惊朝野、旷日持久的争论，到底说明了什么问题呢？

这里主要有两个大问题：

第一，司马光等人主张宋英宗只能称赵允让为皇伯，仁宗皇帝才是他的皇考。因为这是古代礼制礼法的要求，既然已经过继给仁宗皇帝了，并且也继承了皇位，就应当以国体的尊严为先，不能再顾及个人的私情。一个家庭不可能有两个父亲，一个国家也不可能有两个皇帝，宋英宗最终依然要称呼自己的亲生父亲为皇考，这就是置国家利益与尊严于不顾，是完全不合理的行为。韩琦、欧阳修等人的行为就等于是推波助澜，甚至助纣为虐。在这里，司马光等人强调的是礼的约束性和社会规范性。也就是说礼乐制度确立了，就必须遵照执行，否则社会纲常就会发生混乱。

第二，从另外一个角度来说，礼法、纲常、制度又是从哪里来的呢？是从人们的日常生活、日常情感中来的。比方说在古代，忠孝既是一种观念也是一种礼制、礼法，也就是一种社会秩序。但是最初这孝的观念又是从何而来呢？显然是从父子之情、母子之情、天伦之乐等等家庭成员彼此之间的感情与责任、义务中来的，所以礼的基础是什么？是情感，情感是礼乐文明的重要基础，没有情感的礼乐制度是没有生命力的制度。所以欧阳修说的也不错，虽然英宗已经过继给了宋仁宗，但是他毕竟是赵允让的亲生儿子，一个亲生儿子想要称呼自己的亲生父亲为爸爸，这难道有错吗？如果说这也有错，过继了之后就只能称养父为爸爸，称自己的亲生父亲为伯父，这难道不也是违背了人伦纲常最核心的基础——血缘亲情吗？违背血缘亲情的礼乐制度除了束缚人们的情感之外，难道还有什么别的意义吗？

你看，这就难办了，公说公有理，婆说婆有理，到底是重理还是重情呢？

说白了，司马光和欧阳修就是一张纸的两面，他们都强调拥有我这个 A 面才叫纸，你那个 B 面不叫纸。其实只有 A 面或 B 面都不成其为一张完整的纸，只有 A+B 才有可能组成一张纸。话说回来，我们在遵守礼法的时候，到底应该更重视情感呢？还是更重视秩序？我们当然可以说，在重视情感的基础上尊重秩序，也可以说在尊重秩序的同时注重情感。这也许是个很圆滑的回答，但是历史本来就是难以捉摸的，在理想人格的追求与现实生活的困境之间，总是存在着难以抉择的尴尬与迷惑，孰是孰非，我们很难给出标准答案。

当然，如果仅就这件事情本身来说，倒可以得出两个推论，一是：就谏官对欧阳修抨击的力度与激烈程度来看，欧阳修在朝廷中所扮演的角色是越来越重要了；二是：由于欧阳修在这一次“濮议之争”中与大臣们之间所发生的剧烈冲突，以及之前几次由于朝政改革与一些朝臣所发生的矛盾，造成晚年欧阳修又遭受了一次非常致命的打击。

第十一讲

花甲之年惹绯闻

宋英宗治平四年（1067），在位仅仅五年的宋英宗病逝，终年三十六岁。他的长子、年方二十的颖王赵顼即位，这就是在北宋皇帝中较有作为的宋神宗。此时，六十一岁的欧阳修担任参知政事已经六年，他与宰相韩琦等人精诚团结，忠心护国，屡建奇功，成为朝廷的中流砥柱。然而，在这改朝换代的关键时刻，一波莫名其妙的弹劾浪潮，却向这位三朝老臣突然袭来。

事情还得从上一讲的"濮议之争"说起。

"濮议之争"的结果是以韩琦、欧阳修为首的皇考派取得了胜利。但实事求是地讲，当时皇考派在朝廷中是少数派，而皇伯派是多数派。结果少数派赢了，多数派不仅失败了，而且很多人还因此被贬出了京城，无论在舆论还是道义上似乎都赢得了更多的同情。而欧阳修由于个性耿直，在这次"濮议之争"中又扮演了第一辩手的角色，更是得罪了不少大臣，所以，他的心理压力也很大。对此，宋英宗是有所了解的。

一次，宋英宗召见欧阳修谈论朝政，快结束的时候，英宗关切地询问欧阳修最近的生活、健康状况。欧阳修就问英宗：听说最近谏官们不停地给朝廷上奏疏，弹劾我不该力主濮王之议，陛下是了解其中内情的，知道这件事并非我个人的主张，承蒙陛下将所有的弹劾奏疏都压了下来，舆论才稍稍平息了一些。

英宗说：我观察了您很久，您这个人性子比较直，不怕得罪人，我看每次朝廷议事的时候，您与宰相、枢密使只要意见不合，就会激烈地争论，言来语往互不相让，唇枪舌剑毫无顾忌。我还听说，您跟谏官们议事的时候，往往当面就让人家下不来台，直接就揭人家的短。我可以想象您一定得罪了很多人，以后还是要注意点儿方式方法。

欧阳修听罢连连点头称是，表示以后会慢慢改。

可是形势变化得很快，哪儿还容得你慢慢改啊。宋英宗去世后，朝廷的风向就开始慢慢变化了。在给宋英宗举行的盛大葬礼上，朝臣们都穿着黑色或者白色的素服前来出席。欧阳修外面穿的也是一件素色的丧服，可也许是年纪大了，有点儿粗心，那天他丧服底下穿的是一件紫底黑花的丝袍，结果被监察御史刘庠看到了，立刻上书弹劾欧阳修，说他在国葬之中，穿着鲜艳的闪亮的服装，有伤风化，应该立刻予以严肃处理。

当时宋神宗刚刚即位不久，他赶紧将这封奏章压了下来，派了一个心腹宦官跑去告诉欧阳修，让他尽快换掉丝袍。欧阳修完全意想不到会有这样的事情，他感到非常惶恐，不但立刻将衣服换掉，而且关了自己的"禁闭"——开始闭门思过，表示悔过之意。神宗倒也并不介意，又派宦官宣召他回宰相政事堂议事。这件小事也许不能说明什么，但是它好像一个不祥的预兆，从这儿开始，一个更大的厄运在逼近欧阳修。

事情得从欧阳修夫人的堂弟薛良孺说起。薛良孺担任水部郎中的时候曾经推荐过一个官员担任京官，但是后来这个官员贪赃枉法被拘，按照宋朝相关法律，推荐人薛良孺也有连带责任，要接受审讯。薛良孺当然觉得自己很冤枉，人的确是我推荐的，可是在他成长的道路上，我能一直盯着他吗？他要犯错跟我有什么关系？又不是我犯的错误。当时正赶上朝廷举行大赦，他想自己的堂姐夫是参知政事、副宰相，只要他给自己说句话，那还不是轻而易举就解了套了？他是这么想的，可欧阳修不这想，他不但没有替薛良孺说情，反而撇得很清，郑重声明一切按照朝廷的规矩办，绝对不能因为自己的原因就违背法律，就从轻发落。结果，薛良孺因为受了连带的责任，被罢免了官职。

薛良孺简直火透了！这个堂姐夫有跟没有一个样，明明可以施以援手，偏偏就是不肯相救，结果让自己落得个丢官罢职的下场，一辈子的功名利禄算是毁了，这还算是什么亲戚？他越想越生气，越想越愤恨，既然你不仁别怪我不义。薛良孺就趁着回京城的机会，到处散布流言，说欧阳修有才无德，不知人间羞耻，贪恋女色，与自己的大儿媳妇吴氏关系暧昧。

大家还都记得，欧阳修四十岁那年，远房侄子欧阳晟的妻子张氏与仆人私通案发，开封知府杨日严素与欧阳修不睦，在审理的过程中，千方百计地从张氏口中挖出她与欧阳修之间有"暧昧"关系。而后，宰相贾昌朝、陈执中——这两个欧阳修的政敌，又派人蓄意捏造乱伦案情，企图陷害欧阳修。多亏审案官员秉公断案，方才还给欧阳修一个清白之名。这回的情形与上次有很大的不同。第一，上次本来是审讯张氏与男仆通奸一案，由于杨日严等人与欧阳修素有积怨，所以对张氏有意识地诱供逼供，使她说出了一些与欧阳修之间似信非信的所谓"事实"；第二，上次张氏所供述的乃是幼年时代与欧阳修之间的暧昧情事。张氏本非欧阳修嫡亲，又出嫁多年，所言事实可信度并不高。正因为如此，所以审案官员才敢于顶着宰相施加的压力，判定欧阳修与张氏之间不存在乱伦通奸的事实。

但是这一次不同。第一，薛良孺乃是欧阳修的堂内弟，与欧阳修家族关系极为密切，由他口中说出欧阳修与大儿媳妇关系暧昧，可信度极高；第二，薛良孺本非他人行刑逼供招出此事，完全是由于要报复欧阳修见死不救而自愿爆料，从这个角度来看也具有一定的可信度。

薛良孺的话一传十十传百，传来传去就传到了集贤校理刘瑾的耳朵里。这个刘瑾与欧阳修关系不好，他便将此事添油加醋一番之后告诉了御史中丞彭思永。彭思永又将此事告诉了自己的下属监察御史里行蒋之奇。这件事从蒋之奇开始发生了质的变化。

蒋之奇何许人也？宋仁宗嘉祐二年（1057），欧阳修主持科举考试，蒋之奇与苏轼、苏辙、曾巩等人是同科进士，所以与欧阳修有师生之谊。考中进士之后，蒋之奇一直仕途不畅，但他很快就抓住了一个机会。前一阵子皇考派与皇伯派大辩论的时候，蒋之奇前往拜访欧阳修，慷慨陈词，极力拥护皇考派，推崇欧阳修的皇考之论。那段时间，欧阳修身处皇伯派的重重围攻之中，身心俱疲，蒋之奇的这番话语真如雪中送炭，让欧阳修感到莫大的安慰。"濮议之争"结束后，欧阳修就极力在皇上跟前推荐蒋之奇，他就被朝廷任命为监察御史里行。然而，"濮议之争"虽然以皇考一派胜出，但是舆论却普遍同情皇伯派，对欧阳修等人颇多非议。蒋之奇本无多少过硬的本事与业绩，借着"濮议之争"这个机会，在欧阳修跟前说了几句卖乖的吹捧的话，然后就爬上了监察御史里行的位置。在朝臣们的眼中，这简直就是个不折不扣的政治投机分子，大家又怎么可能看得起他呢？蒋之奇自己心里也明白，这个官是靠拍马屁拍出来的，所以很想找个机会摆脱这种尴尬窘迫的局面，另谋一条出路。

现在，彭思永告诉了蒋之奇有关欧阳修的这件传闻。按照常理，欧阳修既是蒋之奇的老师又是他的恩人，蒋之奇不管出于什么考虑，都应该帮助老师澄清这件事，保护自己的恩人。然而世事难料、人心叵测，这个蒋之奇居然想借着这个机会反戈一击，将欧阳修一棍子打死，从而获得再次晋升的机会。蒋之奇立刻上书朝廷，严词弹劾欧阳修。宋神宗看罢奏章，觉得这事儿很离谱，不大相信，蒋之奇就拽出自己的上司彭思永为证，坚决要求将欧阳修处以极刑，暴尸示众。

这一下事情就闹大了。没办法，宋神宗便将此案转给枢密院审理。这件事让所有的人都很震惊。像欧阳修这样道德、文章、事业、地位堪为师表的人，现在突然被搅入这样一个乱伦案中，实在是匪夷所思！但是细细想来，似乎又是必然的结果。欧阳修自从担任参知政事以来，力主改革朝政，整顿吏治，触动了很多官僚的根本利益，再加上一年前，欧阳修力主为宋英宗的生父追赠皇考名分，许多维护礼制正统的官员、知识分子对他非常不满，甚至恶语相向，横加诟病。因此，欧阳修是朝廷不少人的眼中钉肉中刺，必欲除之而后快。正所谓明枪易躲，暗箭难防，现在有人要借着"长媳乱伦案"大做文章，那么，当朝副宰相、一代文宗欧阳修将会如何面对这场绯闻事件呢？

欧阳修快气疯了，他在一个月里给皇帝连写了九道奏章。在第一道奏章里，他说自己：

> 臣忝荷国恩，备员政府，横被污辱，情实难堪。虽圣明洞照，察臣非辜，而中外传闻，不可家至而户晓。欲望圣慈解臣重任，以之奇所奏出付外庭，公行推究，以辨虚实。(《乞根究蒋之奇弹疏札子》)

我身为政府高级官员，深受皇帝的恩典，却遭受这样的奇耻大辱，实在是难以忍受！虽然说皇上圣明烛照，认定我是无辜的，但是要想对千家万户澄清我的名誉，实在是太难了！我要求公开审理这个案件，一定要公开审理，在天下人面前辨明事实的真假！

在第二道奏章中，欧阳修向皇上提出具体要求，必须让蒋之奇说出全部事实的真相细节：

> 臣夙夕思维，之奇诬罔臣者，乃是禽兽不为之丑行，天地不容之大恶。臣若有之，万死不足以塞责；臣若无之，岂得含胡隐忍，不乞辨明？(《再乞根究蒋之奇弹疏札子》)

　　我没日没夜地在想，蒋之奇诬告我的这件事情，是连禽兽都不做的丑事，是天地不能相容的罪恶。我如果真有这样的事，您用任何手段杀我一万次，我绝不做半点解释。但如果没有这样的事，我绝对不能允许这件事情稀里糊涂就这么含糊忍受。我强烈要求蒋之奇讲出事情的全部真相和细节！

　　第三道奏章则明确表态：在目前的形势下，我不宜再担任参知政事的职务，我请求朝廷让我辞职，以便于相关部门开展工作。我如果继续在这个位置上，会影响别人办案，我为办案让开道路。

　　我们今天写在这里的只是奏章的核心内容，窥一斑而知全豹，整篇奏章的内容与情绪可想而知！神宗当时才二十多岁，看到欧阳修的奏章以后也急了：这欧阳公已经是年过花甲的人了，急出个好歹来怎么办？他赶紧派宦官送去自己的手诏，就是慰问信。信上写道：

　　　　春寒安否？前事，朕已累次亲批出诘问，因依从来，要卿知。付欧阳修。（《神宗御札》）

　　这会儿正是早春料峭时节，您的身体还好吗？您说的那件事，我已经吩咐他们去办了，让他们务必问清楚事实，您千万别着急。

　　欧阳修心说我能不着急吗？这种事皇上是一辈子都不会遇到的，也不可能有人去告你，但是这种事在我的身上，我就会成为"冤死之鬼"啊！

　　皇上心里其实也打鼓，他也不知道事情的真相到底是怎么回事。于是他秘密咨询天章阁待制（相当于皇帝政治机要秘书）孙思恭：欧阳修这个事儿到底是怎么回事？是真是假？孙思恭跟欧阳修的关系一般般，不远也不近。但是他心里很清楚欧阳修是个难得的忠臣，因此有心要解救欧阳修。他跟皇上建议说：您不要听一面之词，您把蒋之奇弹劾欧阳修的奏章，与欧阳修给您写来的奏章放在一块儿分析判断。您得责成有关机构认真查找各项消息的来源，查看有无真凭实据，这才能真正弄清事实真相。神宗听了觉得很有道理，那就这么办！还没办呢，欧阳修的奏章又来了，这一次连续就是四道奏章，核心要求就是要让蒋之奇说出事实的来源和真相，只有找到蒋之奇消息的来源，才能澄清这件事的真假，所以蒋之奇的口供：

> 系天下之瞻望，系朝廷之得失，系臣命之死生，其可忽乎？其得已乎？（《乞诘问蒋之奇言事札子》）

蒋之奇的口供关系到朝廷的声望，关系到我的生死，怎么能忽略呢？怎么能不要呢？天下人都睁大眼睛看着呢！皇上可要主持公道啊！

那就问吧！神宗皇帝先问蒋之奇，蒋之奇说他的消息来源是彭思永，于是接着问彭思永，彭思永跟刘瑾既是同乡又是好朋友，他死活也不愿意再将刘瑾扯进这趟浑水里了，于是一口咬定自己年老昏昧，忘记是听谁说的了。同时，彭思永也郑重声明，他说：我是御史中丞，我的工作就是负责监督纠察百官的言论行为，调查、收集百官言行的证据就是我的本职工作。朝廷有明确的规定，为了便于御史、谏官们调查取证，允许我们捕风捉影、道听途说。您现在非要追问我的消息来源，如果我说出这个消息的最初来源，供出那个人的名字，那么，今后我们如果再做别的调查，还会有人为我们提供线索吗？我们这个御史、谏官的工作也就没法做了。而且，您非要这样彻查到底，将来还有哪个大臣敢议论朝政？还有哪个大臣敢说出自己不同的意见？今天我甘愿受重罚，也不会说出这个人的名字，我这样做是为皇上着想，您还是三思吧！

彭思永还在为自己的行为辩护，欧阳修又上了一道奏章，他说：

彭思永他们说的这些话全是放屁！我本人也做过谏官，我难道不明白他说的这些吗？他说的不错，身为国家监察机构的官员，朝廷允许他们捕风捉影，道听途说，可是你既然道听途说，那么到底是听谁说的，这个总是要明白的，难道连这个都不能说吗？这可是人命关天的大事，关系到我一辈子名声的大事，也关系到皇上的声誉、朝廷的形象。你们这些监察官，一方面死活不说消息的真实来源，一方面却又赌咒发誓保证这件事千真万确，请求皇上一定要治我的罪，还要将我暴尸示众。那又如何叫人相信呢？一方面言之凿凿，一方面噤若寒蝉，可见你们内心发虚，并没有什么真凭实据。所以，我再次请求朝廷一定要让蒋之奇和彭思永说出这个消息的真实来源。

事情就是这么尴尬。

按照北宋的官制规定，谏官的确可以风闻言事。一般来说，即使所言不当，也可以不负责任。之所以这样规定，就是为了鼓励谏官广开言路，避免皇帝偏听偏信。但是任何权力一旦失去了约束，就会泛滥成灾，风闻言事这种特殊的办案方式也屡屡造成冤假错案，成为宋代朝政的一个独特现象。如今，蒋之奇和彭思永就是借着这样的规定，摆出一副死猪不怕开水烫的劲头，连宋神宗对他们也无可奈何。

宋神宗实在是很为难，彭思永与蒋之奇都是朝廷的御史，神宗又不能把他们俩吊起来拷打，只能一遍一遍地问，但是问来问去，彭思永就是那几句话：我老了，脑子不好使，不记得了，我糊涂了，我就是风闻而已，风闻嘛，一阵风过来就听见了，就记得，一阵风过去，也就忘了，就不记得了。反正就是死活也不说出来。

这样下去宋神宗也没有办法。他最后只好宣布了一个处分的决定，将彭思永贬往黄州任知州，将蒋之奇贬往道州监酒税，担任地方税官。然后张榜朝堂，公开批评蒋之奇和彭思永弹劾欧阳修是错误的，这个错误就是：

　　偶因燕申之言，遂腾空造之语，丑诋近列，中外骇然。……皆憸谰而无考。（《涑水纪闻》卷 16）

凭空胡乱捏造，掀起很大的波涛却没有任何实际的内容。

　　苟无根之毁是听，则谩欺之路大开，上自迩僚，下逮庶尹，闺门之内，咸不自安。（《涑水纪闻》卷 16）

　　如果任由你们这样诽谤朝臣，那么就会大开欺诈瞒骗之途。上自朝廷，下至黎民百姓乃至闺门之内，所有的人都不得安生！

　　可是这个大处分对于欧阳修来讲，根本不解决问题，他再一次连续上了奏章，一再请求说，如果这样稀里糊涂地和稀泥过去，以后真的让人没法再工作了。我告诉您皇上，我得罪这些人，完全就是因为我对国家很忠诚，我对工作太认真了，他们现在都合起伙来对付我。二十年前也有这么一档子事儿。蒋之奇等人就是在学习当年的那伙人，又用这种恶心的事情来糟蹋我。像我这样所谓的朝廷重臣，用这种禽兽不如的恶劣事件来诋毁最为奏效。要是一刀砍死我，那我还是个烈士，可是脏水泼到我的身上洗都洗不干净，算什么？

　　宋神宗也是万般无奈，只好再次写了手诏，让宦官送到欧阳修家里边，手诏曰：

　　春暖，久不相见，安否？（《神宗御札》）

早春过去了，天气暖和了，很久没有见到您了，一切都好吧？

　　为什么很久没见了？因为欧阳修一直闭门谢客，没有上班。神宗皇帝接着说：

数日以来，那些诬陷毁谤您的事情，我心里都很清楚，只是没有跟您说而已。所以我数次批示，要求一定要问清楚事情的来龙去脉，问清楚消息的确凿来源，可惜始终问不出来。前几天看到您的奏疏，要求一定要将这件事情说个明白，给个最终的说法。现在我已经将蒋之奇、彭思永贬黜出朝，并且张榜告示，为的就是让中外人士都清楚您是清白的，都清楚事情的真假虚实。事情既然已经很清楚了，人们对您的猜疑也没有了，您应该来上班啦！

要按一般人的逻辑，皇上亲自写了两道手诏，不仅充分表达了对你的信任，而且给了你一个很明确的说法，也对当事人进行了严厉的处分，你应该感到满意了。应当说，神宗皇帝已经给足了欧阳修的面子，而且从法律程序上来说，也无可挑剔。神宗也以为这个手诏发过去，欧阳修肯定会欣然接受，重新回来工作。可是他哪里想得到，欧阳修是那种宁折不弯的人。欧阳修连续上了六道奏章，请求马上离开参知政事这个位置，我不在中央干了，不做这个参知政事了，放我到地方上去吧。宋神宗一再挽留，但欧阳修毫不妥协，没办法，只好顺着他的意思来。就这么着，宋神宗治平四年（1067），六十一岁的欧阳修被任命为观文殿学士、刑部尚书、知亳州（今属安徽）。

这一场绯闻风波让欧阳修真是不堪回首。他以迟暮之年，遭受小人如此污秽的诋毁，身心本来就日益疲惫，现在更加心灰意冷。欧阳修终于卸下担任了六年的参知政事之职，从此远离朝廷，再也没有回到东京汴梁。

回顾欧阳修的一生，在政治上执掌宰辅，在文章上独步天下，在道德上更是追求知行合一，为当世之楷模。然而，欧阳修被人数次诟病的，却恰恰是"长媳案"这种直指道德底线的事件，这让许多尊崇他的读书人深感不安，他们拼命为欧阳修辩护。欧阳修是北宋著名词人，曾经创作了不少香艳小词。欧阳修的"粉丝"们认为，这些词都是欧阳修的政敌伪造的，目的是为了继续诋毁他的形象。那么，欧阳修真实的道德面目究竟是怎样的呢？那些香艳情爱的词作究竟是不是他写的呢？

为了将这个谜团解开，我们必须把时光回溯到四十年前、欧阳修刚刚步入仕途的时候。那时他还在西京洛阳做留守推官，也就是洛阳地区最高行政首长的普通幕僚，当时也就二十六岁。在西京留守幕府中，聚集着梅尧臣、尹洙等一群与欧阳修年龄相当的年轻人，他们有着同样火热的政治热情，同样蓬勃的精神状态，同样出众的文学才华，彼此之间无话不谈，亲爱友善，关系非常融洽。

有一天，梅尧臣、尹洙等几个好朋友在一起聚会，忽然想起一个掌故。在唐武宗会昌五年（845）三月二十四日这天，七十四岁的唐代大诗人白居易与另外八位德高望重的老人一同在位于河南洛阳龙门香山的家中聚会，饮酒赋诗，风雅一时，号曰“九老会”，在文人士大夫中传为美谈。梅尧臣突发奇想，他提议，咱们几个年轻人也模仿当年的九老，也给自己取个雅号，然后在一起品酒论文，岂不美哉？此言一出，大家拍手称好，当下便依照个人的性格特长，一一取了雅号。比如尹洙精通论辩，就叫“辩老”；杨愈才思隽发，就叫“俊老”；王顾聪慧颖悟，就叫“慧老”；王复雅致内敛，就叫“循老”；梅尧臣德行高洁，就叫“懿老”；张汝士、张先性情沉静，就分别取作“晦老”“默老”。那么欧阳修呢？当时欧阳修并不在场，大家认为欧阳修才华超众，风采超逸，就给他起了一个“逸老”的名号。

梅尧臣是欧阳修最好的朋友，聚会结束后，他就给欧阳修写了一封信，说我们今天聚会啦，给每个朋友都取了一个雅号，给你的那个就叫“逸老”。欧阳修开始看到这封信，还觉得挺高兴的，等到再一看自己的雅号是“逸老”，就不高兴了，为什么呢？逸，是有超逸绝伦的意思，但是也有放荡、放纵的意思，那岂不是有“放纵的老头"之意？欧阳修给梅尧臣写了封信，说：

我本人出身非常寒微，出道很晚，你们这些君子不以我愚笨，而愿意与我交往。然而诸位彼此品评的时候，却看不起我，也许是认为我配不上雅致深沉的雅号，所以送给我这个轻浮浅薄的名号。孔子说三十而立，我今年才二十六，还没有到"而立之年"，怎么能说老呢？况且我又没有参加你们的聚会，对不起，我不能接受这个名号。从今天这件事能看出来，你们这些所谓的朋友是怎么看我的。我之所以不能接受这个称号，是因为你们都是当世名流，一言既出，如同九鼎，如果让后来之人知道你们如此轻视我，就不好了！

你看，年轻时候的欧阳修也未免过分敏感了！

梅尧臣一看欧阳修的回信，就知道他误会了，赶紧又修书一封，再三解释大家绝无轻视他的意思，只不过觉得欧阳修有超逸之才而已。读了梅尧臣的第二封信，欧阳修的心情才算稍稍平静下来。他回信说：

我可不敢自称是什么广博多才之人。我想你们之所以称我为"逸老"，也许是我平时不重形貌，谈笑之间，颇似放浪形骸。但是这个"逸"字还真不是什么好词儿，人家看了会以为我的品德有问题。所以我不能接受，我的才华够不上超逸，姑且就叫我"达老"吧！你将这几次咱们往来的书信都烧掉，以便让后人知道这"达老"之名是你们给我取的，而不是我自己苦苦求来的。

可见，欧阳修非常在乎别人对他的评价，尤其是对他品德作风的评价，更是在乎到了让我们觉得有点儿矫情的程度。其实，细细想来，朋友们之间互相取个雅号，不过就是个游戏，也不是盖棺论定，没有必要那么较真儿，如果你自己行得端坐得正，就是叫你"逸老"，人们也不会认为你品德有问题。所以，欧阳修之所以如此忌讳别人以"逸老"来称呼他，关键还是他在私生活方面有点儿不大检点，给人家留下了话把儿。

晚泊岳陽詩意

康震康□

卧闻岳阳城裏鐘

系舟岳陽城下樹正

見金山明月来雲

水蒼茫共江起

深江月尋陸歸

水上之歌月不歸一

聞聲長聽不盡

輕舟縱棹去如飛

陸陽公晚泊岳陽

康震 庚寅
秋

我们知道，宋代是词的世界，涌现出许多一流的词人，宋词甚至成为宋代文学的代名词。特别值得一提的是，欧阳修不仅是一位大政治家、大散文家、大诗人、大学问家、大史学家，而且还是一位杰出的词人，他的词写得非常婉约多情，如：

> 去年元夜时，花市灯如昼。月上柳梢头，人约黄昏后。
> 今年元夜时，月与灯依旧。不见去年人，泪满春衫袖。（《生查子》）

去年元宵节的傍晚，花市彩灯通明，夜晚如同白昼。我和你相约在黄昏时分，那个时候，正是月亮挂在树梢的时刻。今年又是元宵佳节，还是一样明亮的月色，一样的华灯初上，一样的柳梢依依，可是再也不见你的踪影，泪水打湿了我的衣袖。

这会不会是欧阳修年轻时候的场景？不知道。但是能写出这般情思的人，想必也有着不同寻常的情感经历。

还有：

> 庭院深深深几许，杨柳堆烟，帘幕无重数。玉勒雕鞍游冶处，楼高不见章台路。　雨横风狂三月暮，门掩黄昏，无计留春住。泪眼问花花不语，乱红飞过秋千去。（《蝶恋花》）

庭院深深究竟深几何？杨柳如烟，看不尽的是帘幕一重又一重。街道上来往的都是豪门公子的香车宝马，抬眼望不到尽头的却是这烟花巷里的章台路。暮春三月狂风暴雨大作，有心将黄昏掩在门内，却无计留住春天。我想问问园中的花朵，却禁不住泪光点点，花儿只是沉默又怎么能知道我的心思？一阵风过，只有那纷乱的红花从秋千上飘过。

还有这一首：

> 候馆梅残，溪桥柳细，草薰风暖摇征辔。离愁渐远渐无穷，迢迢不断如春水。 寸寸柔肠，盈盈粉泪，楼高莫近危阑倚。平芜尽处是春山，行人更在春山外。（《踏莎行》）

馆舍庭院里的梅花已经凋残，小溪边柳树的枝条迎风飞舞。微风吹拂青草，吹过行人马上的辔头。离家是渐渐远了，我的愁绪也越来越浓，就像一路奔腾的春水连绵不绝。怎么能不思念呢？想那人儿必是柔肠寸寸，千回百转；任透明的泪珠滑过香腮。不要再倚靠在那高高的画楼上，不要再凭栏远眺。你看那平原的尽处遍是春山，而你的心上人，更在春山之外了。

写得美不美？美，不但美，还有点淡淡的忧伤，但是并不绝望，而是有一种深深的情思蕴含其中。美丽而轻灵，婉转而执着，这就是婉约词。

这一类词较为典雅，还有一类就比较隐私一点。比如：

> 凤髻金泥带，龙纹玉掌梳。走来窗下笑相扶。爱道画眉深浅、入时无？ 弄笔偎人久，描花试手初。等闲妨了绣功夫。笑问双鸳鸯字、怎生书？（《南歌子》）

这首词可真够腻的！这妻子最是俏丽，她打扮得花枝招展，然后凑到丈夫面前，轻轻地问：我画的眉毛好不好看？这妻子又最是俏皮，她依偎着自己心爱的丈夫，慢吞吞地绣着花，想了一想，却又拿起笔来，撒娇地问：鸳鸯两个字怎么写嘛……原来她要将这两个字绣上去。

这首词写的就是小夫妻俩在卧房里的悄悄话，很温馨也很私密。

还有一类，则是比较浓艳了。如《醉蓬莱》：

> 见羞容敛翠，嫩脸匀红，素腰袅娜。红药阑边，恼不教伊过。半掩娇羞，语声低颤，问道有人知么。强整罗裙，偷回波眼，佯行佯坐。　　更问假如，事还成后，乱了云鬟，被娘猜破。我且归家，你而今休呵。更为娘行，有些针线，诮未曾收啰。却待更阑，庭花影下，重来则个。

一个男子与一个女子幽会。那女子有娇羞的容颜，细嫩的皮肤，婀娜的腰身，因为是幽会，所以女子不仅娇羞，而且还有点儿慌乱，不住地问那男子：会不会有人发现呀？会不会呀？一边说一边下意识地整理着自己的衣裙，可是又禁不住偷眼看一下自己的情郎，一会儿坐下一会儿又站起来……可是……可是如果回家去后，被母亲发现头发乱蓬蓬的怎么办？被母亲猜破了今晚的事怎么办？不行不行，越想越不行，我还是先回家吧，情郎情郎你别着急，家里的针线活儿还没有拾掇，母亲看见了少不得要骂。情郎啊你好歹再等等，别着急，等到夜更深些，在庭院的重重花影下，我们重新来过。

这一首词将热恋男女的会面描绘得惟妙惟肖。这当然是一首表达爱情的词，但是也有着浓厚的情色气息。我们可以回想一下，欧阳修写《醉翁亭记》，写《秋声赋》，写诗写政论文章，那是慷慨陈词，掷地有声。而刚才所写的"庭院深深深几许"，"平芜尽处是春山，行人更在春山外"，包括那个清丽可爱的"人约黄昏后"都写得非常好，非常有水准。正是这些作品让欧阳修名列中国古代伟大作家的行列。至于《醉蓬莱》所写的也是社会生活的一个方面，它所记录的究竟是不是作者自己的亲身经历呢？很难讲，也许是也许不是。但是有一点可以肯定，作者能够将这一段经历写得如此真实，如此细致入微，肯定是熟悉这样的生活的。但是这对于欧阳修的崇拜者们来说就很难接受，因为在他们的心目当中，欧阳修是一个伟大崇高的模范人物，是很多人人生的楷模，他这样的人怎么可能写出这样色情的文学作品来呢？所以他们认为，类似《醉蓬莱》这样的作品肯定不是欧阳修写的，这是那些政敌们为了攻击他、诋毁他而编造的作品。

这一次崇拜者们肯定是弄错了。我们可以负责任地讲，在欧阳修的诗文集当中，类似于《醉蓬莱》这样的词不在少数，它们的作者不是别人，正是欧阳修。崇拜者们其实毫无必要为尊者讳，《醉蓬莱》虽然写得有点情色，但是在宋代，这恰恰是词的本来面目。再说得大一点，在古代社会，诗歌是用来言志的，而词就是用来言情的，两者的功能与目的不一样。士大夫们在诗文当中可以一本正经，可以正襟危坐，可以抒发宏图大志。但是在词里，就大可以放松神经，谈谈初恋的感觉，说说女人的秘密，议议自己和他人的风流韵事。总之，在词里面你想八卦就八卦，想无聊就无聊。诗就好比上班打领带，西装革履；词就好比下班回到卧室，爱穿什么就穿什么。为什么会有这样的差别？因为词从民间发源起的那一天，就主要是写男女爱情、儿女情长的，这是它的长项，是它的传统题材。正因为如此，在士大夫眼中，词的地位跟诗没法比，诗是一个诗人的公共空间，词则是他的私人领地。

在宋代，词获得了空前发展的机遇。这是一个物质与精神生活都很丰富的时代，士大夫们拥有丰厚的俸禄，足以蓄养家伎，过着宴饮舞乐、莺歌袅袅的生活，正是在这样的生活中，文人与歌女都频繁地用词来抒写男女情爱，抒写女性的情感与容颜，抒写这歌舞升平的世界。在这样的世界里，谁又能保证平时端正严肃的朝廷大臣不会情思绵绵，犯点错误呢？欧阳修之所以在花甲之年惹绯闻上身，就跟他年轻时候私生活不够检点有关。

这件事就发生在他任职洛阳西京留守幕府期间，欧阳修爱上了一个官伎。在宋代，歌伎分官伎、私伎两种。官伎就是各州、府、县登记在册的艺伎，是政府的舞乐班子，主要是为官方的各种聚会助兴。私伎则是士大夫们在自己家里蓄养的歌舞班子，比如欧阳修、苏轼等人的家中都有这样的私伎。欧阳修当时爱上的就是西京留守幕府的一个官伎。有一天，他跟这个女子出去幽会，把时间给忘了。原来当天晚上幕府要办一个大型的宴会，这些官伎要出席演出。怎么办？赶紧慌慌张张地往回跑，结果俩人都迟到了。

在座的官员能说什么呀？你看看我我看看你，然后再看看他们俩，这会儿只能用眼神来说话了。欧阳修的顶头上司、西京留守钱惟演当着这么多宾客能说什么呢？他又不能质问欧阳修，只能责问这女子：怎么现在才到？干什么去了？情急之下，这女子只能尴尬地答道：今天天气太热，我有点儿中暑，十分疲倦，结果不知不觉就睡着了，醒来的时候，发现头上的金钗不见了，于是赶紧寻找，找了半天也没找到，所以迟到了……

钱惟演一听，心里偷笑：这女子还挺聪明，撒谎撒得滴水不漏。心想我固然不会惩罚你们俩，但是你们俩总得给我们大家一个说法吧！于是对这歌伎说：原来如此。这样吧，今天不仅是你一人迟到，我们这位年轻英俊又有才华的欧阳先生也迟到了。你若能够求得欧阳先生作一首词，来记述今天发生的事情，我便赔给你一支金钗，如何？

你看这钱惟演多会做人呐，转瞬之间，消除了尴尬的局面，既小小地惩罚了一下两个年轻人，又不露痕迹，还显得那么典雅风趣。现在就看欧阳修的了！这有什么难的，写词，这正是欧阳修的长项呀：

> 柳外轻雷池上雨，雨声滴碎荷声。小楼西角断虹明。阑干倚处，待得月华生。　　燕子飞来窥画栋，玉钩垂下帘旌。凉波不动簟纹平。水精双枕，傍有堕钗横。（《临江仙》）

这个午后有点烦闷,一个妙龄女子呆呆地看着池边的柳树。忽然,一阵隐隐的雷声传来,不一会儿就下起了小雨,点点滴滴打在荷叶上,也滴碎了女子的心。雨停时分,小楼一角,挂着一道美丽的虹。转眼工夫,雕梁画栋间,燕子飞来又飞去。低垂的帘旌、平滑如水的凉席,女子熟睡过后,只剩一支精美的金钗横在她的水晶枕边。

钱惟演一听,很好,很有才华,词中有女子有金钗,点题了。于是让这官伎斟满一大杯酒敬给欧阳修,又从官库中拿出金钗一支赏给这位官伎。本来是一次很尴尬的遭遇,但是经过钱惟演的一番导演,却显得风流俊赏、雅致非常。

这件事如果放在一个一般读书人的身上,真还不算什么。在北宋,文人士大夫与一两个歌伎之间有点风流韵事很正常,没有反而不正常。即便像欧阳修这样高大的人物,也有柔情的一面,发生这样的事情本来无所谓对与错。但是欧阳修对自己的要求不一般呀!他的志向很高,要做宋代的韩愈,要做文章的宗师,要成就千古大业,这样一来,对自己人格的要求就比较高。渐渐地,社会对他的看法与要求也就不一样了。

为什么政敌们总是用乱伦绯闻这样的桃色事件来攻击欧阳修呢?因为欧阳修是个普通人,他无论在年轻还是年老的时候,都有可能犯普通人都会犯的错误。更何况欧阳修还写过不少风流浓艳的情词,还有过几次不足为外人道的风流韵事。这是人家能够攻击他的一个很重要的基础。

同时,欧阳修又不是一个普通人,从年轻到年老,他一直都是一个备受关注的人物。等到成为北宋政坛文坛的大腕儿之后,更是万人瞩目,深孚众望。对于这样一个重量级的大名人,政坛上的强大对手不停地用这样的事情来恶心他,这种办法比直接用拳头击打更具杀伤力。有了这些理由,年过花甲的欧阳修又怎么可能不招致绯闻的攻击呢?

第十二讲

卖油翁卖的什么油

在欧阳修存世的五百多篇散文作品中,《卖油翁》是一篇寓哲理于情趣的小品文章,它只有短短一百四十八个字,却通俗易懂、寓意深刻,非常具有教育意义,因此多年来为中学课本必选篇目,成为人们最熟悉的欧阳修的作品之一。那么,《卖油翁》讲述的究竟是一个什么故事?它的寓意又体现在哪里呢?

首先来看这个故事的第一位主角——陈尧咨。陈尧咨者,四川阆中人,宋真宗咸平三年(1000)高中状元。曾任通判、知州、知府、安抚使、翰林学士、工部侍郎等职。陈尧咨性情刚烈,办事果断,担任地方官的时候非常重视基础设施与农田水利的建设。也许是因为状元出身,所以他为人心气极高,也不免盛气凌人,为政不循法度,多用酷刑,乃至致人死命。尧咨去世后谥曰康肃,所以人称陈康肃公。

《宋史》本传记载老陈擅长书法、精于射箭。他曾经悬挂一枚铜钱作为目标,一箭射出,洞穿钱中方孔,是为绝技。由此看来,陈尧咨此人不仅文才高妙,而且精于武道,也算是个文武双全的人了。才华横溢的人往往比较自恋,陈尧咨自然也不例外,《卖油翁》开篇第一句话就说:

陈康肃公尧咨善射,当世无双,公亦以此自矜。

有一天,我们这位举世无双的神射手在自家后花园练习神射。

一会儿一中，一会儿一中，越来越神了！不知什么时候，来了一个卖油的老头子，大概没见过什么世面，更没见过神射，就放下挑油担子，站在那儿细细地看。你看就好好看，像陈尧咨这种比较自恋的人，你要看他射箭，必得觍着脸露出非常羡慕的神情，他才高兴，而且最好是一边看一边拍手叫好，他才高兴。这个卖油的老头子哪里懂得这么多人情世故？他看着看着就不好好看了，他开始"睨之"，就是斜着眼睛看，不但斜着眼睛看，而且"久而不去"，也就是说一直斜着眼睛看！不但斜着眼看很久，而且看到老陈十发九中之后，居然不拍手叫好不露出仰慕的神情，而只是"微颔之"，略略点点头，意思是说：还行还行。

你想陈尧咨这么自恋的人，别人对自己什么态度他是很敏感的，他大概看惯了人家觍着脸的仰慕神情，对今天这位老头子斜眼看很久的神态很不习惯，甚至很不舒服。于是他放下官老爷的架子，收起弓箭，走过来，问：

汝亦知射乎，吾射不亦精乎？

你在这儿巴巴儿地站着斜眼看了半天了，你也懂得射箭吗？我射箭的功夫难道还不够精到吗？老头儿挺老实，实话实说，我不懂射箭，但是看了半天，"无他，但手熟尔"，您这个射箭没什么了不起的，不过就是手法熟练而已嘛！什么？！我一神射手，我举世无双，我……让你一句话全抹杀了——

尔安敢轻吾射？

你是什么人，居然敢藐视我这天下第一神射手？居然敢看不起我的神射之功？别激动，千万别激动，我是不懂射箭，但是我会卖

油哇！我要卖油就得舀油，舀了油还得朝油瓶子里倒油哇，我说的
手法纯熟就是指我这倒油的功夫罢了！不会射箭？会倒油？好，那
就倒油，倒来给本神射手看看！好，看看就看看。老头子也不客气，
这就开始演示：

> 乃取一葫芦，置于地，以钱覆其口，徐以杓酌油沥之，自
> 钱孔入而钱不湿。

取个小葫芦，稳稳放到地上。又取一枚铜钱盖在葫芦嘴儿上，
葫芦的嘴儿正好对着铜钱的小方孔。然后，舀了一小勺油，瞄着那
铜钱的方孔慢慢地倒进葫芦嘴儿里去。不一会儿，都倒进葫芦里去
了，可是铜钱的方孔没沾着一点点油星儿！绝不绝？绝！陈尧咨眼
睛都看直了。可是比起他来，老头子就低调多了，倒完了油，他平
平淡淡地说了句：

> 我亦无他，惟手熟尔。

我也没什么了不起的，不过就是倒油倒得实在太多了，太熟练
了，天天重复这一个动作，怎么能不熟练？没啥神秘的，更没啥好
夸耀的。跟您射箭一个道理吧？说您"但手熟尔"不为过吧？陈尧
咨做梦也没有想到今天在后花园里碰见这么一位。好了，自己是百
步穿钱的射箭功夫，人家是倒油穿钱的倒油功夫，都够神的。对这
样的老头子，还能说什么呢？

> 康肃笑而遣之。

陈状元只好尴尬地笑笑，对老头子客客气气地说一声：走吧走

吧，咱们该干嘛干嘛，都各忙各的吧！那意思是：我的箭穿过了铜钱的方孔，您的油也没沾着铜钱，咱们俩一个水平，都是练手的把式行不行？您赶紧走吧，别在这儿呆着了，今儿下午本状元心情本来挺好的，让你这一勺油浇得油头油面的，没法神射了。

《卖油翁》这篇小文章很成功。他的成功就在于：将熟能生巧这个大道理，用一个生动的小故事传递出来，形象生动，发人深省。在现行的中小学语文课本中，《卖油翁》一般节选到"康肃笑而遣之"这句话为止。事实上，这篇文章在最后还有一句话，却被课本编写者删去了，那么这被删掉的话究竟是什么？为什么要删掉它？通过《卖油翁》，欧阳修究竟要向我们传递什么思想呢？

被删掉的这句话就是：

此与庄生所谓解牛、斫轮者何异。

意思是：我讲的这个故事跟庖丁解牛、轮扁斫轮的故事又有什么不同呢？你注意，这可就有学问了，如果只是读完了前面的故事，觉得这也就是个熟能生巧的故事。但加上欧阳修的这最后一句话，这篇文章的中心思想就有了很大的不同。

先来看庖丁解牛。这是《庄子》里的一个故事。说有个厨子为梁惠王宰牛，宰牛刀所到之处，牛的皮肉与骨头都豁然分离，迎刃而解。一头壮牛不知不觉中就四分五裂了。梁惠王很震惊：你真是最牛的宰牛专家！真是太高了，如何能达到如此的境界呢？厨子答曰：这还真不只是个技术活儿。我最初宰牛的时候，跟一般的厨子没两样，后来宰牛宰久了，眼中的牛就不是牛了，看到的只是牛的筋骨与脉络。我的宰牛刀只顺着牛骨的缝隙、关节的空穴、骨肉的空当来运行。我的刀只需轻轻挑断筋骨、骨肉、脉络连接的那个部位，从来不会去剁整块的肉与骨头。所以剁肉的厨子一年换一把刀，剁骨的厨子一个月换一把刀。我这把刀已经十九年了，宰杀了数千头牛，还像新的一样，就是这样！梁惠王听罢拊掌大笑：好！这真是养生之道啊！

明明是宰牛，为什么说是养生之道呢？有两个要点：第一，宰牛的核心是将牛分解开，如何分解最为快捷？就是斩断牛的骨肉、经络连接之处，斩断那些关键之处，一头牛自然就分解开了。所以宰牛的核心是斩断关键之处。第二，宰牛的核心是人刀合一。只有人刀合一才能将人的精神与刀的锋芒完美地结合在一起，才能完成斩断关键的任务。所谓人刀合一，也就是天人合一。总之，庖丁解牛的思想就是八个字：天人合一，解开关键。解牛是如此，解开人心头的关节、关键之处也是如此。

那么，如果让卖油翁看到庖丁解牛，会不会又说但手熟尔呢？那就不会了。这肯定不只是手熟的问题，而是一个生活与生命境界的问题。一个自由自在的人，必然是与自然规律、生命规律融为一体的，就好像宰牛刀与宰牛者合二为一一样。一个自由自在的人，必然认得清自然的生命的规律，就好像宰牛者对牛身体的骨肉关节了如指掌一样。既然牛与宰牛者相通了，刀与人合一了，那么牛的四分五裂也就是自然而然的事情了。人们心头的各种各样的纠结与矛盾也会自然而然解开了。推而广之，陈状元无非是人箭合一，卖油翁无非是人油合一，他们都是认清规律、合于规律的人，是有境界的人。

轮扁斫轮也是《庄子》里的故事。说齐桓公手下有个制作车轮的工匠，名叫轮扁。有一天，他在堂下制作车轮，桓公在堂上读书。他就问桓公：您在看谁的书？桓公说：圣人的书。轮扁又问：圣人还在世吗？桓公答：已经死了。轮扁叹口气说：那您读的不过是糟粕罢了！桓公大怒，要轮扁说出个道道来，不然就弄死他！

轮扁不慌不忙地说：这个道理很简单。就好比制作车轮，车轮要做得又圆又光滑，很难。我制作车轮几十年了，才达到现在的水平。我现在已经七十岁了，想把这门手艺传给我的儿子，可是更难。他做出来的车轮总是达不到我所要求的标准。可按理说，制作车轮的那些诀窍、秘诀我都告诉他了呀，为什么他就是做不好呢？细细一想也很简单，真理只有自己亲身实践才能一点点摸索到手，仅仅凭借学习书本知识、理论知识是不可能得到的。

道理确实很明白，就比如你看了《菜谱大全》未必能成为高级大厨，看了《游泳全攻略》未必能成为游泳健将。那种得心应手的感觉、体验除非亲身反复实践，否则是得不来的。由此观之，轮扁的儿子恐怕至少也要到六十岁才能真正领会制作车轮的真谛。由此观之，齐桓公在堂上像模像样地读圣人之书，岂不是距离圣人之道更远？真理哪里是这样狂读不已读到手的？是要亲身体验、亲身实践才能悟到的。

欧阳修之所以认为《卖油翁》与《庖丁解牛》《轮扁斫轮》有异曲同工之处，主要就是在强调一种做人的境界。庖丁解牛的重点在天人合一的境界，轮扁斫轮的重点在掌握真理的境界，卖油翁的重点则在于熟能生巧的境界，也就是纯熟无比、臻于化境的技术，本身就已经达到了天人合一、领悟真理的至高境界。

解牛有境界，斫轮有境界，卖油射箭都有境界，那么对于欧阳修而言，一个文学家、文章家，如何才能达到作文的最高境界呢？身为北宋的文坛领袖、一代文宗，欧阳修的文章又是如何达到熟能生巧、巧能化境的呢？

对于一个文学家来说，所谓手熟，就是不停地写文章，不停地改文章。就好比那几个人一样，不停地射箭、不停地倒油、不停地解牛、不停地斫轮。

欧阳修修改文章有个习惯，文章写好后，一页一页都贴在墙上，然后就在那儿琢磨，一页一页地往下看。他修改文章苛刻到什么程度？比如原来写了一万字，修改完了也许只剩下四五千字，删掉了一半。还有的文章，辛辛苦苦写了五六千字，改来改去，一个字都没有了，为什么？改着改着就彻底否定了，就放弃这篇文章了。

特别是他后来离开朝廷，到地方工作之后，有比较多的闲暇时间，就开始系统地整理过去的旧作。他修改得太刻苦太认真了，整日里推敲字句，冥思苦想，殚精竭虑，弄得反而比上班时还累。欧阳夫人心疼他，劝道：你都六十多岁的人了，何必如此自讨苦吃？到了这把岁数难道还怕老师骂你不成？欧阳修笑着回答说：我倒不怕老师骂我，我怕后辈人笑话我啊！

关于他的名篇《醉翁亭记》，还有一个流传很广的戏剧性故事。据说《醉翁亭记》写成之后，欧阳修将此文复写若干份，张贴在滁州城的大街小巷，请大家给提意见。贴到傍晚也没有人来，直到很晚了，才来了一个砍柴的老头子，对欧阳修说，我记不得全文了，你就给我念念，我听听就知道毛病在哪儿了。欧阳修说行，没问题，你听着：

> 滁州四面皆山也，东有乌龙山，西有大丰山，南有花山，北有白米山，其西南诸峰，林壑……

还没念完呢，老头便说行了行了打住，这文章一开头就有问题。我是个砍柴的，每天都爬山，我爬到山顶四周一看全都是山，哪儿还分那么细呀？没等老头说完，欧阳修就说：行了，我知道问题在哪儿了，太啰嗦，一句就够：

> 环滁皆山也。其西南诸峰，林壑尤美，望之蔚然而深秀者，琅琊也……

　　大家可能会说，欧阳修真是个谦虚的人呀，一个砍柴人的意见都听得进去。我刚才说了，这是个流传的故事，戏剧性很强，但真实性不敢保证。真实的故事是什么呢？据朱熹后来的记载，有人曾经买到了《醉翁亭记》的手稿本，看到开头部分的确是写了一大堆的山名，后来用笔将这一大堆文字都圈起来勾掉，在旁边只写了五个字："环滁皆山也。"可见那个流传的故事还是有根据的。

　　明代人冯梦龙编了一本书叫《古今谭概》，里面还记录了一个欧阳修的故事，也很有戏剧性。说欧阳修曾担任翰林学士兼史馆修撰，负责编修史书。一天与三位同事外出闲逛，看到一匹狂奔的马踏死了路上的一只狗。欧阳修对那三个同事说，怎么样？咱们将这个事件描述一下，看谁说得最简练。

　　第一位说："有黄犬卧于道，马惊，奔逸而来，蹄而死之。"

　　第二位说："有黄犬卧于通衢，逸马蹄而杀之。"

　　这个显然简练一些了。

　　第三位说："有犬卧于通衢，逸马遭之而毙。"

　　这个就更简单了。

　　欧阳修听罢说：太啰嗦。要让你们修史书，写上百万卷都写不完。多么简单的事情，六个字足够说明："逸马杀犬于道。"

　　这也许是太简单了，但是却表现出一种优秀的语言修养，语言功夫。

　　欧阳修曾对朋友说作文之道："无它术，惟勤读书而多为之，自工。"（苏轼《东坡志林》）写文章没有什么好办法，只是要勤读书而多写作罢了，写得多了自然就写得好了。欧阳修是这样说的，也是这样做的。当初他任西京留守推官的时候，洛阳城里新建了两座楼阁，一座曰双桂楼，一座曰临辕阁。西京留守钱惟演博通文史，好尚风雅。他召集谢绛、尹洙、欧阳修三位年轻的下属，嘱咐他们以这两座楼阁为题，各自撰写一篇楼阁记文，三日之后到官府衙门的花园里交稿，有美酒奖励。

三人受命回家，少不得冥搜苦思，各自用功。写成之后，三个好朋友先碰了碰头儿。欧阳修的文章有五百多字，谢绛的五百字，尹洙的最少，只有三百八十字，语言虽然简练，但是意思却很深入。谢绛与欧阳修看看不是对手，便说：到时候你一个人去交稿便可以了，我们俩就不用再献这个丑了！第三日到了，果然只有尹洙一人交稿，钱惟演很不高兴，说：我可是很重视你们的文章哩，早早准备好了三石大米作为奖励呀！没办法，他俩只好也将文章献上。可是这三石大米拿得就有点儿不舒服。

欧阳修是个要强的人。当天晚上他带了一壶好酒去拜访尹洙，与他一同切磋为文之道。尹洙很实在地对他说：写文章最忌讳的就是啰嗦，一啰嗦文章就没有精神了。你的不足就在这里。欧阳修听罢记在心上，回到家后，他反复揣摩，终于又写成一篇，这一回比尹洙的文章还少了二十个字。尹洙读罢改后的文章，不禁赞叹道：你这个欧九，真是一日千里啊！

欧阳修坚持不懈地推敲修改自己的文学作品，有时候达到了近乎苛刻的程度。欧阳修四十七岁那年，他的母亲郑氏归葬家乡江西吉州泷冈，他写了一篇《先君墓表》。等到欧阳修六十四岁时，他对这篇《先君墓表》进行了认真的修改。修改后的墓表文笔更加精炼，主题更加鲜明，境界更加豁达，这篇新墓表就是名垂青史的《泷冈阡表》。它与韩愈的《祭十二郎文》、袁枚的《祭妹文》并称为"中国古代三大祭文"。那么，年过花甲的欧阳修为什么要花大力气修改《先君墓表》？透过这新旧两篇墓表的不同，我们能看到欧阳修有着怎样的心路历程呢？

我们知道，欧阳修的父亲去世很早，他是母亲郑氏一手带大的。欧阳修四十六岁时，母亲去世，欧阳修将她归葬故乡，即现在江西永丰沙溪以南的凤凰山上。当时他专门写了一篇墓表，名曰《先君墓表》，祭奠自己的父母，其中也记录了父母的生平事迹。但是，当时并没有在墓前竖起这块墓碑，只是将父母合葬便罢。

光阴荏苒，一晃十六七年过去了。六十四岁的欧阳修经历了仕途的起起伏伏，先是离开了参知政事的位置，任亳州知州，后改任青州知州，充京东东路安抚使等。一路奔波之余，他开始修改这篇《先君墓表》，修改后又将墓表名称换作《泷冈阡表》。泷冈者，永丰沙溪凤凰山的一个地名，这是他真正的故乡所在地。阡者，墓道也。"泷冈阡表"的意思是，我将父母归葬到老家，将这段墓表文字刻在石碑上，立在墓道之侧，以示后人。

《先君墓表》与《泷冈阡表》都收在欧阳修的文集里，《先君墓表》大约一千一二百字，《泷冈阡表》稍多一点，一千三百字左右。仔细琢磨分析，这两篇相隔十几年的文字还是有诸多不同之处。《先君墓表》文章一开始就通过母亲之口，说到自己的父亲欧阳观：

廉而好施，以其俸禄事宾客，尝不使有余。

你父亲这个人很廉洁，乐善好施，经常用自己的俸禄来招待宾客朋友，所以家里的用度常常不够。

在《泷冈阡表》中就改为：

汝父为吏廉而好施与，喜宾客，其俸禄虽薄，常不使有余。

依然还是"廉而好施"，但是强调了两点：第一，欧阳观喜欢交朋友，热情好客。第二，欧阳观的俸禄并不丰厚，但是依然乐善好施，因此家用常常不足。

《先君墓表》笼统地讲用俸禄招待朋友，导致家用常常不足，不免令人产生误会，一则会以为你俸禄本来丰厚，只是因为花销太大所以家用不足；二则不免猜疑俸禄不足却依然大手大脚，难道会有贪污之嫌？这与"廉而好施"岂不矛盾？所以这个改动是非常必要的。

第二个变化也很有意思。在《先君墓表》中，母亲郑氏说，你父亲没留下多少钱财：

> 然吾何恃而能自守以至是邪？吾于汝父，知其一二而已也，此吾之所恃也。

你父亲没给我们留下什么家产，但我为什么还硬撑着这个家，一辈子守寡将你抚养长大？因为我了解你的父亲，所以我能一直坚持到现在。显然，这段话的重心是：因为你的父亲欧阳观，所以我坚守至今。郑氏守寡养孤的主要原因在于欧阳观人格对她的影响。

在《泷冈阡表》中就改为：

> 吾何恃而能自守邪？吾于汝父，知其一二，以有待于汝也。

我为什么能苦苦撑到现在？因为我了解你的父亲，我知道他对你有很大的期待，我对你也有很高的期望。所以我能够一直坚持到现在。这样一来话语的重心就变了，由父亲欧阳观转为儿子欧阳修。

《先君墓表》接下来写道，郑氏想起欧阳观每次吃饭的时候，如果看到饭食精美，就忍不住叹气：想当初父母在时生活清贫，现在生活好了他们却享受不到了！郑氏以此认定欧阳观是个非常仁厚、孝顺的人。

在《泷冈阡表》中则增加了郑氏的一句话：

> 汝孤而幼，吾不能知汝之必有立，然知汝父之必将有后也。

你父亲去世的时候你还很小。我不知道你将来会不会有出息，但我从你父亲的表现可以断定，他的后人必然会有出息。

《泷冈阡表》与《先君墓表》有一个很大的不同，就是将母亲郑氏的关注点从欧阳观转移到了儿子欧阳修身上。欧阳修这样改动的原因显而易见。毕竟，对于欧阳家族来讲，欧阳修是重振家族的希望所在，如果重心始终放在欧阳观身上，家族的荣耀与光辉就会减少很多，重心放在欧阳修身上，这个墓表就充满了希望，也更加富有光彩。

《先君墓表》中写到一个场景。一天晚上，欧阳观对郑氏说出了自己的一番为官之道，回头正好看见奶娘抱着小欧阳修站在门边，欧阳观叹口气对郑氏说：

> 岁行在戌，我将死，不及见儿之立也，后当以我语告之。

我可能活不过狗年了，见不到这孩子长大成人了，希望你将来将我的这番话告诉他。这段话写得很突兀，欧阳观没来由地为什么突然说自己狗年要死呢？

因此在《泷冈阡表》中就改为：

> 术者谓我岁行在戌将死，使其言然，吾不及见儿之立也，后当以我语告之。

有人给我算卦，说我可能活不过狗年。如果他的话应验了，我就见不到这孩子长大成人了，你将来就将我的这番话告诉他吧。这样一改，不仅交代清楚了狗年去世这句话的来龙去脉，而且使欧阳观的这段话显得特别伤感而富有深情。

在《先君墓表》中，郑氏曾对欧阳修说过一段话：

士有用舍，志之得施与否不在己，而为仁与孝不取于人也。

一个读书人，一辈子总要有所取舍。自己的志向能否实现，这不是自己所能左右的。但是如何能够做一个仁爱的人，一个孝顺的人，这件事自己完全能够左右。但是在《泷冈阡表》中郑氏的话改为：

夫养不必丰，要于孝；利虽不得博于物，要其心之厚于仁。吾不能教汝，此汝父之志也。

子女对待父母，不管给予多么丰厚的供养都不是最重要的，最重要的是要有一颗孝心。官员为百姓谋利益，恩惠再多也不可能惠及每一个人，最关键的是要有一颗仁厚的爱民之心。我没有什么文化，教不了你，我说的这些话都是你父亲素来的志向。

《泷冈阡表》与《先君墓表》最大的不同在于：时时刻刻将父亲欧阳观的命运、志向、感慨与儿子欧阳修未来的命运紧紧联系在一起。在某种程度上，欧阳修所写的这个墓表已经成为欧阳家族传统教育的历史记录，从这个意义上说，《泷冈阡表》已经超越了一般哀祭之文的功能与价值，是一篇典型的很有教育意义的祖训之文。

现在，让我们回到文章的开始，需要解开一个疑问。

欧阳修写作《泷冈阡表》的时候，正是宋神宗熙宁三年（1070），距离欧阳观去世已经六十年，距离郑氏去世也已经十八年。宋仁宗皇祐五年（1053），欧阳修护母亲灵柩归葬故乡，那时候他为什么不在父母的墓前竖起这块《先君墓表》？为什么隔了将近二十年后，修改了《先君墓表》的内容，方才在父母的墓前竖立这块《泷冈阡表》的墓碑呢？欧阳修很明白地说：

非敢缓也，盖有待也。

我不是有意地要推迟竖立墓碑，而是想有所等待。等待什么？很简单，等待自己飞黄腾达，腾达到足以光宗耀祖的程度，再来竖立这块墓碑。郑氏不是说过吗？我为什么能一直守寡坚持到现在，因为我看到你父亲的表现，我料定他的儿子一定会有出息，所以我一直都在期待，在等待。欧阳修果然没有让他的父母失望，在《泷冈阡表》的结尾处，他罗列了自己一长串的荣誉职衔、爵位与官职名称：

男推诚保德崇仁翊戴功臣、观文殿学士、特进、行兵部尚书、知青州军州事、兼管内劝农使、充京东东路安抚使、上柱国、乐安郡开国公、食邑四千三百户食实封一千二百户。

正因为我有了这一大串的职衔与荣誉，所以我的曾祖父被朝廷追封为金紫光禄大夫、太师、中书令；曾祖母被追封为楚国太夫人。祖父被追封为金紫光禄大夫、太师、中书令兼尚书令；祖母被追封为吴国太夫人。父亲被追封为金紫光禄大夫、太师、中书令兼尚书令；母亲被追封为越国太夫人。最近朝廷又加封父亲为崇国公，加封母亲为魏国太夫人。人常说，多做善事必有回报。我们欧阳家族祖上积善积德，才有今天。祖先们虽然无法亲身享用这些荣光，但是这家族的崇高荣誉也足以光耀门庭，造福子孙了！这不正是我的父母所期待所希望的吗？

这就是欧阳修在父亲去世六十年后方才竖立墓碑的原因。年过花甲的欧阳修不仅亲自修改了墓表内容，而且亲自将墓表内容书写上石，然后再请人精心镌刻，立于墓道之侧。

墓表是记录死者的生平事迹、对死者做出表彰和追思的一种文体，它刻于石碑之上，竖于墓前或墓道上。墓表一般由社会上德隆位高的文章高手撰写，而欧阳修亲自为逝去的父母写墓表，创造了自为表文的先例。那么，《泷冈阡表》的独特之处究竟体现在什么地方？它与《卖油翁》所体现的境界有哪些契合之处呢？

我们刚才说过了，《泷冈阡表》不仅仅是一篇墓碑文字，而且还是欧阳家族的历史记录。人们在《泷冈阡表》中，不仅能看到欧阳修父母的故事，也能找到欧阳修为什么成为欧阳修的原因。花甲之年的欧阳修充分认识到，追念先人的主要目的是为了告诫来者。欧阳修很清楚自己的价值，我的成就与功劳不仅仅是我自觉造就的，也是我的父母，我的先辈造就的，欧阳家族的历史，欧阳家族的教诲都一点一滴地渗透进了我的血液当中，所以才会有我的现在。

刚才我们讲到卖油翁，讲到庖丁与轮扁，从"但手熟尔"的技术到天人境界的养成，这其中经历的不仅仅是学习与练习的艰辛，还有一个人对自己的不断修正与逐渐成熟。这两块墓表之文是有文字上的差异，但在这文字差异的背后，展现的是欧阳修前后十几年间人生境界的差异。六十多岁的欧阳修，不仅仅是在修改墓表的内容，更是在修改、修正、反省自己十几年来的人生内涵，当这文章修改到一定程度的时候，人生的境界也就达到了一定的水准。

所以，《泷冈阡表》之所以能够成为流传千古的著名哀祭文，不是说它多么沉痛多么有真情实感。文章要写好，技巧很重要，真情实感也很重要，但是，境界最重要。欧阳家族的传统靠着《泷冈阡表》这样的文章得以代代相传。其实，我们这个伟大民族的传统不也是靠着《泷冈阡表》这样一篇又一篇优秀的文章，靠着欧阳修、苏东坡、王安石、李白、杜甫等一代又一代伟大的人物才传承至今的吗？我们这个民族，以及民族文化的制高点、至高境界，不在别处，而正在于此。

第十三讲

「六一居士」的六个一

中国古代读书人有一种习尚，就是喜欢给自己取雅号、别号以明心志。譬如李白自号青莲居士，白居易自号香山居士，苏轼自号东坡居士等等。欧阳修二十多岁的时候，他的朋友们曾给他取了个雅号，叫做"逸老"，他不满意，改为"达老"，以表明自己放达自任、率真潇洒的人生态度。四十岁的时候，欧阳修遭人诬告被贬安徽滁州，在琅琊山的酒宴当中，他给自己取别号"醉翁"，并写下了流传千古的名篇《醉翁亭记》，声称自己"醉翁之意不在酒，在乎山水之间也。山水之乐，得之心而寓之酒也"。现在，欧阳修已经年过花甲，他又给自己取了一个新的雅号——"六一居士"。欧阳修大体每隔十几二十年就给自己取一个新的雅号，而这每个雅号、别号，都是他对一段人生历程的体验与感受，都表达了一种独特的情怀。那么，这个"六一居士"究竟包含着怎样的丰富内涵呢？

还是让我们先来回顾一下年届六旬的欧阳修，在经历了绯闻风波与数次宦海沉浮之后，晚年的心路历程。

宋英宗治平四年（1067）二、三月间，时任参知政事的欧阳修因所谓的"长媳案"被御史弹劾，后来虽然调查清楚，但是欧阳修这一颗心也真是凉到了冰点。他产生了离开官场隐退归乡的念头，但是宋朝规定文官退休的年龄是七十岁。不能立刻退出官场，那就退而求其次，欧阳修坚决请求离开中央中枢机构，到地方去做官。在他的反复请求下，朝廷派他担任亳州（今属安徽）知州。他刚刚到任亳州，就一连给朝廷上了九道奏章请求提前退休。结果朝廷非但没有批准他的请求，反而任命他为青州（今属山东）知州兼京东东路安抚使，即青州市市长兼密州、沂州、登州、莱州、淄州等七州政务总管，其统辖范围大致包括今江苏省北部、山东省大部。换句话说，不但没让他退休，反而给他加了码，让他担任更加重要的职务。这下欧阳修更急了，青州知州任期满之后，欧阳修依然希望能够提前退休，但是从前面这几次申请来看似乎不大可能，朝廷不会批准，于是他暂时放弃提前退休的申请，连续两次上奏章请求朝廷派他担任较小州郡的郡守，这样管的事情能少一些。谁知他的奏章刚递交上去，朝廷对他的任命就下来了，任命他为宣徽南院使、判太原府、河东路经略安抚使。欧阳修简直痛苦死了！他马上就给皇上上奏章说：

每次我推辞说不干了要走了，您却给我加码加得越来越多越来越重。要说偶尔一两次也就罢了，别人觉得也还情有可原，现在弄得每次都这样，社会舆论会怎么看我呢？不明白的人还以为我这是要挟朝廷，谋求以退为进呢！即便人家嘴上不明说，我自己又何以自处？所以我现在真的是心怀惭愧，非常不安。如果说我现在身体强健、头脑清楚也就罢了，不再虚情假意地在这儿推辞再三了。可是我现在真的是疾病缠身，举步维艰！我私下里听别人议论，说我现在还没有到挨着枕头就睡着的程度，眼睛还能辨认得清谁是谁，所以身体还行，还能接着为朝廷效力，正因为如此，皇上您才一而再再而三地任命我担任重要职务。殊不知我现在心力衰竭，精神损耗，虽说还能勉强行立坐卧，但其实早就成了一具行尸走肉，我是真的不想干了。

朝廷实在拿他没办法，只好改任他为蔡州（今属河南）知州，这一年他刚刚六十四岁。可是到任蔡州不过一年，欧阳修又连续上了五道奏疏、札子，坚决请求提前退休。

你看，在短短的一两年时间里，欧阳修接连向朝廷递交了二十多道奏疏、札子，不是请求降低官职，就是请求提前退休，决心一次比一次坚定，心情一次比一次迫切。按照一般人的心理，越是接近退休年龄，越是容易恋栈，可是欧阳修的做法却恰恰相反，巴不得立刻离开官场早点儿回家，这其中的原因究竟是什么？

按照欧阳修自己的说法，主要有如下原因：

第一，自己生性愚钝，做人不知变通，做事不合时宜，得罪的人太多，早退早干净。欧阳修说：我本是读书人出身，在文字上还有些功夫，可是要说有多少才华，的确不敢妄自尊大。所以任官以来，不知得罪了多少人，也不知经历了多少祸患。究其原因，主要是太不识时务，不近人情。再加上我年纪老大，身心衰朽，见识驽钝，做人做事越来越不合时宜。现在人做事追求新奇乖巧，可我做事却过于本分执着；现在人都追求急功近利，而我还是按部就班的老样子，怎么跟人家合得来？

第二，学非所用，用非所学，再继续工作下去，不仅会成为他人的笑柄，还会误国误己。趁着还没出事，赶紧离开是非之地。欧阳修说：说到军旅要务，中枢政治，本来不是我所擅长的工作，所以素来也不很上心。加之我现在既病且老，做事保守乖张，如果继续做自己不擅长的事，一旦有疏漏，即便是千刀万剐也不能弥补国家的损失，如此误国误己贻害后世的事情还做它干什么？我难道会为了贪图荣华富贵就接受自己并不擅长的官职吗？我只要还有一点爱君忧国之心，就不会去做这样的事。

第三，义所难安。我已经数次申请提前退休，如继续在位任职，实在难以向舆论交代。

第四，精力已衰。身体精力很差，已经没有继续工作的基础了。

在这四条之中，以第四条最为急迫。就第二条而言，也不仅仅是就我个人而言，今后皇上夙兴夜寐、废寝忘食地为国操劳之时，千万要知人善任，不可再任用学非所用之人。就第三条而言，如能蒙皇上恩典免除我的官职，那么，我就不会被他人议论是非，还能保持晚节，您赐给我的这份恩典，实在是远远高于其他任何高官厚禄的赏赐。我现在说的每一句话都是掏心窝子的话，绝非矫饰的伪善之言，真心地请求您让我提前退休，荣归故里，颐养天年，享受天伦之乐。

奏疏递上去了。宋神宗还是很犹豫，想要给予他更重要的职务。为什么呢？原来这个时候，二十一岁的宋神宗刚刚任命四十八岁的王安石为参知政事，全面主持朝政改革，大力推行变法事宜。为了更加稳妥地推进变法，神宗在任用最高权力机构官员的时候，充分考虑到了各方利益与各方权力的制衡问题，但这样一来宰相政事堂就成了一锅大杂烩。当时人们以"生""老""病""死""苦"来概括五位宰辅大臣。"生"是指王安石，他年富力强，生机勃勃；"老"是指宰相曾公亮，他已经七十一岁，老态龙钟，早就想告老还乡了；"病"是指宰相富弼，他反对改革变法，常常借口生病不上朝，说白了就是消极对抗；"死"是指参知政事唐介，宋神宗熙宁二年（1069），改革变法刚刚开始不久，他就因病去世了；"苦"是指参知政事赵抃，赵抃也已经年过花甲，虽然反对改革变法，奈何无力对抗，只好连连叫苦。

面对这样一个宰相团队，宋神宗如何能够满意？所以他想任命一位经验丰富、德才兼备而又有勇有识的重臣来担任宰相之职，统领宰相团队。举目一望，朝中这样的大臣真是少而又少，欧阳修就是最合适的一个。所以神宗皇帝对欧阳修的请辞报告总是置之不理，他满脑子想的是如何发挥欧阳修的重要作用，所以对他一再挽留。

最初，王安石也同意神宗的看法，认为欧阳修是宰相的重要人选。但是随后发生的一件事让他改变了主意。

在王安石的变法举措当中，有一条叫做青苗法。这个青苗法是什么内容呢？每年由于种种原因，总有青黄不接的时候，农民手中就没有播种用的种子与钱财。他们不得不向地主老财去借高利贷,高利贷的基本特点就是驴打滚儿利滚利,反正让你永远还不清,农民还不起债,要么卖儿卖女典当还债,要么举家逃离家乡,到外地逃荒,这样一来必然会造成豪强地主大面积兼并土地,国家的土地资源日益集中到少数人手中,而大量农村劳动力离开土地,不利于农业生产。总之,这种局面持续下去,最终受损失的是国家财政收入。青苗法的办法是:每逢青黄不接之际,农民不必再去向地主借高利贷,而是向国家贷款买种子种庄稼,等到有了收成连本带息一起还给政府。这本来是个好事,既避免农民遭受高利贷的盘剥,也为国家增加了收入。

但是在执行的过程中却发生了偏差。为什么呢?青苗法是改革变法的重要举措,也是各级政府官员表功亮政绩的重要指标。为了提高政绩,他们一方面强行要求农民向政府贷款,贷款之后又强迫农民多交利息,甚至在利息之外横加诸多苛捐杂税。这个政策本来是为了减轻农民的负担,为农民提供安全的生产贷款,促进农业生产的,结果却造成了极其恶劣的政策循环。农民被强迫必须向政府贷款,然而如果老天爷不作美,庄稼歉收,就无法按时还清政府的贷款与利息。而官府并不理会农民的具体情况,只是按照规定继续向农民索要贷款与利息,农民还不起,不得不又向豪强富户们去借高利贷以偿还官债。这样一来,农民等于受到政府与地主的双重压榨和剥削,国家虽然按时收回了贷款与利息,可是农民却因此倾家荡产,老百姓怨声载道,骂声连天。

欧阳修当时正在青州任知州兼京东东路安抚使,他发现这是个非常严重的问题,于是向政府提出三条建议:第一,请求取消政府的贷款利息;第二,对于特困户以及因灾害拖欠本金利息的农户,停止发放来年的贷款,并暂时不上缴本年所借贷款利息;第三,不要再督促各地强行发放农业贷款,要让农民自愿贷款。

也许，在宋神宗、王安石看来，欧阳修所发现的问题都是变法过程中必然遇到的问题，是发展中的问题，不值得大惊小怪。反正奏疏上报后没有任何反馈的意见。可是这个问题很尖锐，因为每年开春时节按照规定，各级官府必须将这一年的青苗钱，也就是农业贷款发放给农民。可是如果这户农民上一年的贷款利息都未偿还，现在又不管三七二十一接着发放，那不是越发放负担越重吗？欧阳修胆子很大，他依然上书朝廷，请求朝廷允许停止发放秋季的青苗钱。但由于时间紧张，他未等朝廷批复，便冒着极大的风险，以京东东路安抚使的名义下令京东东路各州郡暂停发放秋季青苗钱。这等于公开跟朝廷的改革政策叫板，是要犯大错误的。

虽然后来神宗碍于欧阳修德高望重，仅仅对他进行了书面批评，没有具体处罚他，但是这件事给王安石留下了深刻的印象。不管欧阳修赞同还是反对变法，但是以欧阳修这样敢做敢当的个性，将来一旦进入宰相府，对变法诸事还不得横挑鼻子竖挑眼？他在朝廷中的声望又如此之高，振臂一呼应者云集，到那时，欧阳修不就成了变法最大的阻力了吗？这样的人怎么能让他进入国家最高权力机构，怎么能让他担任国家最高行政首长呢？

于是，王安石经过慎重考虑，向神宗提出不同意让欧阳修担任宰相。神宗皇帝与王安石关于欧阳修担任宰相的这一段故事，欧阳修自然毫不知情。也多亏没有让他担任这个宰相，省去了以后许多政治麻烦。对于欧阳修来说，提出提前退休本来就不是要以退为进，谋求更高的位置。在他的心中，对于什么是短暂的名利，什么是不朽的英名，早已经有了成熟的见解。他有一篇著名的文章叫《岘山亭记》，对这个问题有很生动的解释。

在湖北襄阳有一座岘山，山上有一座亭子，始建于魏晋时期，名曰岘山亭。宋神宗熙宁二年（1069），荆州知州史中辉重新修葺扩建岘山亭，特邀欧阳修撰文记之。欧阳修在文中写道：

康震

戲譽元珍詩意

春風疑不到天涯
二月山城未見花
殘雪壓枝猶有
橘凍雷驚筍
欲抽芽夜聞
歸雁生鄉思
病入新年感物
華曾是洛陽
花下客野芳
雖晚不須嗟

歐陽修戲答
元珍詩
庚寅秋
某某

岘山本来没有什么名气，之所以为人所知，主要是因为它与两个人有关。这就是西晋王朝先后两任荆州诸军都督羊祜与杜预。想当初西晋王朝想要吞并东吴，便任命羊祜为荆州诸军都督，积极筹备攻打东吴。羊祜事业未竟因病去世，临终前举荐杜预继任荆州诸军都督。杜预没有辜负羊祜的遗愿，两年后扫荡东吴，终于完成西晋的统一大业。直到现在，他们二人的丰功伟绩依然在这里流传，他们的英名从此永垂不朽了！

据说当初羊祜登上岘山，感慨万千，对属下说：你看看这岘山，不知有多少英雄曾经登临其上，现如今，岘山风采依旧，而那些英雄们却早已湮没无闻，真是令人感伤啊！意思是：人生在世，功名利禄如浮云，竟然不如一座小小的山丘，一个人要永垂不朽太难了！

羊祜做梦也想不到，在追求永垂不朽方面，他的继任者杜预做得更绝。杜预不像羊祜大发感慨，他到岘山上一看，说沧海桑田，现在是山顶的地方，将来肯定是山谷，反之亦然。于是他将自己的平生功业刻在两块石碑上，一块放在山顶上，一块扔到江水里，将来沧海桑田了，不管怎么变，人们总能看见。

欧阳修感慨：这两个人也太在乎永垂不朽了！你只想到沧海桑田石碑依然存在，你就没有想到石碑总有一天也会烂掉吗？你们俩就没想到，岘山本无名，就是因为你们两个英名垂史，岘山才成为名山。人生在世，究竟怎样做才算永垂不朽呢？

欧阳修说：荆州知州史中辉理政有方，襄阳人过着安逸快乐的生活，人们感念史中辉的好处，便将岘山亭的后轩命名为光禄堂（史中辉时兼光禄卿），希望他的名字与羊祜、杜预一样流传万世。可见，只要踏踏实实做事，立功业不要求功名，老百姓就会记住你的名字，你的名字也自然会流传千古。

在给亡友江邻几的文集所作的序言中，欧阳修再一次表明了自己对永垂不朽的看法：

二十多年来，我的朋友相继去世的何其多也！人生苦短，知己难得，一朝永诀，岂不令人悲痛万分？更何况在人生的道路上充满了艰难险阻。有不少朋友往往就是在忧患困顿中默默死去，可怜他们直到故去也没有来得及实现自己的理想与志向。但是他们却将自己的抱负与志向、思想与精神倾注在文字当中，所以他们的精神将随着文章的流传而永垂不朽！这些文章与文字有的已经残缺不全，仅剩只言片语，但也因此更值得我们倍加珍惜。这就是我为什么常常要亲自整理他们的遗稿，并为亡友的文集作序的原因呀！

这就是欧阳修的不朽观，也是欧阳修的智慧。什么是不朽？留在一代一代的历史当中，留在一代一代人们的心里，这就是不朽的人生。

看透了人世间的功名利禄，领悟到什么是人生真正的永垂不朽，六十五岁的欧阳修，终于在宋神宗熙宁四年（1071）六月，以太子少师、观文殿学士的身份提前退休。也就是说，欧阳修以从二品的职衔、享受全额在职工资的待遇而提前退休了。

当时还有很多人对欧阳修放弃高位、提前退休的做法不理解，认为这是"近古数百年所未尝有"的举动。然而此时，欧阳修最欣赏的弟子苏轼，却专门写信向他表示祝贺，苏轼在信中说：

您的一生，功在当代，文章千秋，德行操守蔚为一代楷模。您还没到退休年龄就要求退休，在一般人看来，这似乎是畏惧官场的愚蠢做法。但我要说的是，这恰恰是一个智者、一个勇者的做派。为什么？苏轼说：一个至尊至贵的人，即便没有权势，一样会赢得人们的推崇和尊重；一个仁爱的人，即便无法长生不老，也自然会享尽天年。您此番离开朝廷固然可惜，但这正是明哲保身、急流勇退的大智慧，谁都学不来。因为退不仅需要智慧，更需要勇气，所以您既是一个智者，更是一个勇者。衷心地祝贺您！

这个大智慧也充分地体现在欧阳修"六一居士"的六个"一"当中。

欧阳修不仅给自己取雅号"六一居士",还写了一篇《六一居士传》,这篇文章用你问我答的形式写成:

有人问我:什么叫做"六一居士",都是哪六个"一"呀?

我说:我家有藏书一万卷,有夏商周三代以来的金石遗文一千卷,有琴一张,有棋一局,还有酒一壶。

那人说:不对呀,这才五个"一",还有一个"一"呢?

我说:还有一个就是我这个醉翁老头子,跟它们加在一起不就是六个"一"么?

那人就笑了,问:您该不是想要逃名吧?为什么三番五次地改别号呢?庄子有篇文章说:有个人很讨厌自己的影子,拼命地跑,想摆脱这影子。结果跑得越快影子跟得越快,最终就跑死了。我看您也像这个人似的,想逃离自己的名声,结果最终跑死了,名声可还逃不掉。

欧阳修说:不不不,我从来没想过逃名,我这名太大了,想逃也逃不了。我取别号"六一居士"就想表明我的人生乐趣罢了,没别的意思。

那人问:说说您都有啥乐趣?

欧阳修回答:我的乐趣可太多了!当我沉浸在那"五个一"当中的时候,就是泰山在我面前我也看不见,巨雷击断柱子我也没反应。就是在洞庭湖上奏响九韶之乐,在涿鹿之野观看大战场面也无法形容我的快乐与适意。但我却常常得不到这快乐,因为世俗的拖累太多了。身上的官服、官印等让我身体劳累,焦虑忧患则让我内心疲惫,哪里还顾得上这"五个一"呢?所以我不断地跟朝廷打报告请求提前退休回家,能够与"五个一"回到自己的家园,心情怎么能不快乐?

那人就又笑了：官服、官印、官职让您觉得累，这"五个一"难道不会成为您的负担吗？

欧阳修回答：那当然不会！在这"五个一"当中，我只有安逸快乐，没有焦虑忧患。

其实大家能够感觉到，这是一场一个人的对话，是六一居士与六一居士的对话，是欧阳修与自己心灵的对话。没错，每个人都想逃离喧嚣嘈杂的生活，都想享受宁静淡泊的生活；每个人都不想背负沉重的身心负担，也不想永远生活在忧愁与烦恼的枷锁之中。人们渴望自由，渴望冲出自己构筑的重重围城，渴望回到自己心灵的美好家园。

欧阳修曾向宋神宗解释自己为何要提前退休。他说自己生性愚钝，不合时宜；说自己学非所用，用非所学；说自己数次要退休，再不退就说不过去了；说自己身体状况差，已经无法工作等等。其实这些理由听上去多少还有点儿意气用事。在《六一居士传》中，欧阳修再次总结了自己退休的三条理由，说法敞亮多了：

第一，年轻时做官，年纪大了退休，不一定非等到七十岁；第二，当了一辈子官，没做出什么名堂；第三，身体好时做不出名堂，年纪大了却要贪恋职位俸禄，我不做这样的事。就这三条，不管有没有"五个一"都得退休。

在《六一居士传》里，欧阳修说明了自己六个"一"的具体内涵：藏书一万卷，夏商周三代以来金石遗文一千卷，琴一张，棋一局，酒一壶，再加上一个自己。

第一个"一"是酒。酒在中国古代文人生活中扮演着非常重要的角色。从曹操的"对酒当歌"到李白的"花间一壶酒"，从欧阳修的"醉翁之意不在酒"到苏轼的"明月几时有，把酒问青天"，酒陶冶着文人的性情，也酿造着文学的气派。

北宋文人极善饮酒。有个人叫张闻道，他与朋友喝酒不论杯，论天，一见面不说喝几杯，而是说喝几天，你看酒量大不大？苏轼酒量不大，但看着别人举杯畅饮，他自己感觉胸中酣畅淋漓，酒意反而比饮酒的人更浓烈。所以苏轼说自己是世上最不能饮酒的人，却是最好酒的人。他被贬黄州时，家中藏了不少良药美酒。有人问他：你既没病又不饮酒，为什么要藏良药美酒？苏轼笑嘻嘻地回答：病人吃了我的药，我自己都觉得身体越来越健康。朋友喝了我的酒，我更是觉得无比酣畅舒适。我藏良药美酒其实是为了我自己呀！

欧阳修也曾记录一个故事。说文学家石曼卿与好友刘潜酒量都很大。一日两人相约去王氏酒楼喝酒。从早喝到晚，两人始终不说一句话，也不跟任何人打招呼。目不斜视，只是饮酒。喝完酒，面不改色，跟对方作个揖，走人。第二天东京汴梁城里传遍了，说有两个酒仙在王氏酒楼喝了一天的酒。可见北宋士大夫对酒情有独钟。欧阳修的词里也是酒气冲天：

> 平山阑槛倚晴空，山色有无中。手种堂前垂柳，别来几度春风。　文章太守，挥毫万字，一饮千钟。行乐直须年少，尊前看取衰翁。（《朝中措》）

欧阳太守挥毫之间便是上万字的文章，豪饮之间便是上千盅的美酒。人生在世及时行乐，等到老了可就来不及了。还真有点儿"李白斗酒诗百篇""会须一饮三百杯"的味道呐！可见酒是欧阳修的一个知己。

第二个"一"是琴。欧阳修擅长抚琴。家中收藏了三张很名贵的琴，其一名金晖，琴音晓畅清远；其二名石晖，琴音清朗缓慢；其三名玉晖，琴音舒缓有余韵。他收藏琴最大的教训是：官越大，琴越贵，越没有了收藏的意趣，琴不必收藏太多——家里又不是琴铺子。

　　欧阳修最喜欢的琴曲是《流水》，梦寐思之，多年不忘，时不时还能弹奏一番。记得当初被贬夷陵的时候，手中的琴质量很一般，但青山绿水伴着袅袅琴音，自有一种独特的享受。后来官越做越大，每天奔走在功名利禄当中，就很难体会琴音的乐趣了。所以抚琴的关键不在琴而在于人，只要心领神会，就是一张无弦琴也能让你体会美妙的琴音，释放心灵。

　　在欧阳修看来，琴不仅能够悦耳悦神，还能够治病救人。他说：我本来身体有病，久治不愈。后来跟朋友学琴，久而久之，不知不觉病就好了。药物能够攻克疾病的堡垒，而琴音则能够抚慰内心的不平，内心平和了，疾病的堡垒自然也就坍塌了。

　　琴音是多样的，有急有缓，有高有低，有疾风暴雨，有小桥流水，有鳏寡之叹，有鱼水之欢，有圣人之言，有忠臣之怨，有喜怒哀乐，有忠孝仁义。总之，听到琴音，就看到了人生，读到了经典。欧阳修与琴的关系如此密切，难怪著名音乐家、琴师沈遵以他的《醉翁亭记》为蓝本，创作出著名的琴曲《醉翁操》，并当面给他弹奏。

　　第三个"一"是棋。欧阳修是个优秀的棋手。在被贬夷陵期间，他的诗里多次提到下棋。其中一首是这样的：

　　　　竹树日已滋，轩窗渐幽兴。人闲与世远，鸟语知境静。
　　　　春光蔼欲布，山色寒尚映。独收万虑心，于此一枰竞。
　　（《新开棋轩呈元珍表臣》）

　　茂密的竹林，幽静的轩窗，清脆的鸟鸣，和蔼的春光，只要凝神屏息，集中全力在棋盘上，世界永远都是平静的，永远都不会有烦恼。你看，喝酒能让他畅快，领略到生命的力量；抚琴能让他平和，增进身心健康；下棋则能让他忘记烦恼。

第四个"一"是藏书。欧阳修家有藏书一万卷。大家也许会说一万卷并不算多。可是你要知道，两宋时期的藏书家达七百余人，其中藏书上万卷的也就二百多人，藏书上三万多卷的才有二十多人。所以欧阳修藏书一万卷数量已经够大。他的藏书质量也很高。但凡要收藏一部书，一定要认真研究其版本源流，对其进行认真的校勘。欧阳修不仅收藏前代遗留下来的书籍，还收藏当代知名学者、作家的手稿。

欧阳修的藏书楼名曰"非非堂"，就是"否定错误的读书堂"。欧阳修解释说：我有一个体会，肯定正确的、否定错误的，这是事物的常态。但过分肯定就有谄媚之意，过分否定就有诋毁之意。对于一个君子而言，再谄媚他也不会增益什么，无所谓。但如果诋毁一个君子，虽然很不好，可也许能引起君子的反省，正所谓言者无罪、闻者足戒，有则改之、无则加勉。所以，过分否定错误要远远胜过过分肯定正确。一个人总是在不断犯错与改错中才能走向前进，错误是正确的路标，看到错误，就看到了正确的方向。人生最宝贵的财富就是犯错，只有发现错误，才能找到正确的道路。

欧阳修非常喜欢"非非堂"。每天下班回到非非堂，看看窗外修竹丛丛，与上万卷书籍朝夕相伴，自己的心很快就能静下来，闭上眼睛，思接千载，心游万仞，天人古今无所不至。这就是藏书的妙处啊！

第五个"一"是一千卷金石遗文，也就是夏商周三代以来的碑帖铭文拓片。始集于宋仁宗庆历五年（1045），完成于宋仁宗嘉祐七年（1062），整整费时十八个年头。

欧阳修收藏金石遗文与前代人有个很大的不同，前代如晋朝陈勰之《杂碑》，梁朝萧绎之《碑英》，虽然也收集金石文字，但其主要目的是供人们欣赏把玩。欧阳修收藏的主要目的则在于研究。他撰写的《集古录》收录自己审定考释周秦至五代金石刻辞文字的跋尾评论四百多篇。其内容多涉及史事、书法和文章艺术。看来他集录金石文字的最初动机在于品鉴书法、评论文章，然而最终编辑成册后，考订史实却成为了主要目的。欧阳修之后，涌现出洪适《隶释》、曾宏父《石刻补叙》、吕大临《考古图》、赵明诚《金石录》等一大批金石研究专著，至郑樵《通志·金石略》问世，金石终于发展成为中国古代文化的一门专门之学。从这个意义上讲，欧阳修不愧为金石学的开山鼻祖。

看到这儿，大家就渐渐明白了。在政治上，欧阳修被人绊了一跤，他决心离开官场。下一步去哪儿呢？有的人除了做官什么都不会，会更加空虚。但对欧阳修来说，离开纷纷扰扰的官场，回到这"五个一"，他的心会更加纯净，目光会更加睿智，思想会更加活跃，情趣也会更加高雅，此时不回归家园更待何时？

欧阳修的确是退休了，但他有"六个一"，特别是有那"五个一"，他就不可能真正地退而休。离开了官场，他进入了一个更加符合自己个性、趣味的世界。欧阳修曾经拥有过权力，他借助这权力曾经为社会做出很大的贡献。但是现在六一居士开始为自己活着，为自己的趣味活着，他不打算逃名，也不打算为了摆脱自己的影子而一路狂奔。

他要安安静静地在万卷书香里找到一个读书人最纯粹的快乐，要在千卷金石遗文中体验出入古今的智慧与愉悦，要在悠扬的琴音里感觉平静、祥和，要在一局棋的厮杀中懂得一个道理：成败未必就是负担，对于一个笑傲江湖的人来说，它就是一场轻松的游戏而已。当然，还有那壶酒，它让欧阳修获得了自由。所以我们说，这就是六一居士"六个一"的真正内涵，什么内涵？就是走出官场，走出纷纷扰扰，走进自己的世界，走进一个自由的欧阳修，一个解放的欧阳修，一个真实的欧阳修。

第十四讲

退而未休名千古

欧阳修结束了长达四十余年的政治生涯，提前退休，回到了他魂牵梦绕的颍州（今安徽阜阳），来到了美丽的西湖之滨：

轻舟短棹西湖好，绿水逶迤。芳草长堤，隐隐笙歌处处随。
无风水面琉璃滑，不觉船移。微动涟漪，惊起沙禽掠岸飞。
（《采桑子》）

趁着欧阳修醉心于颍州西湖的美景，我们还是来盘点盘点这位大文豪、大政治家一生的情况吧。

欧阳修是中国文学大家。他是散文家、诗人、词人、辞赋家，是一位"众体兼备"的文坛宗师。

欧阳修是著名的史学家。他主持编撰《新唐书》，独著《新五代史》。在"二十四史"当中，以一人之力著作两部史书的，并不多见，这充分展示了欧阳修深厚的史学功底。

欧阳修是著名的经学家。他精心研究《周易》《毛诗》《春秋》《周礼》等儒学经典，颇多创获。苏辙曾说他"长于《易》《诗》《春秋》，其所发明，多古人所未见"（《欧阳文忠公神道碑》）。

欧阳修是著名的金石学家，所著《集古录》开"金石学"之先河。

欧阳修是著名的文学评论家，所著《六一诗话》，是以"诗话"形式评论文学的第一部著作。从他开始，各种各样的"诗话"著作层出不穷，并由此衍生出各种"词话""曲话"著作。

欧阳修是著名的政治家，曾历任青州、蔡州、开封等地知州知府，又曾任礼部、吏部郎中，户部、吏部侍郎，尚书左丞，兵部尚书，翰林学士，枢密副使，参知政事等京官，最终以观文殿学士、太子少师致仕，其间虽历经坎坷，但也总算是功德圆满。

显而易见，欧阳修是中国历史上罕见的文化全才、文化巨匠。王安石对他的一生给予了高度评价：

> 如公器质之深厚，智识之高远，而辅以学术之精微。故形于文章，见于议论，豪健俊伟，怪巧瑰琦。……世之学者，无问乎识与不识，而读其文，则其人可知。

又说：

> 自公仕宦四十年，上下往复，感世路之岖崎。虽屯邅困踬，窜斥流离，而终不可掩者，以其有公议之是非，既压复起，遂显于世。果敢之气，刚正之节，至晚而不衰。（《祭欧阳文忠公文》）

欧阳公底蕴深厚，见识高远，学术精深。因此他的文章议论豪健，俊伟瑰奇。这世上的学者，无论是否认得他，只要读过他的文章，便可感受到他的人格力量。

欧阳公为官四十余年，一路崎岖走来，历经坎坷挫折，但终究难以遮蔽他的英名。他的一生是非多多，但公道自在人心，天地也自有公论。

欧阳公这辈子几起几落而声名不减。他那种果敢刚毅的气节，端正耿介的品格，一直到老都屹立不衰。

王安石的评价是非常中肯的。欧阳修对宋代以及后代最重要的影响就是他的人格力量。果敢刚毅、端正耿介是他给予世人的精神遗产。

我们就从这人格力量说起。

北宋上承晚唐五代而来，长期的社会大动乱导致道德沦丧、世风浇薄。所以北宋建国之后，朝廷反复倡导忠义廉洁的士大夫品格。欧阳修为官不畏权贵，忠直敢言，褒善贬恶，大大冲击着宋初以来陈腐因循的社会风气，为新一代世风、士风的形成开辟出一条大道。

欧阳修的长子欧阳发曾回忆自己的父亲：

> 为人天性刚劲，……事不轻发，而义有可为，则虽祸患在前，直往不顾。

又说：

> 先公天性劲正，不顾仇怨。虽以此屡被谗谤，至于贬逐，及居大位，毅然不少顾惜，尤务直道而行，横身当事，不恤浮议。(《先公事迹》)

大意是说欧阳修的性格是明知山有虎偏向虎山行，别人怎么议论怎么评价我不管，我只管走自己的路！

仁宗皇帝对欧阳修这种奋不顾身的论事精神非常感佩，觉得他是朝野上下罕见的奇才："顾侍臣曰：'如欧阳修者，何处得来？'"(《宋史·欧阳修传》)这个欧阳修实在是太少见了，从哪儿蹦出来这么一个人？更可贵的是，欧阳修后来身居高位，但这种品质依然不改。仁宗对此很有感慨，他说：一般的人，官位小的时候还敢于直言，官一大就顾虑多了，什么也不敢说。而欧阳修却不是这样的人。

　　但说实话，即便是贵为天子，也很怕得罪人，不愿意得罪人。欧阳修的个性如此耿直，皇帝也少不得常常劝他要注意影响。

　　但是欧阳修却常常不给皇上留面子。

　　宋英宗治平二年（1065）六月，欧阳修任参知政事，一次为了一名官员的任命问题，宰相与谏官当朝争吵起来。宋英宗站在宰相一边，因此厉声呵斥谏官：已经定下来的事情，哪儿能再改呢？！欧阳修听罢，当即纠正英宗的话，指出：不是因为定下来不能改才坚持宰相的意见，而是因为宰相的意见合情合理。这是不同性质的两个问题。英宗指责谏官固执己见是有夺权之嫌，欧阳修再一次挺身而出，为自己的对立面讲话：陛下此言差矣！谏官的职责就是要讲真话说实话，如果他不吭声就是失职，怎么能说他们固执己见就有夺权之嫌呢？长此以往谁还敢说话？

　　朝廷上下这么多大臣，为何独独欧阳修敢讲话？因为在他心目中，"以言被黜，便是忠臣"！因此当他因为直言劝谏而被贬时，并不因此而颓废沮丧，反而信心满满，因为在他看来只要真理在手，其他一切挫折委屈都不必顾忌。

　　欧阳修在政治生活中坚持原则，从不妥协，但在日常生活中并不是个倔脾气，而是一个宽容仁厚的人。他的老朋友韩琦称他："襟怀洞然，无有城府。常以平心为难，故未尝挟私以为喜怒。"（《欧阳公墓志铭》）襟怀坦荡，没有城府，从来不会因为私仇而喜怒无常。

　　宋仁宗嘉祐年间，富弼任宰相之职，欧阳修任翰林学士，胡宿在太学任侍讲，包拯任御史中丞，时人称他们是"四真"："士大夫相语曰富公真宰相，呼先公字曰真翰林，学士胡先生真先生，包公真中丞。"（《先公事迹》）正是因为有这样的真心与诚心，所以对于那些打击、诬陷过自己的人，欧阳修也多是以德报怨，从不以怨报怨。

　　宋仁宗庆历五年（1045），宰相陈执中伙同其他官员诬告欧阳修乱伦一案，后来虽证明纯属诬陷，但欧阳修还是被贬滁州。宋仁宗至和二年（1055）六月，欧阳修等官员弹劾陈执中不学无术、阿谀奉承、言行污秽，不是个称职的宰相。陈执中因此被贬出朝廷，任亳州知州。欧阳修作为翰林学士，要代皇帝拟定陈执中的知州任命状，在任命状里，欧阳修称陈执中此人："杜门却扫，苦避权贵以远嫌；处事执心，不为毁誉而更变。"（宋·张邦基《墨庄漫录》）意思是：陈执中从不依附权贵，处事公道，从不因外界的毁誉而更改主张。

陈执中原以为欧阳修草拟的任命状没什么好话，没想到好得不得了。陈执中对别人说：就是对我相知甚深的人也说不出这样的话来，这正是我做人的本来面目啊！他专门抄录一本送给自己的门客，说：我只恨没有早一点结识欧阳修。其实，陈执中此人人品的确一般，为相八年乏善可陈。欧阳修此次为仁宗代笔草制，所写的这几句称美之语不过是客套话，但也看出欧阳修不乘人之危、不落井下石的宽厚胸怀。

宋英宗治平四年（1067），欧阳修门生蒋之奇诬告欧阳修与儿媳妇乱伦，后来查无实据不了了之。但此事对欧阳修的打击甚大。后来欧阳修担任青州知州兼京东东路安抚使。蒋之奇的弟弟蒋之仪在青州下属临淄县任职，得罪了当地的官员，有人就蓄意在欧阳修面前诋毁蒋之仪。但欧阳修并未公报私仇，他经过调查，发现蒋之仪并无什么过失，于是全力保全蒋之仪，使之逃脱一场厄运。

欧阳修为人宽厚，笃于友情。他交友非常谨慎，但是一旦结为朋友，便生死不渝，终身不改。他有好几位朋友虽然很有才华，但家境却很贫寒，子女也没有像样的出路，欧阳修都尽自己所能给予援助。比如好友梅尧臣去世后，欧阳修便跟朋友们凑了几千块钱，给梅的家人买了块地，补贴他们的家用。欧阳修还希望朝廷能破格录用梅尧臣之子梅增为官。好友尹洙去世后，欧阳修也向朝廷申请破格录用其子尹构为官。好友孙复著有《尊王发微》十五卷，皇上很赏识，可惜孙复尚未完成就去世了。欧阳修于是向朝廷申请破格录用其子孙大年为官。这样的例子还有很多，石介、石曼卿、苏舜钦、江邻几、黄梦升等人去世后，其家庭都曾陷于困境，欧阳修或者给予钱财，或者为其子弟谋出路，或者整理他们的遗稿，或者为他们的文集作序，总之，就是想尽办法为逝去的亡友多做点实际的事情，借以告慰九泉之下的朋友。

欧阳修是北宋文坛的领袖人物，很多文学大家都是在他的奖掖提携之下成长起来的。

譬如苏轼的父亲苏洵，本是眉山布衣，二十七岁方才折节读书。他精通诸子百家之学，其文笔力雄健，有汉唐之风。宋仁宗嘉祐元年（1056）三月，苏洵在成都拜访知州张方平，张方平写信给欧阳修推荐苏洵。欧阳修与张方平个人关系一般，但看罢苏洵的文章后便积极向朝廷推荐。由于欧阳修的鼎力相助，苏洵的文名在较短的时间内便广为人知。

曾巩由于家境贫寒，久居乡野数十年难以出仕，但欧阳修对他非常器重。曾巩科举落第后，欧阳修专门写《送曾巩秀才序》给他打气，勉励他不要气馁，要继续向学。宋仁宗庆历年间，欧阳修还向宰相杜衍推荐曾巩，称曾巩"好古，为文知道理，不类乡间少年举子所为"，"阁下志乐天下英材，如巩者进于门下，宜不遗之"（《与杜正献公》）。正是在欧阳修的反复褒奖鼓励下，曾巩不仅考中进士，为官四方，政绩突出，而且也成为北宋数一数二的文章家、学问家，成为欧阳修学术思想的继承人。

欧阳修乐于奖掖后进，但并不意味着他毫无原则，有求必应。宋仁宗庆历六年（1046），曾巩请欧阳修为其祖父撰写墓志铭。欧阳修读罢曾巩的来信后，毫不客气地批评了他：

从你信中给我提供的素材看，近代以来你们曾氏家族流传的脉络不明。特别是他们迁徙多次后，世代排行大多失去次序，曾姓是怎么来的也不大清楚。你在信中所说的几位汉代祖先事迹，拿《史记》进行比对考证，发现与实际时间、事实都不符。信中提到的几位有身份的祖先，在《史记·诸侯年表》中也找不到他们的姓名，大概是年代太久远了吧。

于是在给曾巩祖父撰写神道碑铭的时候，欧阳修便没有完全采用曾巩所提供的素材。有翔实可靠的材料则用之，没有材料，便实事求是地写道："不知其始封"（不知道最初是什么时候分封的）；"历商周千有余岁，常微不显"（从商周以来一千多年了，无名无姓，湮没无闻）；"其后又晦，复千有余岁而至于公"（后来的发展线索又不清楚了，又过了一千多年才繁衍到您这儿）等等。曾巩本是他极为得意的门生，彼此关系也甚为熟络，但是在这些原则问题上，欧阳修可是一点儿情面也不留。

石介是欧阳修的挚友。宋仁宗景祐二年（1035），欧阳修在东京汴梁读到石介的一篇文章，很不满意。在给石介的信中，欧阳修指责他自视太高，对社会的批判太过严苛，往往没有深入探究事实的根源就妄下议论。又批评他的书法风格过于怪异，猛地一看，根本无法辨清字迹。欧阳修劝他不要靠怪异的言行来自我标榜，达到惊世骇俗的效果，这并不是实事求是的学问态度。

宋仁宗庆历年间，学人李诩著《性诠》三篇论文请教欧阳修。李诩才华横溢，但为人狂傲。在给欧阳修的信中称："夫子与孟、荀、扬、韩复生，不能夺吾言。"即便是孔孟在世，荀子、扬雄重生，韩愈复活，也争辩不过我！欧阳修毫不客气，在回信中直言相告：既然您如此自信，即便孔子在世也争辩不过你，那我欧阳修又何必多此一举在这儿废话呢？当然，话虽是这样说，欧阳修不过是要杀一杀年轻人过盛的火气。事后不久，他给李诩又写了第二封信，跟他耐心细致地探讨学术问题。

所有这些都说明，欧阳修固然宽以待人，喜欢奖掖后学，但是面对严肃的学术问题，他可一点儿都容不得含糊其辞，务求精益求精。这种精神也体现在他的日常工作中。

宋仁宗景祐三年（1036），欧阳修因忤逆权相吕夷简被贬夷陵令。夷陵本为小县，政事无多。欧阳修闲暇之时，便将衙门文件柜架子上的陈年旧案卷宗拿来反复审读。这些案子中，有的是冤枉好人，有的是无中生有，有的是徇私枉法，有的是颠倒黑白，真是无所不包，无所不有。欧阳修不禁慨叹：夷陵县如此荒远偏僻，尚且有如此之多的冤假错案，天下冤假错案之多就可想而知了！于是，欧阳修发誓，从此办事、办差绝不敢稍有疏忽！

宋仁宗庆历四年（1044），欧阳修担任河北都转运按察使，一路之上，他详细了解当地官吏的行政能力、山川物产及财政状况、兵器粮草阵法等军政要务，并一一编为图籍，便于查询翻阅。有人就问欧阳修：您以文章儒学闻名天下，现在却做这等抄抄写写、繁琐无比的小吏之事干什么？欧阳修回答说：做官的人不尽心尽职，怎么能不惭愧！官员的工作都与百姓利益息息相关，怎么敢疏忽呢？

正因为他坚持原则，恪尽职守，没有私心，所以在朝廷任官多年，尽管得罪的人不少，但是始终能够做到立身端正，大节不亏。对待进退出处，更是坦荡自如，绝无营苟之心。宋仁宗景祐三年（1036），他为范仲淹仗义执言，得罪了谏官高若讷、权相吕夷简，被贬出京师。宋仁宗康定元年（1040），朝廷重新启用范仲淹为陕西经略安抚副使。范仲淹推荐欧阳修为属下掌书记，朝廷也已同意，却被欧阳修谢绝。他说："吾论范公，岂以为利哉？同其退不同其进可也。"（苏辙《欧阳文忠公神道碑》）我当初力挺范仲淹，是为了国家大事，并不是为了谋个人私利。因此，我可与范公一同被贬黜出京，但我不可与范公一同被朝廷叙用。

宋仁宗嘉祐八年（1063），仁宗去世，英宗即位但身染怪疾不能理政，曹太后垂帘听政。值此非常时刻，宰相韩琦与同平章事（宰相）曾公亮决定推荐欧阳修担任空缺的枢密使一职。对此欧阳修当即表示坚决反对。他说：绝对不可以这样做。现在天子无法理政而由太后垂帘听政，天下大事其实都是你我这些宰辅大臣们在定夺，如果这个时候我们开始为自己打小算盘，为个人谋私利，将来还怎么能够镇服天下之人呢？

欧阳修在政治上克己奉公，在文学创作上更是一丝不苟，精益求精。他不认为自己是天才，但承认自己的创作成就来自于勤奋。如何勤奋？欧阳修写文章多不在书房里，而是在马背上、枕头上、厕所里。可见他是在利用一切可利用的时间，充分提高时间的使用效率。那么，文章如何才能越写越好呢？欧阳修说有三多：多看书，多写作，多商量。

他修改文章有个习惯，就是将文章的每一页都贴在墙上，这样早晚随时都能琢磨一阵子。他的朋友看到《秋声赋》的版本就有好几个，每种版本其实都是修改程度不同的草稿本。所以欧阳修的诗文往往版本很多，就是因为修改次数太多的缘故。晚年的欧阳修着手编辑自己的诗文全集《居士集》。在编辑过程中，字斟句酌，每一篇诗文都要反复阅读几十遍，有的诗文读了好几天还定不下来如何编辑。

欧阳修对文字的苛求有时候简直匪夷所思。譬如仅仅是写一个一二十个字的便条，他也要先打个草稿，决不轻易下笔。宋仁宗至和二年（1055），欧阳修的好友韩琦任相州（今河南安阳）知州，荣归故里，他特意在官府后花园建造了一座昼锦堂。十年过去了，欧阳修受韩琦的邀请专门写了一篇《昼锦堂记》，韩琦读罢非常满意。没想到两天后，欧阳修又送来一篇《昼锦堂记》，说之前那篇写得不好，这一篇是修改过的，应以此篇为准。可是韩琦翻来覆去看了半天，看不出前后两篇有什么不同，又看了半晌，才发现第二篇只增加了两个"而"字。原来第一篇中有这样两句："仕宦至将相，富贵归故乡。"第二篇则改为："仕宦而至将相,富贵而归故乡。"字加得不多,但这一加,文气通畅多了,文章也显得更有精神了。

　　欧阳修对文字是如此苛求,对自己的书法艺术更是苛刻到了不愿提及的程度。欧阳修非常喜爱书法,自称平生有很多不同的业余爱好,但是中年以来,由于诸事繁多,所以丢掉了很多。然而一直持之以恒不曾放弃的业余爱好就是书法,不仅没有放弃,反而随着时间的推移越来越喜爱。他只要有空闲时间就练上两笔,到了乐此不疲的程度。欧阳发曾回忆他父亲的墨迹风格:"精劲雄伟,自为一家。当世士大夫有得数十字,皆藏以为宝。"(《先公事迹》)意思是其父欧阳修的书法作品刚劲雄伟,风格自成一家。当代的读书人,有得到他几十个字的,都像宝贝一样收藏起来。南宋大哲学家朱熹称赞欧阳修字如其人,表面看上去优柔无骨,实际里面充满了钢筋铁骨。欧阳修总嫌自己的字写得不好,他说:每次写字,总觉得写得不好看。也许是我总这么认为,别人都说还过得去。有的字最初看时很不喜欢,隔几天再来看,觉得颇有点可爱的意思了!欧阳修崇拜甚至痴迷于唐以前的书法作品。他常常后悔学习书法太晚,写出来的字远远达不到古人的至工境界。因此,欧阳修从来不答应为别人书碑刻石,就他自己而言,也颇有些藏拙的意味吧。

　　对工作对自己非常苛刻,要求很高。这样的人对待荣誉是不是也会一样苛求、一样奋不顾身呢?也不是。起码欧阳修没有这样做。

　　宋仁宗庆历五年(1045),朝廷设置唐书局,诏命宋祁等人重修《唐书》。宋仁宗至和元年(1054),欧阳修进入唐书局参与主持修撰《唐书》。其间十余年,人事更迭,出入唐书局者达十数人之多,真正潜心撰著的只有宋祁一人。自从欧阳修进入书局,进度明显加快了。整部《唐书》由宋祁负责列传部分,这部分规模最大,费时费力最多。欧阳修负责本纪十卷,以及赞、志、表之序及《选举志》《仪卫志》,范镇、吕夏卿等人负责志、表。宋仁宗嘉祐五年(1060)

七月，新的《唐书》全书完成。

本来按照朝廷的意思，要求欧阳修对全书的文字、体例、风格进行一次整齐划一的修订。但欧阳修不愿意这么做。他主要是出于对宋祁的尊重。宋祁一则是自己的前辈，二则在唐书局编撰列传十余年，自己如何整齐划一？不如保留各位编撰者的倾向最好。按照朝廷的规定，史书修撰完成之后，著作者只能署官职最高者的姓名。当时宋祁外任郑州知州，欧阳修则在朝廷任翰林学士、知制诰等职，官阶较宋祁要高，按规定只能署欧阳修一人之名。但欧阳修不同意这么做。他说：宋公独立撰写列传十数年，劳苦功高，我岂能遮蔽他的名字，掠取他的功劳？于是在列传部分具名宋祁，在本纪、志、表部分具名欧阳修。宋祁的兄长宋庠时任宰相，听说了这件事，感慨说：自古以来文人相轻，欧阳修这样的做法真是闻所未闻！

面对欧阳修这样一位文化巨匠，我们究竟该如何评价他呢？

苏轼在《居士集序》中说：

> 自汉以来，道术不出于孔氏，而乱天下者多矣。晋以老庄亡，梁以佛亡，莫或正之，五百余年而后得韩愈，学者以愈配孟子，盖庶几焉。愈之后三百有余年而后得欧阳子，其学推韩愈、孟子以达于孔氏，著礼乐仁义之实，以合于大道。……故天下翕然师尊之。自欧阳子之存，……士无贤不肖不谋而同曰："欧阳子，今之韩愈也。"

主要意思就是：汉代以来直至隋唐之际，儒家思想因佛道两家的阻挠而失去了领袖的地位。唐代韩愈振起儒学，他就是当代的孟子。韩愈之后三百年欧阳修出世，他推崇孟子与韩愈的学说，倡导仁义礼乐，天下之人遂纷纷尊欧阳修为师。欧阳修的一生，称颂他的人很多，诋毁他的人也不少。但无论是谁，都会不约而同地说：

欧阳修，就是当代的韩愈啊！

但是，由于种种原因，韩愈去世后，他开创的古文运动渐渐沉寂了。韩愈之后，文坛上缺少一个承前启后、继往开来的领袖人物，将韩愈的儒学、文章事业进行到底。现在，欧阳修出现了，他就是这样一个领袖人物。他继承了孔孟、韩愈以来的儒学传统，取骈文、散文、辞赋文体所长熔为一炉，将叙事、抒情、写景、议论融会贯通，以全新的文章形式传达儒学之道。

欧阳修的文章语言平易，结构严谨，情韵多姿，婉转跌宕，一扫晚唐五代以来文坛的萎靡之气，开创了一代文学新风，被后人誉为"六一风神"。他凭借在文坛的声望，在政坛的影响力，奖掖后学，提拔新秀，开辟了一个全新的文学时代。

欧阳修的诗歌也很有特色。他继承李白、杜甫的诗风，追求诗歌的形象、含蓄、音乐之美。欧阳修的词大多表现男女情爱的相思离别，风格委婉深曲，真挚亲切。还有一些词或言志抒怀，或咏史咏物，感慨深沉，意境开阔，应是苏轼、辛弃疾豪放词的先声。

欧阳修不仅在北宋王朝中有着很大的影响力，就是在北方少数民族政权中也享有很高的声望。宋仁宗至和二年（1055），翰林学士欧阳修充任贺登位国信使，出使契丹，契丹国王宴请欧阳修，特命两位皇叔、最高行政首长北宰相以及太皇太后的兄弟陪宴。这种规格是契丹国礼宾待遇中从来不曾有过的。契丹国国王告诉欧阳修：这是特别破例的最高礼遇，因为您的名气太大了！

欧阳修不仅生前名气大，亡故之后名气更大，不减在世时的英名。

自北宋以来，在欧阳修的故乡、故居以及为官之地，都建有专门祭奠、祭祀欧阳修的祠堂与书院，流传至今，早已成为历史悠久的名胜古迹了。

比如在欧阳修的出生地四川绵阳，建有"六一堂"。江苏泰州是欧阳修幼年居住的地方，建有"思贤堂"。欧阳修的祖籍是庐陵郡（今江西吉安），建有"六一祠""六一堂"。宋代大诗人杨万里专门作《吉州新建六一堂记》《六一先生祠堂碑》。

欧阳修在湖北随州度过青少年时光，此地建有白云书院。夷陵（今湖北宜昌）是欧阳修第一次被贬之地，建有"至喜堂""六一堂"。《醉翁亭记》诞生在安徽滁州，此地曾为欧阳修建立生祠。后来又建有"七贤堂""二贤堂""四贤堂""二贤祠""先贤祠"等祠堂。扬州也曾为欧阳修建立生祠，后来改在著名的平山堂祭祀。

欧阳修曾任青州知州，此地建有"遗爱堂""三贤堂"。颍州（今安徽阜阳）是欧阳修退休养老之地，此地建有"欧阳公祠""六一堂""四贤祠"等。

在北方，洛阳曾建有"九贤祠"，主要祭祀邵雍、二程、朱熹等理学大师，欧阳修也列在其中。开封则建有"二贤洞"，祭祀包拯和欧阳修这两位开封知府。

散布在祖国大江南北的众多欧阳修祀祠，表明老百姓对欧阳修有着非常深厚的情意。这是中国人对欧阳修所能给予的最高礼遇、最高评价。这是欧阳修的无上荣耀，也是中国文化的无上骄傲。

康震讲曾巩

第一讲

非常七加一

曾巩，字子固，宋真宗天禧三年（1019）生于江西南丰，宋神宗元丰六年（1083）病逝于江苏南京，享年六十五岁。曾巩是北宋著名散文家，北宋诗文革新运动的积极参与者，宋代古文运动的重要骨干，也是"唐宋八大家"之一。北宋文坛领袖欧阳修对他非常器重，但是我们当代人对他却不太了解。很多人都感到不解：曾巩名气这么小，凭什么入选"唐宋八大家"？

在"唐宋八大家"当中，曾巩给我们的感觉有点像"七加一"——那七位大家比较容易记住，一般最后才会想起他来。为什么呢？细细想来，那七大家除了散文成就之外，多多少少还有些别的成就或者原因，能够让我们记得住。

比如韩愈，他的散文名篇《师说》很多人都非常熟悉。韩愈的诗写得也不错。如他的《早春呈水部张十八员外》诗："天街小雨润如酥，草色遥看近却无。最是一年春好处，绝胜烟柳满皇都。"你只要想起这首诗，也能马上说出韩愈的名字。比如柳宗元，他的《捕蛇者说》《黔之驴》都是大家耳熟能详的散文名篇，他的"千山鸟飞绝，万径人踪灭。孤舟蓑笠翁，独钓寒江雪"（《江雪》）你也很熟悉。《醉翁亭记》当然是欧阳修最知名的作品，但是"庭院深深深几许"，"泪眼问花花不语，乱红飞过秋千去"这样的词句也多少次打动过你，让你永远记得欧阳修也是词中的名家。

苏轼自然不必说了，从哪方面都不可能忘记他，而且只能是"叫我如何不想他"。

　　苏辙有一点难度，似乎没有什么特别的记忆，但也不要紧，他有个好兄长，足以帮他这个忙。每到中秋，你必会记起苏辙，因为苏轼《水调歌头》中有一句著名表白："丙辰中秋，欢饮达旦，大醉，作此篇，兼怀子由。"宋神宗熙宁九年（1076）中秋，我整夜喝酒喝到大天亮，大醉，写了这首词给我兄弟苏辙苏子由，我想他。以后你一看到中秋月，自然就会想起苏子瞻的弟弟苏子由。

　　苏洵也有点难。虽然他是苏轼的父亲，但很遗憾，苏轼没有再写一首《水调歌头》给他。那也没关系，只要你背过《三字经》就行。《三字经》里说得好："苏老泉，二十七，始发奋，读书籍。"苏老泉就是苏洵。

　　还有王安石。关于王安石，你即便忘记了他的一切，也不会忘记他是中国古代知名度最高的改革家之一。更不用说他还写了那首著名的《泊船瓜洲》："京口瓜洲一水间，钟山只隔数重山。春风又绿江南岸，明月何时照我还。"

　　只有这个曾巩，既没有流传千古的名诗、名词、名文，也没有名气大得震天响的父母兄弟姐妹，更没有惊天地泣鬼神的伟大功勋。要说政绩，我们似乎还会吃惊：曾巩做过官吗？要说个性，我们同样会感到陌生，因为他的生活似乎离我们非常遥远，根本谈不上关注。那么，既然是文学家，诗词总是写过的，虽然不至于大名垂宇宙，至少也有几首佳作吧？然而与他同时代的人，却说他根本就不擅长此道。譬如曾巩的门生秦观就曾说："曾子固文章绝妙古今，而有韵者辄不工。"（宋·孙觌《与曾伯端书》引秦观语）他文章的确写得好，但是这个人不擅长写诗词、骈文这一类合辙押韵的文学作品。同为曾巩门生的陈师道也说："世语云：'苏明允不能诗，欧阳永叔不能赋，曾子固短于韵语，黄鲁直短于散语，苏子瞻词如诗，秦少游诗如词。'"（《后山诗话》）李清照则说："王介甫、曾子固，文章似西汉，若作一小歌词，则人必绝倒，不可读也。"（《词论》）核心意思就是一个：曾巩并不擅长写诗词。

当时有一个个性怪异的读书人，名叫刘渊材。他跟别人讲，我平生所遗恨者只有五件事。别人问他是哪五件事，他却闭目不答。过了好久才讲：我不能说，我说话总是不合时宜，恐怕说出来你们会笑话我，轻视我。问他的人更加好奇，就一个劲儿鼓动他说出来，并保证绝不笑话他。于是，刘渊材就说：第一，遗恨鲥鱼刺太多；第二，遗恨金橘味道太酸；第三，遗恨莼菜菜性过冷；第四，遗恨海棠花没有香气；第五，遗恨著名散文家曾巩不会写诗。周围人一听他平生遗恨的原来是这么几件互不搭界的鸡毛蒜皮的小事，忍不住放声大笑起来，刘渊材立刻瞪大眼睛说：你看你看，我说你们会笑话我、轻视我，果然如此！

刘渊材说话固然有点儿不靠谱，但是却给我们透露了一个很重要的信息，那就是在他眼里，曾巩不擅长写诗词是个很大的遗憾，如果没有这个遗憾，曾巩在他心目中就很完美了。

曾巩到底会不会写诗词呢？当然会。曾巩现存诗作四百多首，风格大都比较质朴，词则仅存一首。与苏轼、欧阳修这样的诗词大家相比，曾巩的诗词当然谈不上有多大成就，但也不至于像秦观、陈师道说的那么严重。不管怎么说，我们总觉得曾巩作为一个文学家，无论才气还是名气都与"唐宋八大家"的总体名气不相称，这么一个默默无闻的人，茅坤怎么会将他选入其中呢？在对曾巩的评价上，难道我们与茅坤真的存在这么大的差距吗？曾巩的真面目到底是怎样的？要想了解这一点，就必须回到北宋时代，回到曾巩的时代，回到欧阳修、王安石、苏轼对曾巩的评价中去。

首先来看欧阳修的评价。

欧阳修对曾巩的评价很高。宋仁宗庆历元年（1041），欧阳修第一次见到曾巩的文章，就称赞他说：

其大者固已魁垒，其于小者亦可以中尺度。（《送曾巩秀才序》）

意思是说，曾巩的文章从思想立意来说，已经非常成熟；从艺术和文章的章法上来看，也已经比较成熟了。在赠给朋友的一首诗中，欧阳修记述了自己对曾巩的印象：

吾奇曾生者，始得之太学。初谓独轩然，百鸟而一鹗。（《送杨辟秀才》）

我第一次见到曾巩，心里就暗暗称奇，他是如此的独特轩昂，仿佛众鸟中的大雕一样杰出。他甚至忍不住直截了当地告诉曾巩，在我的门生中，我最喜欢的就是你：

过吾门者百千人，独于得生为喜。（曾巩《上欧阳学士第二书》）

他对曾巩是如此偏爱，以致凡是好事都想到是曾巩做的，并因此闹过几次不大不小的误会。宋仁宗嘉祐二年（1057），欧阳修主持科举考试，看到一份非常出色的试卷，便一眼认定这是曾巩的卷子。他有心将这份试卷点为第一名，却担心公布之后，别人会说他徇私舞弊，照顾自己最喜欢的学生兼小老乡。思之再三终于忍痛点为第二名，结果试卷公布之后此人并非曾巩，而是苏轼。

王安石是北宋散文大家。他曾受邀为许子春撰写家谱，许子春收到家谱后又寄给欧阳修，请他审订，却没有标明作者的姓名。欧阳修一直没来得及看，后来晾晒书籍的时候，看到了，觉得写得很不错。最初怀疑是王安石所作，后来思来想去，觉得王安石不够水

曾翠咏柳

康震庚寅

飄乘獲末變

初黃待得雲

風勢便狂飛

把飛花蒙

日月不知天

地有清霜

雪飛筆哪柳

康震
康寅 〔印〕

平。"曰：'介甫安能为？必子固也。'"（明·何良俊《何氏语林》）
王安石怎么能写得这么好？不可能，一定是曾巩所做！结果弄出了
笑话。

王安石对曾巩也是备加推崇。

宋仁宗庆历元年（1041），王安石与曾巩在京城第一次见面，互
相倾慕，结为至交。当时有人诽谤曾巩，王安石为他辩护。在赠给
曾巩的诗中，他说：

> 曾子文章众无有，水之江汉星之斗。……借令不幸贱且死，
> 后日犹为班与扬。（《赠曾子固》）

曾巩的文章无人能比，他就好比是天上的星斗，陆地上的江海
一样。王安石紧接着打了一个非常极端的比方，他说：曾巩就是死
了，也会成为班固和扬雄那样不朽的人物，流传千古。

王安石比较曾巩与自己的其他朋友，认为："巩文学论议，在某
交游中不见可敌。"（《答段缝书》）在我的朋友中，若论文学水平、
议论文章的水平，无人能与之匹敌。在给王景山的信中，他纠正对
方的偏见：

> 足下又以江南士大夫为无能文者，而李泰伯、曾子固豪士，
> 某与纳焉。江南士大夫良多，度足下不遍识。（《答王景山书》）

您认为江南士大夫会写文章的人不多，可是在我交往的人当中，
江西人李觏、曾巩都是豪杰之士。江南士大夫太多了，您未必个个
都认识吧？

在给曾巩的诗中，他称赞曾巩学问渊博，乃是当世豪杰，认为
自己的水平太低，无法与曾巩相比肩："爱子所守卓，忧予不能攀。"

（《答曾子固南丰道中所寄》）王安石不仅是北宋文学大家，后来还身居宰相高位，他推崇的人物，应该够杰出了。

苏轼比曾巩小十几岁，却是同年进士，都是欧阳修的门生。苏轼对曾巩也非常尊崇。宋英宗治平四年（1067），苏轼在四川为母亲守丧期间，特意推荐两位四川学子带着自己的文章去京城拜访曾巩。后来，苏轼又专门给曾巩写信，请他为自己的伯父撰写墓志铭，这说明苏轼对曾巩的道德文章是极为钦佩的。在一首诗中，苏轼这样称赞曾巩：

> 醉翁门下士，杂遝难为贤。曾子独超轶，孤芳陋群妍。
> （《送曾子固倅越得燕字》）

欧阳修门下的才子太多了，只有你曾巩才华超逸，技压群芳。换句话说，欧阳公门下的花朵太多了，只有您这一朵花开得最鲜艳、最芬芳，没人能跟您相比。

苏辙也曾称赞曾巩："儒术远追齐稷下，文词近比汉京西。"（《曾子固舍人挽词》）儒学修养堪比战国时代的孟子、荀子，文章可与两汉时代相比肩。

也许不用再举更多的例子了。曾巩年届不惑方才考中进士，大半生穷困潦倒，欧阳修、王安石、苏轼、苏辙都是北宋文坛、政坛上极有影响力的大人物，他们用不着阿谀奉承曾巩这个穷书生。结论只有一个：曾巩是北宋最优秀的文学家之一，他的成就不仅赢得了同时代精英阶层的认同，而且在社会与民间也具有相当的影响力。

曾巩去世后，人们是这样评价他的：

> 自唐衰，天下之文变而不善者数百年。欧阳文忠公始大正其体，一复于雅。其后公与王荆公介甫相继而出，为学者所宗。

于是大宋之文章，炳然与汉唐侔盛矣。（韩维《朝散郎试中书舍人轻车都尉赐紫金鱼袋曾公神道碑》）

自从唐朝衰落以来，数百年间文章之道越来越偏离正确的方向。欧阳修开始确立文章之正道，恢复古文的风雅体式。紧随其后的，便是曾巩与王安石，他们的文章为天下读书人所宗法。于是大宋王朝的文章，与汉唐之文遥相辉映。

可见，在宋代诗文革新运动中，曾巩的成就与贡献仅次于欧阳修，与王安石并驾齐驱。

曾巩的弟弟曾肇则是这样评价兄长的：

是时宋兴八十余年，海内无事，异材间出。欧阳文忠公赫然特起，为学者宗师。公稍后出，遂与文忠公齐名。自朝廷至闾巷海隅障塞，妇人孺子皆能道公姓字。其所为文，落纸辄为人传去，不旬月而周天下。学士大夫手抄口诵，唯恐得之晚也。……世谓其辞于汉唐可方司马迁、韩愈，而要其归，必止于仁义，言近指远，虽《诗》《书》之作者未能远过也。（《子固先生行状》）

宋朝建立八十多年了，天下无事，英才辈出。先有欧阳修卓然独立，成为学者们的榜样，后有曾巩出世，与欧阳公齐名。上自朝廷，下至街头巷尾、天涯海角，连女人小孩子都能说出曾巩的名字。他写的文章，不到一个月就会流布天下。文人士大夫、学者们争相传抄口诵，唯恐得到得太晚。人们都说他的文章与汉代的司马迁、唐朝的韩愈非常相近，其文章的核心就是倡导仁义道德，即便是《诗经》《尚书》作者的境界也未必能超得过他。

最神奇的还是陈师道，"苏门六君子"之一。他是宋代的大诗人，年轻的时候曾拿着十余万言的文章拜谒曾巩，态度非常狂傲，但曾巩并不介意，开始动手删减这篇十万多字的大文章。结果文章变短了，内容却更充实了。曾巩告诫这位年轻作家要"持之以厚"，做人要厚道。陈师道因此对曾巩佩服得五体投地。曾巩去世之后，陈师道十分悲痛，写了两首诗寄托哀思，这两首诗的名字很奇特，叫做《妾薄命》，意思就是：奴家的命好苦啊！

其一云：

主家十二楼，一身当三千。古来妾薄命，事主不尽年。起舞为主寿，相送南阳阡。忍著主衣裳，为人作春妍。有声当彻天，有泪当彻泉。死者恐无知，妾身长自怜。

其二云：

叶落风不起，山空花自红。捐世不待老，惠妾无其终。一死尚可忍，百岁何当穷？天地岂不宽？妾身自不容。死者如有知，杀身以相从。向来歌舞地，夜雨鸣寒蛩。

翻译成现代白话散文诗就是：

夫君你生前对我万般爱宠，谁知奴家我红颜薄命，未能陪伴你一同走完生命旅程。我正在翩翩起舞为你祝寿，谁知转眼间你就离开人世，我只能在阴森的墓地为你送行。我强忍悲痛穿上你喜爱的衣裳，可我如何能够与别人同欢共衾？我的哭声直达青天之上，我的泪水流到黄泉之中。你就这样走了，无知无觉，只留下我一人在这里暗自伤神！

你年纪轻轻就离开人世，从此再也感受不到你的温存，死亡的痛苦尚可承受，在无穷的思念中苟活却实难隐忍！我之所以痛苦，并非没有出路，而是因为早早将一切都交付给你。你若在天有灵，我愿意就这样随你而去，谁肯在这熟识的歌舞之地，聆听夜雨中的寒蝉哀鸣！

这完全是妻子献给亡夫的哀歌、祭歌。

《妾薄命》本是一曲乐府古题，其主题大多是女子哭诉自己红颜薄命，不能享受爱情或家庭生活的幸福。在这里，陈师道将自己比作薄命的妻子，将老师曾巩比作亡故的丈夫。诗中模拟妻子的口吻，尽情倾诉对曾巩的爱戴与思念之情。两首诗写得如泣如诉，可悲可叹。以这样的文学方式来诉说自己对老师的崇敬、思念之情，也可算得上是古今奇观了！

大家也许会说，既然曾巩如此才华横溢，当时文坛对曾巩评价如此之高，欧阳修又对他如此器重，认为他是自己最得意的门生，那欧阳修为什么将领袖未来文坛的重任交给了苏轼，而没有交给曾巩呢？同为欧阳修的得意门生，苏轼与曾巩究竟有着怎样的不同？而曾巩的文章究竟又有哪些特点呢？

首先应当确认的是，曾巩与苏轼一样，都已经达到北宋时期第一流的文学水平，也都具有领袖文坛的潜在素质。而且从个人才性品质而言，曾巩似乎更接近欧阳修，更得欧阳修的喜爱。但领袖文坛、蔚为一代文宗的历史使命，绝不会如此简单地就由某某人承担起来，这其中有太多复杂的历史、现实因素。欧阳修的选择不仅仅是他个人的选择，也是历史的选择，时代的选择。

苏轼的文章率性自然，出入佛道，杂糅百家，既有纵横之士的雄辩，又有孟荀文章的气派，浩浩汤汤，横无际涯，博则博矣，但也不免过于驳杂。与苏轼相比，曾巩文章最鲜明的特色就是保持极其纯正的儒学品质。曾巩的文章，不蔓不枝，严格维护原始儒学的正统与纯洁，绝不沾染一点点佛道之类的异端色彩。他的文章密切关注现实，严谨周密，不浮夸不空谈，脚踏实地，注重实效。

至于当时文坛上其他几位大作家，则各有各的特色。譬如苏洵的文章汪洋恣肆，雄健奔放；王安石的文章奇崛峭拔，斩截有力；欧阳修的文章从容平易，舒缓自然；苏辙的文章汪洋淡泊，醇厚秀杰。总之，与他们相比，曾巩的文章树立了一种新的典范，这就是纯正的思想，端正的姿态，典雅的语言，严谨的布局，踏实的作风，实用的目的。这也是一种文章之美，是一种美学的风格与标准。北宋文坛的那些大腕儿们之所以那么推崇曾巩，其主要原因就在于此。他们推崇曾巩，就是在推崇这种新的文章风范、文章之美，这就是曾巩之为曾巩，并能够立足于北宋文坛的主要原因。

然而，这样的风格，这样的文章之美固然纯正端庄，却也因此缺乏一种冲决时弊、廓清暮气的朝气，缺乏苏轼文章特有的磅礴通脱、敏锐灵秀与博大睿智，而这恰恰是当时文坛所亟需的一股革新力量，只有这样强健的力量，方能革除因循，开辟新局。再加之苏轼后来在政治、文化、艺术等领域的多方面成就与影响力，遂造成他继承欧阳修衣钵，领袖时代群伦，推动宋代文学达到新高潮的天下文宗地位。

有了这一番比较，我们对曾巩的文章特点大体有了一些基本的感觉。形象一点说，曾巩的文章好比一池清水，非常纯净，没有一点儿渣滓。然而我们知道，水至清则无鱼，水太干净了就没有营养了，话太纯正了也就不活泼不精彩了。曾巩的文章真可谓典雅有余，精彩不足；庄重有余，活泼不足；思考有余，趣味不足。

我们来看看曾巩的《墨池记》。文章说：

> 临川之城东，有地隐然而高，以临于溪，曰新城。新城之上，有池洼然而方以长，曰王羲之之墨池者。……羲之……临池学书，池水尽黑，此为其故迹，岂信然邪？方羲之之不可强以仕，而尝极东方，出沧海，以娱其意于山水之间。岂其徜徉

肆恣，而又尝自休于此邪？

江西临川城的东面，有一块高地，下临溪水，名叫新城。新城之上，有一口长方形的水池，人们称之为王羲之墨池。据说王羲之早年练习书法，曾在这池中洗笔，池水因此都变黑了。想当初王羲之不愿出来做官，遍游吴越之地，泛舟江湖，寄情山水。当他尽情遨游的时候，也许曾在这里休息过吧！

羲之之书晚乃善，则其所能，盖亦以精力自致者，非天成也。然后世未有能及者，岂其学不如彼邪？则学固岂可以少哉！况欲深造道德者邪？

王羲之的书法到了晚年才日臻化境，他之所以能有这么深的书法造诣，也是因为刻苦用功的结果，并非天才所致。后人的书法之所以达不到王羲之的水平，恐怕没有王羲之那么用功。看来学习还是不能偷懒，要多用功。更何况想要取得很高的道德造诣呢？那就更得多用功了。

墨池之上，今为州学舍。教授王君盛恐其不章也，书"晋王右军墨池"之六字于楹间以揭之，又告于巩曰："愿有记。"推王君之心，岂爱人之善，虽一能不以废，而因以及乎其迹邪？其亦欲推其事以勉学者邪？夫人之有一能，而使后人尚之如此，况仁人庄士之遗风余思，被于来世者如何哉。

这个墨池旁边是抚州州学的校舍。教授王盛担心墨池的故事会湮没无闻，就写了"晋王右军墨池"六个大字悬挂在门前。他对我说："希望您写篇文章纪念一下。"我想王盛的心思，无非是担心后人忘记王羲之的事迹与遗迹。并且也想宣传王羲之临池苦练书法的事迹，来勉励学生好好学习。王羲之不过有书法这一技之长，后人对他尚且推崇至此，仁人君子们的高尚道德，对后人的影响岂不是更大！

文章本是写墨池的，由墨池引至王羲之苦练书法，又说书法本非天成实由苦练所致，由此引发学习亦当苦练、道德更需勤修的感慨。接着说人们既能推崇一技之长，更会推崇仁义道德，因此为学者当勤修道德，而仁义道德也一定会像王羲之的书法一样源远流长。整篇文章没有多余的废话，来来回回就是一个中心思想：要刻苦学习，要勤修道德。语言简朴，内涵纯正，结构也很简单。这就是曾巩文章的特点：纯真、规范、端正。

假设由欧阳修来写这篇《墨池记》，也许由高地、新城、溪水写起，也许从辨析墨池之真假说起，然后层层点染写开来。不仅要大发议论，更要铺叙景物，还要纵横说理，必然将这一篇文章做得花团锦簇一般方才罢手。如果是苏轼来写就更加精彩了。仅仅就王羲之隐而不仕，遨游吴越，泛舟山水这一层意思，苏轼便会大发奇想，旁征博引，使出那从心所欲、无往而不至的天才手段，将这篇墨池之记铺排得上天入地。又会剔抉出王羲之那些逸闻趣事，将佛道、阴阳、纵横、隐逸之说一并打入墨池之中，融会贯通，一口气道出古今演义、人事兴亡的一番大道理，又将时光无限、人生有命的慨叹寄寓其中，岂不快哉？可是快则快矣，才气横溢，却也显得过于驳杂，略有些浮夸之气，不如曾巩的文章纯净、端正。换言之，苏轼的文章是没有章法可循的，他的文章以无法而胜；曾巩的文章是依靠章法而行的。

现在我们对曾巩的文章大体有些概念了。那么，曾巩的文章为什么会是这样的风格呢？

曾巩的一生比较简单，从十几岁开始念书，到三十九岁中科举进士之前，一直在家乡半耕半读，"宅"了二十多年。后来出去又做了二十多年的地方官，既没有像欧阳修、王安石那样参与或经历过重大的政治事件，也没有像韩愈、苏轼那样一生都在惊涛骇浪中度过。他的生活阅历不很丰富，也比较单纯，遂逐渐养成沉静内敛的个性。曾巩又长期担任馆阁校勘、集贤校理等职，负责整理、编校古代典籍。他在遍览群籍、编校典籍之余，撰写了不少目录序文，如《〈战国策〉目录序》《〈梁书〉目录序》《〈陈书〉目录序》等。这类文章不仅阐明古籍的存佚流传，而且借叙说朝代兴亡而标举儒家的义理学说。其文风自然是议论多于抒情，说理多于谐趣，端正有余而灵动不足。这也正是曾巩的风格，他的独特之处就在于此。前面我们曾说这类文章也是一种美，什么美呢？这是一种温文尔雅的中和之美，一种敦厚端庄的平和之美，一种沉静充实的祥和之美。

曾巩的文章不够生动不够有趣，但他的文章是最规范的。对于一个蹒跚学步的幼童来说，如何学习走路？你天天带他到田径场，看世界短跑冠军跑步，能学好吗？不可能。学走路要一步一步脚踏实地，先从站稳脚跟学起，要先学好规矩，打好基础，以后才谈得上快步如飞。写文章也一样。对于一个初学文章的人来说，一开始就学写庄子的文章、李白的文章、苏轼的文章，不仅学不像，反而会落得个邯郸学步的下场——走不像走，跑不像跑，爬不像爬。那么，对初学者而言，谁的文章最具有典范价值呢？就是曾巩的文章。学习曾巩的文章最容易入手。曾巩的文章语言简洁、典雅，布局端正、严谨，思想单一、纯净。虽然不免有点保守呆板，但是从学习的角度而言，是最实用的典范之文。

曾巩的文章、道德在北宋备受大家们的推崇。到了南宋时期，大哲学家朱熹非常欣赏曾巩，他读曾文手不释卷，并高度评价曾巩的文章，认为曾巩是一个独具特色的文学家，认为他的文章是孟子、韩愈以来写得最好的，明代人茅坤甚至认为朱熹文章的规矩就是从曾巩处学来的。朱熹如此盛赞曾巩,自然与南宋理学家撰文多倾向思辨说理有关,但是朱熹的尺度把握得很好,他并没打算将曾巩索性变成一个理学家、哲学家。在南宋理学家中,朱熹的文采是最好的。在他眼里,曾巩主要还是一个文学家、散文家。朱熹虽然不喜欢三苏,不喜欢苏轼的议论,但未必不欣赏苏轼的词采;朱熹固然喜欢曾巩,喜欢他的议论,却未必欣赏曾巩的词采。这便是朱熹对曾巩的态度。

应当说,朱熹对曾巩的评价很重要,作为中国古代最重要的哲学家之一,朱熹在文化史上有着举足轻重的地位,他对曾巩的充分肯定,有助于提升曾巩在后世的知名度。可是,朱熹本人做梦也不会想到,在他身后,曾巩的名气与地位会像火箭一样直线蹿升,一些人甚至将曾巩捧上了天,认为他是可与孔孟、程朱相比肩的大哲学家。曾巩的身份也就此摇身一变,从一个文学家变成了哲学家、理学家,甚至成为中国古代的圣人了。

这是怎么回事呢?

南宋孝宗时期,曾巩的老乡、江西南丰人陈宗礼对曾巩非常崇拜。他认为,苏轼兄弟的文章非常奇妙,曾巩的文章非常端正。奇妙的文章变化多端,如天马行空,如云中游龙,但并非日常生活必需之用;端正的文章则如黄金美玉,如同棉被可以保暖,粟米可以充饥,一日都不可缺少,但是人们却往往意识不到它的重要性。这就是曾巩文章对我们的重要性。因此,陈宗礼认为,曾巩实在太重要了,他不仅是位古文大家,而且是一位理学大家。在他的推动下,南宋理宗宝祐四年(1256),南丰郡守杨瑱亲自主持建造了曾文定公祠,将曾巩当作理学家来祭祀,让曾巩年年岁岁接受子孙后辈的供奉。给曾巩增添理学家的头衔,也符合南宋时期尊崇理学家甚于文学家的风尚,迎合了当时人褒扬道德甚于文章的传统。

宋元之际,江西南丰人、著名学者刘埙将曾巩的地位抬得更高。

他认为，曾巩最大的贡献在于："于周程之先，首明理学。"（《隐居通议》）也就是说曾巩对古代儒家思想的贡献在于上承孟子之学，下开周敦颐、程颐、程颢、朱熹的理学学派。元惠宗元统元年（1333），曾巩的族孙曾元翊又发起族人新建曾文定公祠堂，更加隆重地祭祀曾巩。这样一来，前有陈宗礼提升曾巩为理学家，后有刘埙进一步提升曾巩成为孔孟至周程理学发展的重要思想家，再加上南丰曾氏后裔对曾巩的祭奠与尊奉，曾巩的身份较之在北宋时期发生了根本的转变，他被神化成为了一个远离人群远离人间的圣人。

这种情况到了明代开始发生转变。

明代的时候，文坛上有一个很重要的文学流派叫做唐宋派。其中有一个重要的代表人物叫做茅坤。茅坤倡导人们学习唐宋古文，并编纂了《唐宋八大家文钞》一书，曾巩从此与韩愈、柳宗元、欧阳修、苏轼等人并称，进入中国古代最优秀的散文家行列，从此流传后世数百年不衰。

那么，茅坤为什么要选曾巩呢？难道就是因为曾巩在宋元之际被提升为理学家的缘故吗？不是。是因为曾巩是一位优秀的文章家、散文家。唐宋派的文学家们认为，学习文章不可盲目模仿古人，学习先秦两汉时代的文章固然很好，但比较起来首先要学习唐宋文章，因为先秦两汉的文章乃是古代散文的发轫期，尚无刻意的章法可循，而唐宋文章则已经具有了一些规范的章法。在唐宋文章里又特别强调要学习宋代的文章，因为宋代的文章自然平易，较之唐代文章更加成熟，更适合学习。在宋代文章中，又以曾巩的文章最值得学习。因为曾巩的文章中，既有儒家的义理，又有文章的规矩。当时有一种说法：要想学习司马迁的文章，就先学习班固的文章，要想学习班固的文章，就先学习欧阳修的文章，而要想学习欧阳修的文章，就得先学习曾巩的文章。

这就叫做循序渐进。为什么先从曾巩的文章学起呢？

　　前面我们已经分析过曾巩的文章与北宋其他几位散文大家的差异。苏轼的文章没有章法，思想博通无涯，根本不适合初学者学习。苏洵的文章取法战国策士之文，纵横捭阖，气势如虹。王安石的文章如刀砍斧凿。苏辙的文章则过于文弱。欧阳修的文章倒是很平易，可是他的文章除了平易之外，还有一种摇曳多姿、波光潋滟的情韵，实在是初学者难以体会的精神。数来数去，就曾巩的文章最为纯正，最为规范，最适合初学者学习。学习者可以由曾巩这里入手，学到作文的基本规矩，再进一步深入其中，或者学老苏，或者学东坡，或者学醉翁，或者学荆公，根据性情学问，各取所需，岂不善哉？

　　这便是茅坤选曾巩入唐宋八大家的一个重要原因。

　　清代人对曾巩更是情有独钟。有一组数据可以说明这个问题。明代茅坤选编《唐宋八大家文钞》，其中选韩愈文 352 篇、柳宗元文 120 篇、欧阳修文 286 篇、苏洵文 60 篇、苏轼文 251 篇、苏辙文 172 篇、曾巩文 87 篇、王安石文 219 篇。曾巩文章的数量倒数第二，仅仅高于苏洵。清代康熙年间，著名学者张伯行重新选编《唐宋八大家文钞》，其中选韩愈文 60 篇、柳宗元文 18 篇、欧阳修文 38 篇、苏洵文 2 篇、苏轼文 26 篇、苏辙文 27 篇、曾巩文 128 篇、王安石文 17 篇。曾巩的文章数量远远超过其他七个人，独居榜首。

　　这又是什么原因呢？

　　张伯行在评论曾巩文章时说：曾巩的文章，源自儒家的"六经"，继承了司马迁、班固的文章传统，苏氏父子三人远不如他，甚至快要超过欧阳修的文章成就，只不过当事人没有意识到这一点。朱熹喜欢曾巩的文章，认为比欧阳修写得好。曾巩的文章深得儒家经典的精髓，所以理论纯正；深得《史记》《汉书》的章法，所以语言纯净、章法精炼。文章写到这个程度，真可以说是千古不朽了！

　　简单说，思想纯正、内容充实、语言纯净、章法科学、便于入手，这就是曾巩的好处。

于是，曾巩再一次被高高地供了起来。清代中后期著名的文学流派桐城派主张：写文章要遵守道统、治统、文统。所谓道统就是儒家的思想体系，治统就是现实统治秩序，文统就是符合前两者利益与规范的文章之道。说白了，就是写文章要尊崇儒家思想，要遵守现实秩序，要用文章来表现道统、治统。道统、治统、文统三合一，表现出清代中后期文学家、政治家、思想家三者利益的趋同与集合，这种文学主张当然深得康熙王朝的垂青与关注。而纵观历朝历代之文章家，谁与这个三合一的主张最为契合？桐城派认为，就是曾巩。

可是很快，曾巩的好日子就结束了。1919 年，"五四运动"风起云涌，启蒙学者与救亡青年联合起来打倒"孔家店"，对中国传统文化、传统思想包括传统文学进行全面的清算与批评。他们将唐宋以来流行的文选学目为妖孽，将清代以来的桐城派视作谬种，认为这都不是文学，是误国误民的坏思想坏文学，也就是鲁迅所说的"吃人"的思想与文学。加之近代以来，国门大开，西学东渐，西方的散文观念慢慢渗入人们的心中，逐渐改变了人们心中散文的概念。大体说来，西方的散文概念主要是指美文，也就是记叙、抒情、写景之文，是所谓纯文学的文章。而中国古代的散文概念则较为宽泛，政论文、说理文、应用文甚至说明文，只要写得条理清晰、文字通脱精炼，内容充实，有一定的艺术性，都算是文学领域中的散文。简言之，许多在我们当代人看来比较枯燥、沉闷的古代政论、说理之文，在那个时代都属于文学的范围。所以，以我们现在的眼光看曾巩以及他的文章，就觉得他的文章不大吸引人，也没有多少美感、趣味感，就怀疑这样的文章家怎么能够入选八大家呢？殊不知在唐宋时代，这样的文章、文章家却是第一流的。

总之，一场"五四运动"，让曾巩倒了大霉。宋元明清几百年来，曾巩一直备受推崇，究其原因，主要就是他的儒家思想纯净端正，文章符合道统、治统的要求，是封建时代读书人的好榜样。现在孔圣人都被批倒批臭了，曾巩又怎么能有好果子吃呢？既然你们这些妖孽、谬种主张写古文先从曾巩入手，那么我们打倒"孔家店"也就从曾巩开始吧！于是近一百年来，曾巩一直默默无闻，沉寂无声，仿佛又回到了当初他在乡间务农读书的时候。

说了这么多，曾巩到底还是不是七加一呢？

如果从宋仁宗嘉祐二年（1057）曾巩中进士算起，一直到1919年为止。在这八百多年的时间里，曾巩不但不是七加一，恰恰相反，他的名声与地位正如芝麻开花，是节节高。如果按清人张伯行《唐宋八大家文钞》选文的数量排序，曾巩的选文数量遥遥领先于其他七大家，说他是一加七还差不多。然而，从1919年到现在，这九十多年的时间里，曾巩不但是七加一，有时候连这个一的位置都快保不住了。

与韩、柳、欧、苏、王等散文大家相比，曾巩的一生可谓平淡无奇，就像他这个人一样，永远都是不温不火的样子。但是他去世之后，其名誉地位的变化真可谓一波三折。他一会儿是著名的散文家，一会儿是著名的理学家，一会儿是文章写作的楷模，一会儿又是承前启后的圣人，一会儿被捧上天堂，一会儿被抛入地狱，一会儿是宗族祠堂里的神像，一会儿又是"孔家店"里的孽障。

那么，21世纪的我们，究竟该如何看曾巩呢？晚上回家，坐在躺椅上，一灯作伴，翻开飘着书香的《墨池记》，静静地读，静静地看，你会感觉到曾巩的善良，曾巩的温情，他并不想强迫你接受什么，只是娓娓道来一段想法，你可以接受，也可以不接受，但是对这个善良端正的读书人，我们可以保持应有的尊重与敬意。

面对曾巩，我们不再去想什么七加一、七加二。曾巩就是曾巩，他有自己的价值，他"这一个"的光从来都不需要借助"那七个"的光，他本身就是一颗巨大的恒星，一颗能发出无穷光与热的恒星。

第二讲

不经历风雨怎么见彩虹

曾巩是北宋著名的散文家，他的文学成就是有目共睹的。可是有谁知道，这个"唐宋八大家"之一的文学大家，为了一大家子的艰难生计，在家中整整苦读、奋斗了二十一年。这期间，种种的困难与坎坷，压得曾巩喘不过气来：他跟随父亲进京，却遭遇父亲暴亡的飞来横祸；他两度参加科举考试，却两次名落孙山；他一直到三十二岁才结婚，三十九岁的时候才考中进士，如果不是主考官欧阳修的大力推荐、褒扬，曾巩能否在科举考试中脱颖而出，还真是难以预料。与同龄人相比，曾巩的机遇总是姗姗来迟。

　　那么，曾巩的家中究竟有什么困难？他又是如何挑起这副沉重的担子的呢？我们可以将曾巩的家庭环境与其他那七大家做个简单的比较。

　　韩愈父母去世得早，依靠年长自己三十岁的兄长生活。韩愈十二岁那年兄长去世，他的嫂嫂郑氏视韩愈如自己的儿子，将他抚养长大。韩愈后来负笈北上京城，考中进士后进入方镇幕府工作，开始供养家人。

　　柳宗元则出生于唐朝河东地区的名门望族，柳氏的家族势力虽然大不如前，但是柳宗元青少年时代的家庭生活还是比较幸福的。他的父亲柳镇长期为官，母亲卢氏也颇有文化修养，他们对柳宗元的思想人格影响很大。

　　欧阳修的父亲去世很早，他随母亲郑氏在湖北随州依靠叔父欧阳晔生活。家境虽然较为贫寒，但郑氏很有见识，对欧阳修悉心教导。叔父欧阳晔很器重这个侄儿，对他的生活学习也很关心。

王安石的父亲王益曾在地方任官多年，颇有政绩。其母吴氏博闻强记，有较高的文化修养。他们对青少年时代的王安石影响甚大。

至于"三苏"，虽则苏洵的父亲苏序未曾做过官，苏洵本人的仕途经历也很短，但是苏氏家族在四川眉山算是较殷实的小康之家。苏洵及其夫人程氏很重视对苏轼、苏辙的教育。宋仁宗嘉祐二年（1057），苏洵带领两个儿子进京赶考，苏轼、苏辙双双考中进士。

总之，这七大家有一个共同的特点：不论各人家庭生活状况如何，他们本人在青少年时代的主要任务就是读书与准备科举考试。在考中进士之前，他们基本上没有承担过家庭生活的责任。

但曾巩就不同了。曾巩八岁的时候母亲去世，从十四五岁开始，他跟随父亲曾易占在任官之地读书。曾巩十八岁那年，曾易占遭人诬告失去官职，曾巩只好跟随父亲返回家乡南丰。那么，回乡之后曾巩的家庭生活是怎样的呢？曾巩的家庭成员很多，上有八九十岁的老祖母，五六十岁的父亲，有继母，还有一位兄长。下有四个弟弟，九个妹妹。对于富裕之家来说，人丁兴旺是好事，但是曾巩这一家子人当时的情形是"无田以食，无屋以居"（曾肇《子固先生行状》）。而从现存的史料来推测，曾巩的父亲与兄长都不是善于治家之人，所以这一大家子的生计问题就落在了曾巩的肩上：

> 公时尚少，皇皇四方，营饘（zhān）粥之养。……阖门待哺者数十口，太夫人以勤俭经理其内，而教养四弟，相继得禄仕，嫁九妹皆以时，且得所归，自委废单弱之中，振起而亢大之，实公是赖。（曾肇《子固先生行状》）

全家几十口人的穿衣吃饭问题就靠曾巩了。他的继母主持家务，曾巩在外谋求生计。最后的结果是什么？四个弟弟都做了官，九个妹妹都嫁了人，家里的所有困难都基本解决了，一个贫困至极的家庭终于一点一点地恢复了生机，这全靠的是曾巩。

总之，与那七位大家相比，曾巩实际上从十八岁起就开始负担起家庭生活的重担了，这是他与那七大家第一个最大的不同。曾巩曾有一首《读书》诗，记述他谋生的艰难：

> ……荏苒岁云几，家事已独当。经营食众口，四方走遑遑。一身如飞云，遇风任飘扬。山川浩无涯，险怪靡不尝。落日号虎豹，吾未停车箱。波涛动蛟龙，吾方进舟航。……

年纪不大，我就开始独自承担家庭的重任了。为了家里人能吃饱饭，我不得不匆匆忙忙地四处奔走。好似一片孤云，在风中飘荡，无依无靠。我走过无穷的险山恶水，听过虎豹的嚎叫。但是我却一刻也不敢停下来，波涛里就是翻卷着蛟龙，我也必须让航船继续前行，因为家里人还在等着吃饭呐！诗名为《读书》，开篇却写尽了人世间谋生的艰难与辛酸！我们真是难以想象曾巩这个书怎么读得进去？他的那些兄弟们又是怎么一个一个离开家乡出去做官的呢？

我给大家罗列一些数据，不用多说大家自然就明白了。

唐宋八大家当中，除了苏洵一人之外，其余七人都是进士出身。其中，韩愈二十五岁中进士，柳宗元二十岁中进士，欧阳修与王安石都是二十三岁中进士，苏轼二十一岁中进士，苏辙最小，十八岁就中了进士。曾巩呢？三十九岁才中进士，是八大家当中最老的进士。这样看来，曾巩之所以是八大家当中最不起眼的一个，也就不足为奇了。

然而这只是事实的一面，事实的另一面是：宋仁宗嘉祐二年（1057），在曾巩考中进士的同时，他的弟弟曾牟、曾布，堂弟曾阜，妹夫王无咎、王彦深也同科考中了进士，一门六人同科进士，虽然不能说空前绝后，但也可以说是古今罕有的盛事！嘉祐二年这一科的进士多为精英人才，其中就有苏轼、苏辙兄弟，还有后来著名的哲学家程颢、张载等人。

然而这还远远不是事实的全部。四年后，嘉祐六年（1061），弟弟曾宰又考中进士，嘉祐七年（1062），妹夫关景晖考中进士。又过了四年，宋仁宗治平二年（1065），兄长曾晔的儿子曾觉考中进士。两年后，治平四年（1067），弟弟曾肇又考中进士。十年之间，曾氏家族中先后有十人考中进士，在穷困得天天为吃饭发愁的大家庭中，能够涌现出如此之多的人才，能够考中如此之多的进士，这真的是天大的奇迹！我们不能说曾巩是这个奇迹的创造者，但是，曾巩显然是推动奇迹发生的最关键人物。

曾巩十八岁的时候，父亲曾易占被罢官回家。一直到他三十九岁考中进士，整整二十一年的时间，曾巩住在家中，一边料理家务，一边勤奋读书。这对于一个素有志向的青年来讲，是非常痛苦的经历。但是没有办法，是为家人谋求生计还是为自己实现志向？只能选择前者。

由于家境贫寒，曾巩不得不将几乎全部的精力放在养家糊口上，曾巩直到三十二岁才结婚，这在封建时代是难以想象的晚婚纪录，而婚后由于缺医少药，他的两个女儿又先后夭折。其中一个女儿去世的时候，他正在京城准备科举考试。他后来在回忆中沉痛地哀叹：

> 二女生而值予之穷多故，其不幸又夭以死，所谓命非邪？
> （《二女墓志》）

我的闺女真可怜，她们出生在我这个贫困的家庭里，年纪小小的就丢掉了性命，这难道不是她们的命运吗？！

我们在前一讲里曾说过，曾巩的文章写得非常端正、纯净、朴实，后代人之所以推崇他，就是因为他有着非常端正醇雅的儒家思想。那么，曾巩为什么有这样的思想？为什么能写出这样的文章来？毫无疑问，有什么样的人格就会有什么样的文章，而曾巩的人格又是从这艰难的生活当中磨练出来的。曾巩是一个大散文家，但他首先是一个有着强烈责任感的人，他不仅有责任感，而且有能力承担责任，实践责任。他不仅为家庭谋生计，而且为弟弟妹妹谋出路，没有放松对他们的教育。

那么，曾巩是如何在如此艰难的生活中，克服困难，坚持读书，坚持学习，一步一步带领兄弟们走上科举成功之路的呢？

曾巩自幼就体现出了很高的文学天赋，《宋史》记载曾巩少年时"读书数百言，脱口辄诵"。宋仁宗庆历元年（1041），二十三岁的曾巩入汴京国子监广文馆太学就读。这期间他拜访文坛领袖欧阳修，深得欧阳修的赏识。然而，他越是深得欧阳修的赏识，心里就越难过，因为艰难的家庭生计拖累着他，使他无法全身心地投入读书、学习与科举考试中去。

在给欧阳修的信中，他说：

> 徒恨身奉甘旨，不得旦夕于几杖之侧，禀教诲，俟讲画，不胜驰恋怀仰之至。（《上欧阳学士第二书》）

大意是说：我很想朝夕侍奉在您的身边，时时刻刻聆听您的论学教诲，获得您的指教，可是我没有办法，因为我要侍奉我的父母，我要为我的大家庭谋求生计。所以我只能远远地思念您，将仰慕之情深深地埋藏在心里。

在给欧阳修的另一封信中，他说：

我闲居江南之地，写文章就是想有所作为。可是现在家里人生活窘困。祖母年纪老迈，弟弟妹妹又多，吃饭穿衣的钱尚且不够，更何况读书学习做其他的事情呢？本来我想带着老人远赴数千里跟随先生您学习，可是按照朝廷的规定，只能先入州学，才能够进入太学，算来算去时间不够用，只好放弃这个打算，回家侍奉父母，这是没办法的选择，真是不得已而为之啊！

我深知，没有良师诤友的提携奖掖，就这样浑浑噩噩地混迹于市井之中，也许很快就会变成一个庸俗的人。但是我早起晚睡地为生计奔忙，很难得到片刻的安宁与舒适。皇上现在正在重用您，您们每天讨论的都是天下大事，到了适当的时候您可得记着我呀！

这就是曾巩内心的苦衷！一个有才华的年轻人能够有幸得到一代文宗欧阳修的赏识，当然是非常难得的机遇，谁不想乘势而上有所作为呢？苏轼兄弟就抓住了这样的机会，所以能够步步生莲，级级高中。但是曾巩因为家庭的拖累，只能眼睁睁地看着大好的机遇从身边掠过，他又怎么能不难过呢？

有人也许会问，欧阳修为什么不能帮帮他呢？

欧阳修虽然器重曾巩，但一则，欧阳修自从步入仕途便麻烦事儿不断，在曾巩考中进士之前的十几年间，欧阳修已经先后被贬谪两次，遭遇了一次严重的诬告。在这一时期，也正是欧阳修自己仕途的爬坡阶段，要想在政治上仕途上切实地帮助曾巩，恐怕也是心有余而力不足。二则，即便是欧阳修有意愿有能力在经济上资助曾巩，以曾巩的个性恐怕也不愿意接受欧阳修或者其他朋友的长期资助。事实上，范仲淹、杜衍等人都曾不同程度地资助过曾巩，我想欧阳修也应该以某种方式资助过他。但是资助并不是根本的解决之道，归根结底还是得靠自己来解决吃饭问题。更何况，欧阳修本身也要养家糊口，也有一大家子人需要照顾。三则，对于曾巩而言，欧阳修等人对他的意义远远不是经济价值，而是精神价值，如果没有了欧阳修这些朋友，曾巩就是拥有万贯家财也一文不值，如果拥有欧阳修这些朋友，即便是身无分文也可以称得上是身价百倍。

因此，曾巩虽则在现实面前感到非常痛苦，但是能够获得欧阳修等人的赏识与器重，这对他来说比什么都重要。要知道，巨大的痛苦对于素有大志、意志顽强的人来讲，也是一种力量。

宋仁宗庆历七年（1047），朝廷下诏书，召曾巩的父亲曾易占入京。曾巩当时身体有病，但还是陪侍着六十九岁的父亲前往汴京。孰料走到南京（今河南商丘），父亲忽然暴病身亡！这对于二十八岁的曾巩来说真是晴天霹雳，怎么办？家人都在江西南丰，他孤身一人在陌生的南京，两手空空，如何护送父亲的灵柩回乡？如何料理后事？在《读书》一诗中，曾巩回忆道：

> ……最自忆往岁，病躯久羸尪。呻吟千里外，苍黄值亲丧。母弟各在远，计归恐惊惶。凶祸甘独任，危形载孤艎。崎岖护旅梓，缅邈投故乡。至今惊未定，生还乃非常。忧虑心胆耗，驰驱筋力伤。……

想当初，我以久病羸弱之躯，仓皇奔波于千里之外，父亲忽然去世，遭遇如此不测，真是叫天天不应叫地地不灵。母亲、兄弟都不在身旁，想要立刻将这噩耗传给家人，又担心他们会惊慌失措。只好独自承担起这悲伤与恐慌，感觉自己好像在一叶孤舟上飘零。能够活着回到家乡真是万幸，可是身心早已疲惫不堪，精神与肉体都已经消耗得差不多了。

好在天无绝人之路。欧阳修的朋友杜衍，当时刚刚从宰相的位置上退下来，闲居在南京。曾巩曾给杜衍写信求教学问，虽然有书信之缘，却从未谋面。现在遭遇了如此紧急之事，曾巩也顾不得那么多了，只好硬着头皮向杜衍求助。杜衍很不错，出资安排曾巩护送父亲的灵柩回乡。在给杜衍的感谢信中，曾巩回忆说：

明公独于此时，闵闵勤勤，营救护视，亲屈车骑，临于河上。使其方先人之病，得一意于左右，而医药之有与谋。至其既孤，无外事之夺其哀，而毫发之私，无有不如其欲；莫大之丧，得以卒致而南。其为存全之恩，过越之义如此。（《谢杜相公书》）

正当我孤独无依的时刻，您及时赶来，亲自过问救护及后事的情况，悲悯之情溢于言表。正是因为有了您及时实际的帮助，使我得以全力以赴照顾病重的父亲，也使我有能力安排父亲的后事，将他护送回乡，您对我的恩情就是亲情也不过如此。

经过这一场变故，曾巩的家庭生活几乎陷入绝境，曾巩本人也患上了肺病，几乎丢掉性命。多亏当时的洪州（今江西南昌）知州刘沆赐给他家一些田地，使他们在濒临绝境的时刻又看到了一线希望。在写给刘沆的信中，曾巩说：

您念我体弱多病，贫苦无所依靠，但却勤于读书，因此对我特予优待，不想让我再被生活所拖累，因此赐田地给我。您对我的恩情真是像高山一样厚重，让我无以回报！

你看，无论是欧阳修还是退休的宰相杜衍，亦或是洪州知州刘沆，他们与曾巩非亲非故，但为什么在曾巩遭遇困境的时候，总能够出手相助呢？身处贫困的曾巩并不能给他们带来什么丰厚的回报，也很难预测自己未来一定会飞黄腾达，一定就会有可以预期的报答。他们之所以愿意帮助曾巩，就是因为曾巩是个难得的读书种子，所谓："谓其有诗书之勤，则曲加于奖待；谓其有衣食之累，则特甚于矜怜。"（曾巩《与刘沆龙图启》）看他读书勤奋，就想帮助他摆脱衣食之累，好让他能够全力以赴地读书，有所成就。同时，他们也看到曾巩不仅有才华，勤于读书，也是一个有志向有孝心的人，他们不仅被曾巩的追求所打动，也被曾巩的精神所感染，这种追求、这种精神就是一个人的境界与水平。曾巩的身份地位、经济状况都比较低，但是他的人格境界达到甚至超过了同时代很多的读书人，所以这些人敬重他钦佩他，愿意出手相助。

就是在这样艰难的情况下，曾巩依然坚持读书，坚持参加科举考试。宋仁宗皇祐五年（1053），三十五岁的曾巩与兄长曾晔一起向科举考试发起了冲击。令人遗憾的是，他们双双落榜。回到家乡后，失意无比的兄弟俩，又被同乡人冷嘲热讽了一番。也许是因为他家里太穷了，所以人家就看不起他们：这么穷的家庭，饭都吃不饱，成天还想要成龙变凤，考什么考啊！当地人就给他们哥俩编了一个歌谣，说：

> 三年一度举场开，落杀曾家两秀才。有似檐间双燕子，一双飞去一双来。（宋·王明清《挥麈后录》）

宋代科举有一个时期是三年取一科。意思是说：每隔三年一次科举考试，曾家兄弟每次都被拿下。他们就像屋檐底下的那一双燕子，飞去的时候是两只，飞回来的时候还是一双。潜台词就是：就没有一个直接飞上金銮殿高中进士的！

面对这样的冷嘲热讽，曾巩的态度是什么？"南丰不以介意，力教诸弟不怠。"（《挥麈后录》）曾巩根本不介意别人说什么，只是更加努力地教诲自己的弟弟们要刻苦攻读，绝不要懈怠。用但丁的话来说就是：走自己的路，让别人说去吧！为什么曾巩能够如此淡定从容地面对失败？因为曾巩对于科举考试的成与败早就有自己成熟的思考。

还是在宋仁宗庆历二年（1042），二十四岁的曾巩第一次参加科举考试，结果失败了。回家之前，欧阳修写了一篇文章，为他送行。欧阳修在信中说：

有司敛群材，操尺度，概以一法，考其不中者而弃之。虽有魁垒拔出之材，其一累黍不中尺度，则弃不敢取。（《送曾巩秀才序》）

有关部门在选拔人才的时候，手中掌握着一个既定的标准，凡是符合这个标准的就能录取，凡是不符合标准的就不予录取。对那些特别杰出的人才，只要他们在考试中略有疏忽，有一点点不符合这个标准，也照样被舍弃。

欧阳修接下来很沉痛地说：如果这个考官还有点儿良心，有点儿同情心，他也只能跟着你一起叹气说：哎呀，你没考中实在是太可惜了。我知道你很优秀，你应该考中，但是有什么办法呢？家有家规，国有国法，我们考试也有考试的标准。没办法了，好好准备好好复习，等下一年再来吧！就是一般的老百姓也不会去埋怨考官们，为什么呢？因为大家心里都有一个概念，考试总是需要有标准的，你考不上，就是不够格不够标准，没啥好说的，只能说明你自己努力得还不够。

可是在欧阳修看来，并不是这么个道理。他说：

有司所操，果良法邪？何其久而不思革也。（《送曾巩秀才序》）

难道我们现在的规矩就一定科学吗？难道不能对它进行改革吗？如果有一天这个标准发生问题了，那么对考生来说还公平吗？显然，欧阳修写这篇赠别曾巩的文章，是在为曾巩的考试失败抱打不平。曾巩家中如此穷苦，如此潦倒，负担那么重，他如此有才华，读书又如此刻苦认真，好不容易参加一次科举考试却没有考中，就要灰溜溜地回去。欧阳修深深地为他感到惋惜与遗憾，所以无论如何也要在道义上为曾巩辩一辩是非曲直：

曾巩的学业已经很成熟了。其大的方面早已如巍巍堡垒，其小的方面也是中规中矩的，现在却没有被录取，我替你们这些人感到惋惜。接下来，欧阳修讲的话就非常感人了，他说：

> 然曾生不非同进，不罪有司，告予以归，思广其学而坚其守。(《送曾巩秀才序》)

我还在安慰曾巩，可是他本人却连一句抱怨的话都没有。他没有非议考中的考生，也没有怪罪科举主管部门，只是告诉我，他自己要回家去了，回去之后继续增广学问，固守志向，以备来年再考。

我们都还记得唐代散文家韩愈落榜后的表现。韩愈给朋友写信，认为自己之所以考不中，不是自己水平不够，而是因为自己没有走后门，跑关系。他嘲讽考中者的文章远不如自己，认为跟这些人一同参加科举考试是自己的耻辱。他傲慢地宣布：科举不要我，我还未必参加科举考试呢！可是另一方面，韩愈又实在难以承受考不中的烦躁，他在一个多月的时间里接连三次上书宰相，抱怨科举制度的弊端，请求宰相破格提拔重用自己。由于没有收到宰相的回复，韩愈痛斥宰相严重失职，不重视真正的治国之才。

与韩愈相比，曾巩面对科举失败的结果，真是淡定多了。所以，欧阳修不由得大发感慨：

> 予初骇其文，又壮其志。夫农不咎岁而蓄播是勤，其水旱则已，使一有获，则岂不多邪？(《送曾巩秀才序》)

我最初只是觉得曾巩的文章写得好，为之感到震惊，认为他是不可多得的一代奇才。现在听了他的这番话，"又壮其志"，觉得他真是难得的有高远志向的年轻人。曾巩就像那勤劳的农夫一样，只问耕耘不问收获，不管天气是怎样的，只是认真勤恳地播种，遇到水灾旱灾自然没有收成，但也并不因此就怨天尤人，而是更加努力地苦干，这样的人，只要各方面条件适合了，就一定会有多多的收获。

所以，对一个人来说，遇到挫折失败是常有的事，关键是不要从社会和他人的身上找问题，而要从自己的身上找问题。这种考虑问题的方式就是一种健康的态度。如果每个人都用健康的眼光、健康的心理去看待社会的话，那么这个社会就一定会越来越健康、越来越美好。我们前面一再说曾巩的文章写得很纯净、很端正，这固然与他的儒家思想修养有关，但更重要的是，他在学习、工作、交友的过程中，始终能够保持一个端正的、健康的态度。什么叫做端正的、健康的态度？就是对社会、对他人保持最朴素最基本的善意，对社会、对他人尽可能保持理解的态度。一个人如果能够做到这一点，那么，社会、人群乃至整个世界在他的眼中，都会变得更有光彩、更有希望，也更有前途。一个对世界充满期待与希望的人，他自己的前途也必将充满光彩。这样的人，拥有的知识越多，心灵就越丰富、越美好、越开放，曾巩就是这样的人。所以欧阳修对曾巩不仅欣赏、钦佩，而且对自己能够有这样的门生感到庆幸：

> 曾生橐其文数十万言来京师，京师之人无求曾生者，然曾生亦不以干也。予岂敢求生，而生辱以顾予。是京师之人既不求之，而有司又失之，而独余得也。于其行也，遂见于文，使知生者可以吊有司，而贺余之独得也。（《送曾巩秀才序》）

曾巩带着自己几十万字的文章来京城寻找出路，京城没有人理睬他，而曾巩也不会去求他们开恩给条出路。我又怎么敢贸然请见曾巩呢？是他谦虚地来看望我罢了。京城的人既然不理睬曾巩，负责科举考试的部门又不愿意录取他，只有我得到他。为这个，我真的应该慰问一下主考官，同时应该为我自己而庆贺一番。

曾巩家境贫寒，又在科举考场上几度失利，却没有因此而意气消沉、一蹶不振，反而能以健康、积极的心态来面对现实。作为他的老师，欧阳修对曾巩的表现自然是大为赞赏、勉励有加，更是给予他温厚的关怀与宽慰。那么，曾巩为什么能够保持如此健康、淡定的心态呢？他究竟如何看待自己的科场失败呢？

曾巩也给欧阳修写了一封信，在信中他说：

> 重念巩无似，见弃于有司，环视其中所有，颇识涯分，故报罢之初，释然不自动，岂好大哉？诚其材资召取之如此故也。（《上欧阳学士第二书》）

这次科举考试没有被录取，我认真地反思了一下，觉得自己还是水平不够，欠点儿火候。所以考试成绩一下来，我没被录取，内心其实比较轻松释然，我这样说绝对不是故作姿态说大话，而是对我自己有充分的认识。

你看，曾巩不仅有勤于养家的本领，还勤于读书，不仅勤于读书，还有远大的志向与开阔的心胸，而且他的头脑也非常的冷静、清醒。我们之前曾说，欧阳修年轻的时候被贬一点儿也不悲观，不完全是因为他性格乐观，而是因为他对朝廷对时局有正确的判断力，对自己的前途有充分的信心，所以真正的乐观主要不是来自于性格因素，而是来自于高度的自信与正确的判断。那么，科举考试失败后，曾巩为什么能如此释然轻松呢？第一，他有一颗知足的心。曾巩虽然家境贫寒，但与其他人相比，他认为自己够幸运也够幸福了。在给欧阳修的信中，曾巩谈到自己回家乡途中的所见所感：

一路之上，我看到有成百上千的人背负着沉重的行囊，拉着拖车，扶老携幼向东流浪。据说他们是为了逃避旱灾与沉重的徭役赋税，从自己的家乡逃了出来，一路担惊受怕，无处安身。他们只是希望自己能有一口饭吃，苟且偷生便很知足了。

与他们相比，我觉得自己已经非常幸运了。我出生在这样一个没有战乱的时代，因为祖上一直在做官，所以像杜甫一样"生常免租税，名不隶征伐"（杜甫《自京赴奉先县咏怀五百字》）。不必辛辛苦苦地服兵役、劳役。从小到大，每天都有衣穿有饭吃，只是琢磨读书作文，琢磨仁义道德，不用在严寒酷暑中辛苦劳作。现在，我考完试回乡，身边还有仆人侍奉，有鞍马骑乘，就是在家里，也有粗茶淡饭，不至于天天饿肚子，比起这些难民，我真是幸福，我怎么能不感到欣慰与知足呢？

曾巩不仅对自己有信心，而且对自己的师长、朋友有感恩之心。在给欧阳修的信中，他说：

现在虽然我落第了，但是我很幸运，能够得到您这样杰出人物的赏识，真的很知足了。您对我实在太器重了，甚至说门下成百上千的人，您最赏识的就是我。我要离开京城的时候，您又专门赠文给我，不仅没有因为我落第而训诫我，反而为我的遭遇而叹惋不已。说实话，就是对普通人的赏识，我也会感恩戴德，永生难忘，更何况您是当代大儒，海内师表，由于您对我的评价，世人都会反复掂量我的分量，这对我来说实在是太重要了。能够得到您的奖掖提携，我实在是一万倍的感激。

我知道自己无才无德，没有能力从事圣贤的事业，也当不起您这样的夸奖。我只有日夜苦读，刻苦用功，方能不辜负您对我的期待。

刚才说过，健康的心态来源于对社会、对自己的信心。读了曾巩给欧阳修的信，我们知道，健康的心态也来源于对社会、对人群的充分理解与认识。只有对社会对他人有更多的关注、同情与理解，才能更充分地体会到自己拥有的生活是多么幸福。一个人，如果永远生活在自己的小宇宙当中，他就永远也不会体会到真正的幸福，他就会永远生活在抱怨与愤愤不平之中。

曾巩很幸运，他在二十四岁的时候，就已经达到了这个境界。虽然没有考中科举，但是他的才华、品德已经广为人知，他虽然在考场失败了，但在考场之外却收获满满，这是曾巩科场失利后最大的成功。对于曾巩来讲，只要我的学问、思想、人格得到了社会、人群的认同，就很成功了。与此相比，一两次考试的失利完全算不了什么，因为我的价值已经得到了部分的实现。

所以曾巩虽然在江西南丰乡间蜗居了二十余年，但是他的人生境界并没有因此而沦落，相反，他的言论与眼界与同时代的佼佼者们相比毫不逊色。为什么？因为在他身边有像欧阳修、杜衍、王安石、刘沆这样的时代骄子，曾巩与他们时刻都保持着密切联系、沟通与交流。相对于曾巩的家乡，以及那些嘲讽曾巩的家乡人来说，这些人完全属于另外一个世界，另外一个境界。曾巩之所以能够几十年如一日地住在南丰家中，一边养家糊口一边刻苦攻读，始终不坠青云之志，就是因为他身在南丰而心在另一个世界。在那个世界里，"欧阳修们"始终能够让他保持着昂扬的精神，高尚的理想，始终给他以鼓舞，给他以力量，给他以支持。

从十八岁到三十九岁，曾巩在家乡住了二十一年，但他不是一个沉沦的宅男，相反，他"宅"得很有力量。从客观上来说，曾巩的"宅"是被动的，但从主观上来看，他的"宅"却是主动的，是在积蓄力量。他就像一个拳头，平常攥得很紧，一旦积蓄了足够的力量，便会果断出击，便会在文坛上释放出他的光彩，展现出他的力量，我想，这也许正是曾巩对于当代社会的价值与意义。

第三讲

身处乡野　名比天高

从十八岁到三十九岁，整整二十一年，曾巩一直住在家中，勤苦劳作，四处奔波，供奉老人，照顾弟弟妹妹，带领众兄弟刻苦学习，最终不仅自己考中进士，而且一家六人同科都中了进士，非常出色，也非常不容易。

　　其实故事讲到这儿也就差不多了，说得再大，也不过就是个苦孩子勤奋学习的故事。但是事情看来远远没有这么简单，起码北宋时代的文人们对曾巩的评价可不仅仅止于"三好学生"的水平。曾巩去世后，同代文人林希在《墓志》中写道：

　　　　由庆历至嘉祐初，公之声名在天下二十余年，虽穷阎绝徼之人，得其文手抄口诵；惟恐不及，谓公在朝廷久矣。

　　从宋仁宗庆历初年到嘉祐初年，这二十多年间，曾巩虽然一直住在家中，但是他的名气却非常非常大，大到什么程度呢？不管是谁，就算是住在天涯海角，住在穷乡僻壤，他们也会争先恐后地传抄曾巩的文章，诵读曾巩的文章。大家有一个共同的感觉，曾巩虽然远离政治文化中心汴京，在偏远的江西南丰家中住了二十多年，无权无势又落魄失意，但感觉好像他已在朝廷做官多年，感觉他一直都活跃在东京汴梁的文化圈里。换言之，虽然人不在江湖，但在江湖的名声很大。

　　问题在于：就算曾巩顾全大局，料理家务，就算他照顾弟弟妹妹，刻苦学习，忙里忙外，但这样的人在我们生活中其实并不算少。例如家庭贫困的大学生，不仅自己勤工俭学，有的还要供养弟弟妹妹上学，父母身体不好的，甚至还要挣钱给父母治病。现在各种文摘、报纸上这样的优秀事迹很多。所以如果曾巩的事迹止于此，还真没什么特殊的地方。关键就在于：曾巩久居乡野二十余年，但是声名鹊起，蔚为大家，江湖中人，共所敬仰，这就不能不令人称奇了！

那么，顾家模范、学习模范曾巩到底凭什么在当代人心目中有如此之高的地位呢？

曾巩蜗居在家期间，大约三十五六岁前后，写了两篇很重要的文章，一篇叫做《学舍记》，一篇叫做《南轩记》，其实写的都是自己一间简陋的书房，所以权且把它们二合一叫做《书房记》。

《书房记》是这样写的：

我们家边上有这么一块荒地，我给它拔拔草，种点竹子，种点蔬菜，修修剪剪。再盖座小茅屋，这就是我的书房了。我在其中悠然自得。"世固有处廊庙之贵，抗万乘之富，吾不愿易也。"（《南轩记》）这个世界上，有在朝为官的尊贵，有富拥四海的财富，如果拿来与我这间小小的茅草屋换，我不换！

我们如果给曾巩这书房取个名字，我看就叫做官不换，金不换！

也许有的人瞧不起这个"金不换"，可不是吗？说是金不换，其实不就是一间简陋窄小的茅草房吗？但是在曾巩看来，这间书房对他非常重要，价值非凡。他笑着说：这间书房对我来说太适宜了！我每天忙忙碌碌，为家里的日常琐事奔走。我住的是低矮简陋的小屋，吃的是粗茶淡饭，但是我却能够安于贫困。为什么？因为"固予之所以遂其志而有待也"（《学舍记》）。在我的内心里，有一个要实现的目标与志向，为了它，我一直在等待时机。曾巩有什么志向？在等待什么时机？

在《南轩记》中，曾巩吐露出他内心的所思所想，他说：

我自己观察，古来圣人著书立说的用意无非是四个字，叫做"去疑解蔽"，也就是启发民智，传播文明。我们跟圣人学什么呢？读圣人的书，可以增长见闻，养育忠义之气，学会严于律己，宽以待人，有错就改，自强不息，这就是我内心的追求。对于一个读书人来说，这些做人做事的准则都是所谓的标准答案，但是仅仅知道了标准答案还远远不够，这对一个君子、一个读书人、一个男子汉来说还差得太远，在正确的基础上，还需要什么？还需要审时度势，也就是观察形势。如果遇到有利的时机，就要出仕去实现自己的理想，这时候如果反而隐居在山谷中，就是不合时宜；如果时机不利，那么就不要急着去实现自己的理想，这时候如果辛辛苦苦地去施行自己的主张，也是不合时宜啊。正所谓："穷则独善其身，达则兼济天下。"（《孟子·尽心上》）可是仅仅会审时度势还不够，因为一味地审时度势，往往就会跟着形势跑，跟着领导跑，跟着权威跑，就会把自己跑没了。所以在审时度势的基础上，还必须要坚持自我，曾巩说：

> 吾之不足于义，或爱而誉之者，过也。吾之足于义，或恶而毁之者，亦过也。彼何与于我哉？此吾之所任乎天与人者。然则吾之所学者虽博，而所守者可谓简；所言虽近而易知，而所任者可谓重也。（《南轩记》）

我做得还很不够，但是人们却一味地称赞我，这就错了；我做得很好，却有人诽谤诋毁我，这也是错的。我的言论，我的行为，我的做派，我的志向，不会受外界的影响，我不会因为外界的不同评价而动摇自己的志向、思想，我的思想、志向只与一件事有关，那就是上天赋予我的崇高使命，苍生百姓赋予我的重大责任。这就是端正、纯净的儒家人生观。

这就是孔子曾说的"三军可夺帅也，匹夫不可夺志也"（《论语·子罕》）的精神，也就是孔子的学生曾子所说的"士不可以不弘毅，任重而道远"（《论语·泰伯》）的精神：一个军队的主帅可能会改变，但一个男子汉的志向却不可能被动摇；一个君子，一个读书人，不可不具备坚强的意志，因为他肩负重任，路途遥远。

难怪曾巩说他这个书房金不换呢，在这个书房里，曾巩居然悟出了这么多道理，在一般人看来，他一定是天天呆在这屋子里读书的吧，而且肯定是博览群籍、焚膏继晷才能达到这种程度。我告诉你，还真不是。不是曾巩不想在书房里读书，而是做不到。为什么做不到？因为为了糊口，曾巩跑遍了祖国的四面八方：

> 西北则行陈、蔡、谯、苦、睢、汴、淮、泗，出于京师；东方则绝江舟漕河之渠，逾五湖，并封禺会稽之山，出于东海上；南方则载大江，临夏口而望洞庭，转彭蠡，上庾岭，縣浈阳之泷，至南海上。（《学舍记》）

如果以江西南丰为中心，则向西向北跑过河南、安徽、山东、江苏等地；向东则横渡长江，穿越太湖，到达浙江东部；向南则经过汉口、越过洞庭湖、鄱阳湖，直到偏远的广东，直抵南海。一路之上，曾巩见识过汹涌波涛中的蛟龙，遇到过深山密林的猛兽，风里来雨里去，单身独骑，昼夜兼程，不知克服了多少艰难险阻。为的是啥？为的就是全家人的一口饭！

除了衣食之谋外，他还要考虑弟弟妹妹的婚嫁之事，祭祀祖先的大小事宜，亲朋好友的迎来送往，各种各样的苛捐杂税，还有重振曾氏家族，光耀门庭这样的大事。曾巩身体不好，疲惫不堪，整天忙来忙去都难以一一办理周全，所以根本"不得常此处也，其能无焰然于心邪"（《南轩记》）？我根本无法经常在书房里读书，我心里怎么能够安宁？怎么能不火烧火燎？读书人没有时间精力读书，那该是多么痛苦！可是思想家就是思想家，对一般人来说，读书学习是一种锤炼、修养，而对曾巩来说，没有时间精力读书，不能在书房读书，其实也是一种锻炼，一种领悟：

> 凡吾之拂性苦形而役于物者，有以为之矣。士固有所勤，有所肆识，其皆受之于天而顺之，则吾亦无处而非其乐，独何必休于是邪？顾吾之所好者远，无与处于是也。（《南轩记》）

我为生计所迫，生活得如此艰难，又劳神又费力，我的本性一再受到压抑，也许，这就是老天爷给我的磨练，想要让我有所作为才故意如此吧？读书人有时候固然可以放纵性情，随心所欲地做自己想做的事情，但有的时候也必须经受生活的磨砺，这本来就是上天的安排，所以对我来说，在任何处境中都将是很快乐的。我所要追求的目标非常远大，并不是只有守在这小茅草房中读书才算是锤炼、修养呀！换言之，读书是锤炼、修养，吃苦受累也是锤炼、修养，你要实现理想，就必须承受这些。

这不由得让我们想起孟子说过的："故天将降大任于是人也，必先苦其心志，劳其筋骨，饿其体肤，空乏其身，行拂乱其所为，所以动心忍性，曾益其所不能。"（《孟子·告子下》）

所以你看，曾巩虽然没时间在"金不换"里读书，但是他的大脑并没有停止思考。孔子说："学而不思则罔，思而不学则殆。"（《论语·为政》）从某种意义上来说，思考比读书更重要，是更重要的锤炼与修养。没有大段的时间读书，那就抓紧一切时间、挤出时间读书，提高读书的效率。曾巩的读书效率太高了，真可以说是博览群书。可以这么说，只要天下有的书，他都看。他读孔孟以及其他儒家经典著作，读诸子百家之书，读史书，读古往今来刻在山石之上、墓碑之上所有能看到的文字，甭管是正经的还是荒诞的，他都会认真读。至于兵法、音乐、种植、天文历法、农林渔牧、方言地理、佛教老庄等方面的书，更是无所不读。不仅读，而且"日夜各推所长，分辨万事之说"，体会书中所写的天地万物、修身治国、存亡治乱之道。

曾巩说："处与吾俱，可当所谓益者之友非邪？"我天天跟书在一起，书籍就是我的朋友。曾巩家境一直不好，就是后来做了官，也并不富裕。但是他舍得花钱买书藏书，欧阳修一生做过不少大官，比较富裕，也喜欢藏书，六一居士家藏图书一万卷。可曾巩比他多，藏书两万多卷。人们常说，这书读得多了，就容易变成书呆子，变成书虫。曾巩既不是书呆子，也不是书虫，他讲了一句很重要的话：

> 吾之所学者虽博，而所守者可谓简；所言虽近而易知，而所任者可谓重也。(《南轩记》)

我的学识虽然广博，但是坚守的原则却很简单；我所说的话虽然都很浅显，但是我的责任却非常重大。简单说：书要越读越多，真理要越总结越简单。真理往往都是最简单最朴实的。人生原则也是一样，原则越简明越靠谱，原则越多，妥协的空间就越大，就越不是原则了。无论是真理还是原则，最重要的在于真正理解、坚持与执行。责任更是如此，只有坚持原则与真理的人，才能真正承担起重大的责任。否则一切都是空谈，都没有意义。曾巩这个人，读书读出最简单的道理，说话说出最简单的话语，却承担着家庭、社会最重大的责任。

曾巩将《南轩记》写在墙壁上，早晚都看看，自己鼓励自己。

现在我们回到最初的那个问题，为什么曾巩二十余年蜗居乡野，却能闻名天下？因为他有一间简陋的书房，他有一个明确坚守的志向，他有刚毅卓绝的顽强意志，他有渊博丰富的学识，他有对人生、对社会、对理想的深刻领悟，他的思想坚定、朴实、简单、明确，有一种不可征服的强大力量，这就是身处贫困的曾巩震撼世人的地方。

此外，在这二十余年里，曾巩虽然远离京城与官场，但他始终与北宋最杰出的政治家、思想家们保持着密切的沟通与交流。换言之，他虽然所处者远，所居者狭，然而他的思想交流、思想界限却一点儿也不狭窄，相反，他的思想与时代始终保持着同一个步伐，足以令天下读书人为之瞩目。

一代名臣范仲淹非常赏识曾巩，曾经馈赠给他绢帛等贵重的财物，资助他的生活。曾巩在给范仲淹的答谢信中表示，您虽然对我很赏识，但是很遗憾，我却没有什么可以报答您的。以我的学问不足以通达古今之变，以我的才能不足以胜任一般工作，以我的德行做不到无愧于心。我到现在，没有房屋田产，家里经济困难，老人、弟弟妹妹的事情都没有解决，实在是很不长进！尽管我与您相距千里之遥，您还记得我这个默默无闻的小人物，这只能说您"乐得天下之英材，异于世俗之常见"（《答范资政书》）。这只能说明您乐见天下之英才，您的见识与世俗之见到底不同啊！

紧接着曾巩说：

古代的时候，即使是尊贵的王公大臣，依然能放下架子善待贫贱的读书人，这是当时的社会风气。可是现在的人不一样，势利之徒太多。昨天是穷人，今天变富贵了，对朋友的嘴脸马上就不同了。现在的读书人呐，既愚笨又贫贱，平时就没有积累什么道德之义，所以还要靠像您这样的当代大贤大德领风气之先。您的行为做派一定会激励天下人革除这日渐沦丧的道德风气，树立纯朴端正的世道人心。

　　其实，对范仲淹来说，偶尔资助曾巩也许只是一件很小的事情，但是对于曾巩来说，事情却没有那么简单。他的观念是：您对我礼贤下士，对我礼遇有加，我当然很感谢很领情。但是您对我的礼遇不仅仅是我个人之事，也是时代之事，是对天下读书人、天下势利小人的一个提醒。所以范仲淹的举动就不再是一个个人的行为，而是具有了时代的意义。虽然只是一封简单的回信，却能看出曾巩的眼光。

　　宋仁宗庆历五年（1045），范仲淹主持的"庆历新政"失败了，参知政事范仲淹被贬陕西河东宣抚使、郴州知州。这时候，曾巩给他写了一封信，其中有一段话很重要，他说：

　　　　事之有天下非之，君子非之，而阁下独曰是者；天下是之，
　　　　君子是之，而阁下独曰非者。及其既也，君子皆自以为不及，
　　　　天下亦曰范公之守是也。（《上范资政书》）

　　假如有一件事，天下所有的人都说这件事不对，是错误的，正人君子们也这么说。可是唯独您说这件事是对的。再假如，又有一件事，这次范公您认为这件事不对，可天下人和君子们都说这件事是对的，结果到最后，事实证明您的判断都是对的，那么，君子们都认为他们确实不及您的见识，而天下人也都会称赞范公您的操守与定力。

　　曾巩这时候为什么在信中跟范仲淹讲这么一段话呢？其实就是要告诉身处改革低潮的范仲淹，您立身做事不要以天下的是非议论为标准，您认为应该做的就去做，您认为错误的就不要去做。不管是失败还是成功，您都应该坚持自己的操守与主张，走自己的路，让别人去说吧！因为在曾巩眼中，"庆历新政"是数百年来历史上从

未有过的大事件，而范仲淹更是数百年间不可多得的豪杰之士：

> 尝间而论天下之士，豪杰不世出之材，数百年之间未有盛于斯时也。而造于道，尤可谓宏且深，更天下之事，尤可谓详且博者，未有过阁下也。故阁下尝履天下之任矣。（《上范资政书》）

天下豪杰之众，数百年来不曾像现在这样人才辈出。若论学问、道德、政事造诣之深厚，对天下民生国事之了解，以及有能力以天下为己任者，莫过于您了。

在信的最后，曾巩表达了自己的看法：正因为如此，天下仰慕您的人肯定非常多，您的地位这么高，想要依附您依靠您的人也会很多。我想我还是离您远点儿比较好，一则依附权贵本来不合我的个性，二则我也不想因此让您瞧不起我。所以一直不敢跟您造次。但没想到您如此器重我，关心我。我虽然是个有原则的人，但是也不敢过于固执。所以今天跟您谈谈我的志向愿望，希望能让您对我有所了解。

这就是曾巩。虽然他的文章端正而纯净，他为人比较平和舒缓，但是他是个原则性极强的人，这种原则性其实就是知识分子身上的独立意志，也就是孟子所说的"富贵不能淫，贫贱不能移，威武不能屈"（《孟子·滕文公下》）的精神。

"庆历新政"失败后，新政一干人等纷纷倒霉，曾任谏官的欧阳修被贬滁州，蔡襄被贬福州。曾巩又给他们写信，说：

这么多年来，朝廷上下的官员纷纷明哲保身、苟且偷安，没有人敢真正站出来担当安危治乱的大事。自从你们做了谏官之后，不仅积极上书讨论治乱得失，而且褒奖忠臣，贬斥奸佞，因此不知招来多少诋毁诬陷之词，但是你们却从不退缩，自古以来，还没有过如此敢于上书言事之人，而上书言事之周详，议论之频繁，也是古今少见的！

> 今事虽不合，亦足暴之万世，而使邪者惧，懦者有所树矣，况合乎否，未可必也。……然君子不以必得之难而废其肆力者。（《上欧蔡书》）

现在新政大业虽然暂时遇到了挫折，但你们千万别灰心，你们的所作所为、所言所论，足以让子孙万代铭记在心，足以令朝廷的邪恶势力胆战心惊，足以使懦弱的人再次树立起雄心。况且新政是否失败还不一定呢！君子一定不能因为感到艰难就放弃努力。换言之，奋斗就得有只求耕耘不问收获的气魄和胆量，还是《论语》说得好，做事情一定要有点儿"知其不可而为之"的劲儿，甭管外界的形势如何变化，你主观上一定得努力。

他安慰两个人说：

当今天子圣明仁厚，迫切希望能够改革朝政，只要一声令下，必然四方响应。你们两位的建言，早上呈给皇上，当晚就广布四海，当晚呈给皇上，不隔夜就会广布四海。比起孔孟的倒霉不走运，你们要幸运多啦！再说了，这并不是我一个人对你们的期待，而是天下人对你们的期待，也是你们二位所应当承担的天下重任。难道不是吗？

从给范仲淹、欧阳修、蔡襄的这些信中，我们不难看出曾巩与他们之间的密切关系。要知道，这几位都是在北宋仁宗时期政坛上数一数二的大腕儿，如果仅仅看曾巩当时一介布衣的身份，我们可能会怀疑范仲淹等人是否会拆看这些信件，更不用说去体会听取曾巩的意见建议了！曾巩的信也让我们充分意识到，他不仅非常熟悉当时朝政的发展变化，而且对这些大政治家的个性气质也都有很深入的了解。这说明，曾巩虽然远离政治中心东京，身居偏远的南丰，但是在奔波生计之余，他不仅刻苦学习、深入思考，而且密切关注时政，与当代著名的政治家、思想家、文学家也保持密切、平等的交流，能够做到这一点，对曾巩来说是极不容易的。事实上，一个读书人如果只是一味地读书而不接触社会、理解社会，不能够跟随时代的潮流而动，那么他读再多的书，头脑迟早也会生锈。

曾巩的可贵之处就在于，他不仅勇于坚持自我，而且长于审时度势，不仅注重学习理论，更关注现实政治。一个思想家，首先应该是现实的思想家，而不是空想家。这就是二三十岁的曾巩能够与当代思想大家进行平等交流的原因，这也就是他二十余年身处乡野而声闻天下的原因。

曾巩蜗居南丰二十余年，到三十九岁才考中进士。可是谁又能想到这样一个科举落榜生，自己一面准备考试，一面居然在家乡收徒讲学，宛然一位当代大儒。曾巩曾撰写《张文叔文集序》《送刘希声序》《刘伯声墓志铭》《胡君墓志铭》等，记录自己在家乡开帐授徒的情况。这个传统一直延续到他后来为官时期，比如他就任福州知州与襄州知州的时候都教授过弟子。陈师道与秦观这两位北宋文学大家就是他的及门弟子。慕名拜他为师的人当中，很多人的年龄都比曾巩大，其中还有在职的官员。那么，没有功名、没有地位、没有权势的曾巩凭什么赢得了这些人的尊重与信任呢？

宋仁宗庆历元年（1041），曾巩二十三岁，刚刚入太学，结识了欧阳修并深得其赏识。这一年他收同龄人刘伯声为徒。刘伯声从曾巩问学三年。后来曾巩在京城做官，刘伯声还数次来探望曾巩，他们之间饮酒谈笑，好像又回到了从前的日子。刘伯声临去世的时候告诉家人，一定得让曾巩给他写篇墓志铭，如果没有曾巩的墓志铭，即便将他下葬了也如同没有下葬一样。一般人拜师学习，这个老师要么年龄比自己大，要么资历比自己深。最难的是拜本地的同龄人为师，如果这个老师的思想见识没有相当的高度与深度，是不大可能的。

庆历二年，曾巩二十四岁的时候，收了一位名叫刘希声的山东人为徒。刘希声跟他学习了三年，曾巩很欣赏他，认为此人言行遵从礼义，读书作文的水平都很高。临别之际，刘希声问曾巩，今后我该如何继续学习呢？曾巩说，你要学习就得坚持不已："苟为一从焉，一违焉，虽不息，决不至也。"（《送刘希声序》）如果一天学，一天不学，三天打渔两天晒网，那么，你学十年也跟没学一样。这是勉励刘希声学习要持之以恒。

庆历三年，曾巩二十五岁，这一次他收的门徒比较特殊。此人名叫张文叔，是前面那位弟子刘伯声的姐夫，比曾巩年纪大。最有趣的是，张文叔本人就是抚州地区的父母官，官任司法参军。张文叔非常仰慕曾巩，就来拜他为师。张文叔跟曾巩一样，家境贫寒，但是曾巩发现此人文章写得越来越好，文词过人，而且张文叔"自进为甚强，自待为甚重，皆可喜也"（《张文叔文集序》）。这个人自强不息，勇于进取，自尊自重，难能可贵。虽然贫困一生，未能致宦显贵，但他道德崇高，两相比较起来，虽然穷点儿又有什么要紧！

庆历四年，曾巩二十六岁，收门徒胡敏，年长曾巩一岁。胡敏去世后，曾巩给予胡敏很高的评价，认为他博学强记，善为文词。虽然少言寡语，但居家侍奉双亲，在外结朋游学，都表现出优秀的品质。然而这样一个优秀的人物，他的学识却不为乡里所知，他的德行又不为世人所理解，真是悲哀。不过胡敏的言行品质足以告慰他的亲人，比起那些富贵一时却抱愧于心的人来说，胡敏的意义要大得多。

从二十三岁到二十六岁，曾巩至少收过五六个学生，无功名权势的曾巩凭什么吸引这些人拜他为师呢？凭的就是学问、道德。曾巩的名气很大，这个名气不是科举考试考出来的，也不是做大官做出来的，更不是炒作炒出来的，而是靠着自己的刻苦学习、勤奋修养得来的。韩愈、欧阳修等七大家在考中进士之前，有人也小有名气，但是远远没有达到曾巩这种天下闻名甚至设帐授徒的程度。所以我们说曾巩在八大家当中是非常独特的一个人。

现在我们回到最初的问题，二十余年间，曾巩为何能身在乡野，名比天高呢？

第一，他有着钉子一样的坚定意志；第二，他有远大的志向；第三，他有不可动摇的决心；第四，他有渊博的学识；第五，他有深刻的思考力；第六，他有敏锐的政治洞察力；第七，他有很广泛的人脉关系，第八，第九……因为有了这些因素，早在二十多岁的时候，曾巩就已经具备了潜在的思想影响力，具有思想家的潜在气质与魄力。我们以前不了解曾巩，因为我们都是按照常规来了解古人，这个常规就是他的仕途和他的官运。曾巩二十多年住在乡下，所以我们对他不熟悉。

但是今天我们知道了，文学家、思想家的成长途径是多样的。曾巩的途径最简单。他这种人很单纯，很单一，很扎实，也很明确。认准了道理，就像一粒种子一样深深扎进土地，拼命地吸收水分，认真地生长，长出来的树又粗又壮，结出的果实又多又饱满。所以曾巩的文章，我们读起来虽然不是那么有趣，不是那么有文采，但是他讲的道理都很实在，都很扎实，都很明确，这就是曾巩在北宋文坛的核心竞争力，也是曾巩久居乡野二十余年，却声闻朝野二十余年的重要原因。

第四讲

风景这边独好

唐宋八大家中，不乏多才多艺之人。欧阳修既会弹琴又能书法，还是著名的藏书家、文物收藏家。苏轼更不消说了。但在我们的印象当中，曾巩除了讲道理、写文章，领悟人生，似乎与多才多艺没有什么关系。殊不知，在众人眼中默默无闻的曾巩，居然也是一位杰出的书法家、书法评论家。在《墨池记》中，曾巩对于王羲之的墨池遗迹推崇备至，从王羲之当年习书法的遗迹引申出：学习自当刻苦方能有所成，书法不过一技之能，尚能流传如此之盛，何况儒学的风尚与美德呢？看来他对王羲之的书法是深有心得的。其实，曾巩不仅深谙书法之道，他本人也是一位书法大家。有一个爆炸性新闻可以证明这一点。

2009年11月间，在北京保利国际拍卖有限公司举办的一次拍卖会上，当曾巩的书法作品《局事多暇帖》出现在竞拍者面前时，竞拍者纷纷举牌竞价，最终以1.08亿元天价成交。《局事多暇帖》为水墨纸本，尺寸仅29×38.2厘米。据考证，该帖为曾巩在宋神宗熙宁十年（1077）五十八岁之前留下的墨迹，书法笔划清劲，字体修长，为曾巩存世罕见的墨宝。这幅《局事多暇帖》原本被比利时收藏家尤伦斯夫妇收藏，从不示人。此次经北京保利国际拍卖有限公司竭力动员，尤伦斯夫妇才将此帖拿出来拍卖。这次书法作品拍卖的最新天价，无疑在书法史上是一个轰动性的事件，也让我们不禁对曾巩刮目相看！从"五四"以来，默默无闻将近一百年的曾巩，突然爆出如此之大的一个新闻，不能不使我们重新审视曾巩那一系列不同寻常的惊人之举。

想当初，曾巩自己因为家事所迫，不得不久居江西南丰乡里，谋求生计。在长达几十年的乡间生活中，我们很难想象这一介书生能有什么惊人之举。殊不知，这样一个尚且无法把握自己命运的人，一个默默读书的人，却三番五次地向朝廷推荐人才。而他所推荐的人才，大家可能想都想不到，居然是大名鼎鼎的王安石！

宋仁宗庆历元年（1041），曾巩入京城太学，结识了王安石。他们对彼此都很欣赏。我们前面曾经介绍过，王安石对曾巩评价非常高，用了一个不大恰当的例子，说曾巩即便死了，也是班固、扬雄那样的人，会永垂不朽。王安石曾作《同学一首别子固》一文，文曰：

> 江之南有贤人焉，字子固，非今所谓贤人者，予慕而友之。子……固作《怀友》一首遗予，其大略欲相扳以至乎中庸而后已。……予昔非敢自必其有至也，亦愿从事于左右焉尔。辅而进之，其可也。

江南有一位贤人，字子固，他不是现在一般人所说的那种贤人，我敬慕他，并和他交朋友。子固写了一篇《怀友》赠给我，其大意是希望互相帮助，以便达到中庸的境界才肯罢休。这个所谓的中庸境界，就是坚持原则，不偏不倚；善于折中，追求稳定、和谐；因时制宜，与时俱进。王安石说，我过去不敢肯定自己能达到中庸的境地，但我愿意跟在他左右，在他的帮助下前进，也许能够达到目的吧。

曾巩对王安石则是慧眼独具，早早看出他在政治上的卓越潜质，宋仁宗庆历四年（1044）五月，二十六岁的曾巩极力向朝廷推荐二十四岁的王安石。在给翰林学士蔡襄的推荐信中，他说：

　　巩之友王安石者，文甚古，行称其文，虽已得科名，然居今知安石者尚少也。彼诚自重，不愿知于人。然如此人，古今不常有。……执事傥进于朝廷，其有补于天下。亦书其所为文一编进左右，庶知巩之非妄也。(《上蔡学士书》)

我的朋友王安石，文章合乎古人的圣贤之道，虽然已经中了进士，但是世人对他还是不太了解。他也是一个非常自重自爱的人，不愿意轻易将自己推荐给别人。但是这样的人，古今都不多见。如果您能将王安石推荐给朝廷，对天下会有大大的好处。我将王安石所写的文章寄给您，您就知道我说的不是假话了。

王安石是不是古今难得的人才，暂且不说。这个推荐王安石的举动倒真是古今少有的奇观。为什么？此时的曾巩只是一个身处江西乡野的落榜生，而王安石则是春风得意的中榜进士，并且已经在扬州开始做官。这只能说明曾巩这个人，眼里只有国家，没有自己，没有私心。这种人格的力量怎么能不令人肃然起敬呢？

可能是觉得举荐的力度不够，时隔不久，他又给时任龙图阁直学士、河北都转运按察使的欧阳修写信，再次举荐王安石，信曰：

　　巩之友王安石，文甚古，行甚称文，虽已得科名，居今知安石者尚少也。彼诚自重，不愿知于人，尝与巩言："非先生无足知我也。"如此人古今不常有。……先生傥言焉，进之于朝廷，其有补于天下。亦书其所为文一编，进左右，幸观之，庶知巩之非妄也。(《上欧阳舍人书》)

你注意到了没有？这封信与上一封给蔡襄的信几乎一字不差，简直像是直接复制过来的一样。不错，也许就是直接复制过来的，这说明什么？说明曾巩对王安石的评价非常稳定，或者说，在曾巩看来，这个评价就是对王安石最准确最经典的评价。这两封信就一个核心意思：王安石是天下难得的栋梁之才，朝廷亟需这样的人才，这样的人不用太可惜了。

时隔两年之后，庆历六年（1046），曾巩在给欧阳修的信中，再一次极力推荐王安石，其基本的评价依然没有任何变化：

> 巩顷尝以王安石之文进左右，而以书论之。其略曰：巩之友有王安石者，文甚古，行称其文。虽已得科名，然居今知安石者尚少也。彼诚自重，不愿知于人。然如此人，古今不常有。……顾如安石，此不可失也。（《再与欧阳舍人书》）

又写道：

信寄出去了，但是您出使河北，所以没有收到您的复信。但是我对这件事一直记在心里。我与王安石彼此非常信任，乃是知己之交，我对他是很了解的。他是一个有原则的人，并不会妄求虚名。

曾巩还特别强调，自己之所以一而再再而三地推荐王安石，并不是在为王安石个人前途着想。我看到他是天下难得之才，可以担当圣人之道，所以内心感到非常高兴。我本人无德无才，先生您尚且对我恩遇有加，我总觉得不配，所以就想将天下真正有才华的贤能之士举荐到您的门下，请您将他们推荐给朝廷。

后来曾巩到金陵，特意从宣化渡江到了滁州，亲自拜见欧阳修，并在那里住了将近二十天，这期间自然再次谈到王安石。辞别欧阳修后，曾巩立刻写信给王安石，通报了自己与欧阳修见面的情况，并将欧阳修对王安石的评价转告给他，希望王安石能够尽快与欧阳修建立联系：

> 欧公悉见足下之文，爱叹诵写，不胜其勤。……使如此文

字，不光耀于世，吾徒可耻也。其重之如此。又尝编《文林》者，悉时人之文佳者，此文与足下文多编入矣。……欧公甚欲一见足下，能作一来计否？胸中事万万，非面不可道。……欧公更欲足下少开廓其文，勿用造语及摸拟前人，请相度示及。欧云：孟韩文虽高，不必似之也，取其自然耳。（《与王介甫第一书》）

欧阳公看了你的文章，大加赞赏，说你的文章世所少有，这样的好文章不为世人所知，是我们这些人的耻辱。欧阳公对你器重到如此程度。欧阳公正在编纂一个当代文学家的作品选，名曰《文林》，收录了不少当代知名作家的作品，你的文章大多也编入其中了。欧阳公很想见你一面，你看看能不能抽时间去一趟？你有什么话最好当面讲，写信是说不清楚的。

你说曾巩这样的举荐人上哪儿找去？就差把会面的时间、地点给你安排好了。但是曾巩并不是一个和事佬，我们见识过他的原则性。他告诉王安石，别以为在欧阳公眼里你没有缺点，相反，你的毛病还不少。我就先告诉你一点，欧阳公让我转告你，你的文章还不够开阔，遣词造句还是喜欢模拟别人的口气。欧阳公说了：别老学孟子、韩愈的文章，文章写作还是应该取法自然，自然是最高的境界。

这就是曾巩，我热情地推荐你，但我也坦诚相告你的毛病。这就是公心，古人说"公生明"，只要有一颗公心，就会襟怀坦荡，坦诚相见。中国古代往往是文人相轻，像曾巩这样对待朋友的实在太少见了。

我们说曾巩的文章端正纯净，说曾巩的为人淳朴仁厚，为什么？因为他是一个纯粹的人，一个高尚的人，一个有道德的人。

曾巩的惊人之举还不止于此。在南丰乡里居住期间，曾巩已经表现出了一位思想家的独特视角。唐宋时期，儒学与佛教、道教一直处在既互相斗争又彼此融合的状态。很多儒家学者都是坚决反对佛道二教的。曾巩也是这样一位坚定的儒家学者，他写了一系列反对佛教、道教的文章。但是他的独特之处在于，他反对佛道二教的方式与别人大为不同，起码与唐代韩愈反对佛教的方式方法不同。

在《原道》这篇文章中，韩愈这样批评佛道二教：

道家说："为什么不实行远古无为而治的政策呢？"这就好像怪人们在冬天穿皮衣："为什么你不穿简便凉快的衣服呢？"或者责怪人们饿了要吃饭："饿了为什么不喝水，这样岂不更加简单？"

依照韩愈的做法，禁绝佛道二教的方法很简单，也很粗暴：

强令和尚、道士都还俗为普通百姓，然后将佛教的经卷、道教的典籍统统烧掉，将佛寺、道观重新装修，改造成普通民房。

在《论佛骨表》中，韩愈甚至破口大骂：

佛教不过是外夷的一种法术。佛教未传入中国之前，君主们不仅长寿而且在位时间长久，那时天下太平，百姓安乐长寿。自从佛教传入中国，君王不仅短命而且在位时间短。佛本来就是不开化的夷狄之人，不懂君臣仁义、父子之情。假如他还活着，来到京城，皇上不过招待他吃顿饭，赐给他一套衣服也就打发走了。何况他已经死了很久，现在却在皇宫里供奉他的遗骨。孔子说："敬鬼神而远之。"现在皇上这样做实在不应该。我请求将这佛骨扔进火里水里，让这骗人的东西永远灭绝，使天下人知道您才是天下的大圣人。

曾巩的做法则完全不同。

曾巩曾多次接受道士与僧人的邀请，为道观与佛寺撰写记文。本来接受别人的邀请而作的文章，一般都是多说好话，多说奉承的话才对。曾巩却恰恰相反，每次都借着写这样的文字而反对佛教、道教，着力宣传儒学，但是他与韩愈不同，他的文章写得比较巧妙。

在《鹅湖院佛殿记》中，他主要是从佛殿花费巨资的角度，对佛教直接提出批评。他说：江西信州铅山县的鹅湖院佛殿建成之后，寺主绍元和尚请我为这佛殿写篇记文。我想说的是：现在朝廷正在西部边境用兵，全国上下都在紧缩银根，用省吃俭用的钱来支持国防。只有僧人们不用费心不用出力，也不用上缴赋税，安安稳稳地吃饭睡觉。他们建造佛殿用的不也是国家的钱吗？费的不也是百姓的力吗？可是天下之人不以为怪反而习以为常。我看这座佛殿的花费不止十万百万，恐怕有上千万甚至更多。花了这么多钱，不写一篇记文怎么可以？

也难怪曾巩如是说。北宋时期，国家为了维持边境的安宁，除了战争以外，花费确实不少。西夏名义上向宋朝称臣，可是为了满足这个所谓的"臣"的欲望，宋朝每年要给西夏十三万匹绢，五万两白银，二万斤茶叶；北宋还与辽国订立合约，规定每年向辽国送十万两白银，二十万匹绢；宋与西夏战事紧张的时候，辽国趁火打劫，要求每年再赠送十万两白银，十万匹绢。所有这些沉重的负担都加在老百姓身上，而佛教徒们则安坐禅院，一边花费巨额钱财，一边面对国家负担既不出钱也不出力，曾巩怎么咽得下这口气？

江西分宁县（今属江西修水）寺僧省怀法师建成兜率院后，特请曾巩写一篇记文，曾巩写道：

佛教发展到今天，一个数百里的县，佛教徒少则几千，多则上万。佛寺建筑高大巍峨，亭台楼阁应有尽有。寺僧们锦衣玉食，比古代的贵族还要豪奢。古代一个数百里的小国，供养国君的能力尚且不足，现在数百里的县里，生活奢华的僧侣何止成百上千，这样算来，老百姓的负担该有多么重！

可是很奇怪，官府只对百姓极尽搜刮之能事，对于佛教徒们的奢华生活却视而不见，甚至还在他们身上大把大把地花钱。这样的事情我真是想不通！现在分宁县城内外，佛寺就有百八十所，兜率院尤其奢华，其中殿宇、住宅、庖厨、马厩、仓库等建筑，功能齐全，无所不有。佛教的传播日益兴盛，我没有能力阻止它，但是我的内心是非常担心的。只能写下我的忧虑，让佛教的徒子徒孙们知道，自己享受了多少利益，而老百姓受害无穷。希望官府了解这些情况，看看到底该怎么办呢。

此文通篇指斥佛教悖逆虚妄的种种罪状，悲叹僧侣的奢靡之风导致民风浇薄，更埋怨官府鱼肉百姓有余，善待佛祖却有加。曾巩接受佛教徒之邀约撰写此文，却并不曲意逢迎，的确不失真君子的风采。

宋仁宗庆历六年（1046），曾巩的同乡、道士凌齐晔在江西南城县麻姑山上兴建仙都观，特请曾巩写一篇记文。曾巩也没客气，他劈头写道：

古人盖房子都是有规矩的。凡是国君的宫殿，每面城墙开三个大门，每个门设三条车道，四个门一共十二条车道。现在"老子之教行天下，其宫视天子或过焉，其门亦三之"（《仙都观三门记》）。你仙都观一面墙也开了三个门，跟皇宫一样，这不是乱了规矩吗？唉！道教的势力越来越大，没办法呀！我看这仙都观的安家之地真是个好地方，土地平整肥沃，盖房子种庄稼都合适，收成肯定比别处多出一倍，而且不会遭受水旱之灾。这大概是老天爷要赏给凌齐晔他们的吧！

这个仙都观的门最初比较矮小，凌齐晔为了扩大道观的影响力，就扩张了大门，一面墙开了三个门。然后请我写一篇记文。凌齐晔是我的老乡，这是人情，不能不写。可是你这道观盖得比皇宫还宏伟，这就违背了天下之公理。照顾你的人情，我写，可是你违背了天下公理，对不起，我只能写成现在这个样子。我可不能用人情来换公理呀！凌道长你自己回家看看我这文章，合不合你的心意？你觉得我说得到底过分不过分？

作为一个立场坚定的纯正儒者，曾巩对一些僧人、道士的做法进行了巧妙的批评。然而，作为思想家的曾巩，当然不会只站在自己的立场上说话。对于另外一些僧人、道士，他也进行了赞美和褒扬。那么，在赞扬之外，曾巩还要表达什么样的独特看法呢？曾巩不停地抨击佛道二教，为什么僧人道士还反复请他撰写寺观记文呢？

曾巩也看到了这些僧人和道士的可贵之处，文章写得非常巧妙。在《菜园院佛殿记》中，他说这个佛殿的住持可栖非常了得。他刚刚来到这个地方时，此地草木丛生，牛羊践踏，没有人居住。可栖很高兴，认为"是天下之废地也，人不争，吾得之以老，斯足矣"（《菜园院佛殿记》）。别人看不上，我正好可以拿来做佛事。于是，他就开始给大家看病，一边看病，一边筹钱，用行医所得之钱财慢慢建造佛殿，今天建一座寝室，明天建一座讲堂，后天建一座厨房等等。现在其他建筑都大体齐备了，只有这个最大的大殿实在太贵，盖不起来。怎么办？就一点点募捐，今天一分钱，明天两分钱，后天三分钱，不管多少都接受。终于募齐了所需款项，大殿居然建起来了！屈指算来，已经整整十年了。这一次，曾巩没有责怪僧人花钱太多，而是由衷地赞叹这位可栖和尚坚忍不拔的意志：

> 吾观佛之徒，凡有所兴作，其人皆用力也勤，刻意也专，不肯苟成，不求速效，故善以小致大，以难致易，而其所为，无一不如其志者，岂独其说足以动人哉？其中亦有智然也。（《菜园院佛殿记》）

我看佛教徒做事情实在太厉害了，他们不仅勤奋用力，而且有一种刚毅不可夺其志的决心，还有持之以恒的恒心。他们做事从不草率而成，从来不求速成，都从一点一滴做起，从小到大，从易到难，所以从来没有做不成的事情。佛教难道仅仅是依靠他们的佛法感动世人吗？我看不是，他们的身上还有一种坚强的意志与无上的智慧，可栖就是这样的人。

曾巩由此反思儒家的学者。他说：按理说，儒家的学说也是源远流长，儒者们也自以为造诣深厚，可是当他们做事的时候，却没有佛教徒那样辛勤持久的意志力。看看现在"庆历新政"推行不过一两年，儒者们就纷纷攻击它，指责它不过是短期行为，不可能造福万世。所以儒家的学说虽然流传千年，也有不少圣贤的经典著作，但终究很难发扬光大，其影响力反而远远不如佛教。究其原因，就是因为缺乏这种持之以恒的勤勉精神。

所以曾巩的意思是，今天看了这菜园院佛殿，写了这篇记文，就觉得应该学习人家佛教的长处。我们儒者不会建造如此奢靡的佛殿，但是可以学习他们建造佛殿的锲而不舍的精神。那他到底是在称赞这位可栖呢？还是在宣扬儒家的学说呢？应该说都有，这样的写法真是意味深长。

宋仁宗庆历三年（1043）九月，分宁县和尚道常主持修建了云峰院，又来请曾巩写记文。这一回曾巩没有责备儒者不够勤勉，而是夸奖分宁县的百姓都很勤勉。文章说此地的人都很勤劳，全家只留一人看门送饭，其余的人都下地干活。男人种地，女人织布，柴米油盐酱醋茶全都自食其力。但是这地方的百姓有个致命的毛病：

勤生而啬施，薄义而喜争。（《分宁县云峰院记》）

勤劳倒是非常勤劳，但是生性特别吝啬，而且薄情寡义，喜欢争斗。曾巩说：当地人非常有钱，但是你要让他捐一分钱出来，等于要了他的命，要命有一条，要钱一个子儿也没有。非但如此，当地人彼此关系僵硬，缺少人情。父母兄弟姐妹夫妻之间讲的是博弈不是人情，一言不合就立刻翻脸，彼此告发，甚至不惜伪造官印，仿造官文，瞒天过海，欺骗官府，满嘴谎话，就是被衙门打得半死也绝不会心甘情愿地认罪。当地官员为此头疼得要命。

与当地人相比，云峰院的主持道常长老一样又不一样。

一样的是，道常长老也非常勤劳。他费尽心力建起这座云峰院，殿宇楼阁、浮图法器一应俱全。不一样的是，道常长老如果略有余粮或者余财，便会送给那些需要的人，绝对不会因此而斤斤计较。道常学佛尚且能够如此通达知理，如果他学习的是儒学先王之道，那么，以他的境界，谁又能保证他不是乡里一代人杰呢？

曾巩写这篇文章的目的很明确，他称赞这个住持不但勤勉，而且乐善好施。其实是在警诫世俗之人，虽则勤劳致富，但是太过斤斤计较，便失去了做人的境界。曾巩说，道常请我来写一篇记文，目的就是想让这云峰院的历史能代代流传下去。曾巩很有感慨，世俗之人流传的总不能都是勤勉与悭吝。佛教徒尚且能做到，我们怎么就做不到呢？这篇文章崇尚和赞扬的是宽容与谦和的人道精神。

在《金山寺水陆堂记》中，曾巩借着重建金山寺水陆堂这个事由，说明任何事物都有兴废的过程，儒家的学说也是如此。如果儒学之道能够像金山寺水陆堂一样由废而兴，那就好了。文章说，宋仁宗庆历八年（1048），润州（今江苏镇江）金山寺失火被焚。第二年，瑞新和尚筹款一百三十万重建了金山寺。曾巩感慨金山寺据山望海，宏伟盛大，吸引众多信众。然而这世上毁于一时的人事多矣，大多难以恢复振兴。就好像儒家学说一样，委顿抑郁不振以至千年了。金山寺之所以能够重建，得力于瑞新和尚的能力，而要想重新振兴儒学，也必须有像瑞新这样的才杰之士。

曾巩受僧道住持邀请为其寺观撰写记文，却反而借题发挥，为儒学张目，委婉地批评佛道，这本来就很奇怪。更奇怪的是，他如此来写，僧道们居然并不介意，反而一再邀请他撰写此类记文。这说明，一方面，曾巩的记文确实写得好，能够为寺观增辉；另一方面，在北宋时期，儒者与僧人道士之间并非水火不相容，而是同中有异，异中有同。他们虽然各执己见，但是也能够彼此理解。

这到底是怎么回事呢？

在唐代，韩愈等人反对佛教，主要的立足点就是：它是外来宗教，是夷狄之人的落后文明，必将会给中华文明造成巨大伤害，中华文明必须对此予以坚决反对、拒绝。这反映了佛教在唐代特殊历史条件下的特殊境遇。

而在宋代，曾巩等人反对佛教，主要的立足点就是：佛教不再是夷狄之文化，外来之文化，而是与儒家、道家、墨家、阴阳家、法家、小说家、纵横家等诸子百家并列的一种文化。儒家也已经不再是中华文化的代名词，它与佛道二教之间的争论，和与其他各家学说之间的争论没有本质的区别。

唐代韩愈等人对佛教的看法之所以如此偏激，甚至将之视为夷狄外邦之落后文明，主要是由于安史之乱对盛唐王朝的毁灭性打击。在知识分子们看来，佛教已经成为毁灭大唐王朝的一股现实政治力量，它的存在给一代盛世造成巨大的伤害与难忘的警戒。

而在宋代，虽然佛教依然在士人与民间有很大的影响力，但对知识分子而言，它的危险级别远远没有成为威胁到宋王朝的外患与政治势力。更何况儒学在宋朝已经完全占据了意识形态的统治地位，儒学与佛道之学争论的主要领域不在政治，而在于学术、思想。

事实上，从唐宋以来，儒学在发展中，已经开始逐步吸取佛教思辨哲学的养分来充实自己，而佛教也开始渐渐适应中国文化的特点，逐步改造自己，使自己逐步由原始佛教转换成为中国化的佛教。这方面，禅宗就是一个很好的例证。简言之，儒释道三教融汇融通，这是宋代思想发展的主流，也正因此，曾巩看待僧人道士，自然就流露出"都是自己人"的眼光，与韩愈有本质的不同；而僧人道士们看待曾巩的这一篇篇"奇怪"之文，自然也就多了几分宽容和理解。

当然，韩愈与曾巩对待佛教徒的不同态度，也与他们的个性差异有关。韩愈为人狂傲奔放，刚健弘毅。这位叱咤文坛的领袖不仅面对叛军毫无惧色，在朝堂上更是慷慨激昂。他好为人师，招收后学"奋不顾流俗，犯笑侮"，无视"群怪聚骂，指目牵引"（柳宗元《答韦中立论师道书》），对于佛老之学，他不遗余力乃至奋不顾身地坚决反对，采取了绝不宽容的态度。

曾巩则不同。他个性淡泊沉稳，清贞自持，除了科举与仕途的挫折困顿之外，一生没有经历过什么大风大浪。他评人论事一向中正平和，以理为据，不走极端，颇有儒者风范。其文如人，风格婉转平易，委曲详尽，从容不迫。所以对待佛教，既能坚守儒家立场，对佛教的种种弊端予以坚决抨击，同时又能站在一个较为公平的立场，实事求是地看待佛教的优长之处，并明确指出应当学习佛教的长处与优点。曾巩反佛却不固执偏激，排佛而不流于意气用事，始终抱着宽容与理解的态度。

总之，曾巩在八大家当中，是一道独特的风景，他也许不是最壮观的风景，不是最美丽的风景，不是最久远的风景，但是他是一道不可或缺的风景。我们开始对曾巩总有一种"七加一"的感觉，但是通过对他的了解，我们知道在宋代，在明清时期，曾巩不仅不是"七加一"的角色，甚至还是"一加七"的主角呢！起码在欧阳修、王安石、苏轼、茅坤、桐城派的眼中，曾巩是大大的文学家。只不过是在"五四运动"以后，由于救亡与启蒙的时代背景，对曾巩的评价慢慢降低了。也就是说，对曾巩的评价时代性很强，阶段性也很强。那么现在，是我们还原曾巩本来面目的时候了。在八大家当中，曾巩是唯一边承担养家糊口责任，边刻苦读书的一个；在八大家当中，曾巩是考中进士最晚的一个，但也是同一科进士当中，家族成员考中最多的一个；在八大家当中，曾巩是唯一考中进士之前就已经名满天下的一个；在八大家当中，曾巩的光彩也许是最少的，但他是顽强依靠自己的能量在发光的恒星，他很少借助别人的光彩来衬托自己。与韩、柳、欧、苏、王安石相比，曾巩更接近我们这些普通人，没有什么特别显赫的家世，没有什么多才多艺的天分，没有非常天才的创造力，有的只是一颗执着坚持的决心，一颗永不放弃的恒心，一颗踏踏实实、勤勤恳恳的诚心。每当我们提起苏轼、欧阳修，会感觉人家跑得太快了，我们跟不上。但是一说曾巩，会感觉可以跟着他的脚步一起前进，一起跑步，从而能够到达我们的目标。在八大家当中，曾巩距离我们最近，对我们的参照价值最大。那就是：只要持之以恒，只要辛勤耕耘，只要永不放弃，就一定能够做成一件事、两件事，就一定能够在历史的书卷当中留下自己的记忆。所以我们说，在八大家当中，曾巩这一道风景有其独特的价值与意义。

主要参考书目

［宋］李焘《续资治通鉴长编》，中华书局 2004 年

［宋］杨仲良《续资治通鉴长编纪事本末》，国家图书馆出版社 2003 年

［元］脱脱《宋史》，中华书局 1985 年

［清］毕沅《续资治通鉴》，上海古籍出版社 1987 年

［清］黄以周等《续资治通鉴长编拾补》，中华书局 2004 年

［清］徐松《宋会要辑稿》，中华书局 1957 年

李逸安点校《欧阳修全集》，中华书局 2001 年

洪本健《欧阳修资料汇编》，中华书局 1995 年

黄进德《欧阳修评传》，南京大学出版社 1998 年

王水照、崔铭《欧阳修传》，天津人民出版社 2008 年

刘德清、欧阳明亮《欧阳修研究》，学林出版社 2008 年

陈杏珍、晁继周点校《曾巩集》，中华书局 1984 年

李震《曾巩资料汇编》，中华书局 2009 年

李震《曾巩年谱》，苏州大学出版社 1997 年

王琦珍《曾巩评传》，江西高校出版社 1990 年

《曾巩研究论文集》，江西人民出版社 1986 年

高海夫主编《唐宋八大家文钞校注集评》，三秦出版社 1998 年

《唐宋八大家年谱》，国家图书馆出版社 2005 年

陈幼石《韩柳欧苏古文论》，上海文艺出版社 1983 年

李道英《唐宋古文研究》，北京师范大学出版社 1984 年

葛晓音《唐宋散文》，上海古籍出版社 1990 年

吴晓林《唐宋八大家汇评》，齐鲁书社 1991 年

朱刚《唐宋四大家的道论与文学》，东方出版社 1997 年

周楚汉《唐宋八大家与文化文章学》，巴蜀书社 2004 年

刘金柱《唐宋八大家与佛教》，人民出版社 2005 年

张曼涛《佛教与中国文化》，上海书店 1987 年

孙昌武《佛教与中国文学》，上海人民出版社 1988 年

孙望、常国武主编《宋代文学史》，人民文学出版社 1996 年

王水照主编《宋代文学通论》，河南大学出版社 1997 年

杨海明《唐宋词史》，天津古籍出版社 1998 年

吴熊和《唐宋词通论》，商务印书馆 2003 年

郭预衡《中国散文史》（中），上海古籍出版社 1986 年

袁行霈主编《中国文学史》（第三卷），高等教育出版社 1999 年

谭其骧主编《中国历史地图集》（第六册，宋辽金时期），中国地图
　　　出版社 1982 年

周宝珠、陈振主编《简明宋史》，人民出版社 1985 年

白钢主编《中国政治制度通史》（第六卷，宋代），人民出版社 1996 年

朱瑞熙等《辽宋西夏金社会生活史》，中国社会科学出版社 1998 年

漆侠《中国经济通史》（宋代卷），经济日报出版社 1999 年

姚瀛艇主编《宋代文化史》，河南大学出版社 1999 年

徐吉军等《中国风俗通史》（宋代卷），上海文艺出版社 2001 年

欧阳修

晚泊岳阳

卧闻岳阳城里钟，系舟岳阳城下树。

正见空江明月来，云水苍茫失江路。

夜深江月弄清辉，水上人歌月下归。

一阕声长听不尽，轻舟短楫去如飞。

【古人点评】

　　欧公情韵幽折，往反咏唱，令人低回欲绝，一唱三叹而有遗音，如啖橄榄，时有余味。

——清·方东树《昭昧詹言》

戏答元珍

春风疑不到天涯，二月山城未见花。

残雪压枝犹有橘，冻雷惊笋欲抽芽。

夜闻归雁生乡思，病入新年感物华。

曾是洛阳花下客，野芳虽晚不须嗟。

【古人点评】

　　若无下句，则上句不见佳处。并读之，便觉精神顿出。

——宋·蔡絛《西清诗话》

画眉鸟

百啭千声随意移，山花红紫树高低。

始知锁向金笼听，不及林间自在啼。

【今人点评】

这诗是借咏物以发感慨、论哲理，显示了宋代咏物诗向哲理诗发展的趋势。

——傅璇琮等《宋人绝句选》

别滁

花光浓烂柳轻明，酌酒花前送我行。

我亦且如常日醉，莫教弦管作离声。

【今人点评】

黄庭坚《夜发分宁寄杜涧叟》："我自只如常日醉，满川风月替人愁"，正从这首诗来。

——钱锺书《宋诗选注》

南歌子

凤髻金泥带，龙纹玉掌梳。走来窗下笑相扶。爱道画眉深浅、入时无？　弄笔偎人久，描花试手初。等闲妨了绣工夫。笑问双鸳鸯字、怎生书？

【古人点评】

词家须使读者如身履其地，亲见其人，方为蓬山顶上。如……欧阳公"弄笔偎人久，描花试手初"，……真觉俨然如在目前，疑于化工之笔。

——清·贺裳《皱水轩词筌》

临江仙

柳外轻雷池上雨，雨声滴碎荷声。小楼西角断虹明。阑干倚处，待得月华生。　　燕子飞来窥画栋，玉钩垂下帘旌。凉波不动簟纹平。水精双枕，傍有堕钗横。

【古人点评】

雨忽虹，虹忽月，夏景尔尔，拈笔不同。

——明·沈际飞《草堂诗余正集》

不假雕饰，自成绝唱。

——清·许昂霄《词综偶评》

浪淘沙

把酒祝东风，且共从容。垂杨紫陌洛城东。总是当时携手处，游遍芳丛。　　聚散苦匆匆，此恨无穷。今年花胜去年红。可惜明年花更好，知与谁同。

【今人点评】

因惜花而怀友，前欢寂寂，后会悠悠，至情语以一气挥写，可谓深情如水，行气如虹矣。

——俞陛云《宋词选释》

踏莎行

候馆梅残，溪桥柳细，草薰风暖摇征辔。离愁渐远渐无穷，迢迢不断如春水。　　寸寸柔肠，盈盈粉泪，楼高莫近危阑倚。平芜尽处是春山，行人更在春山外。

【今人点评】

唐宋人诗词中，送别怀人者，或从居者着想，或从行者着想，能言情婉挚，便称佳构。此词则两面兼写。前半首言征人驻马回头，愈行愈远，如春水迢迢，却望长亭，已隔万重云树。后半首为送行者设想，倚阑凝睇，心倒肠回，望青山无际，遥想斜日鞭丝，当已出青山之外。如鸳鸯之烟岛分飞，互相回首也。

—— 俞陛云《宋词选释》

采桑子

轻舟短棹西湖好，绿水逶迤。芳草长堤，隐隐笙歌处处随。
无风水面琉璃滑，不觉船移。微动涟漪，惊起沙禽掠岸飞。

【古今点评】

闲雅处，自不可及。

—— 清·许昂霄《词综偶评》

下阕四句，极肖湖上行舟波平如镜之状。"不觉船移"四字下语尤妙。

—— 俞陛云《宋词选释》

朝中措

平山阑槛倚晴空，山色有无中。手种堂前垂柳，别来几度春风。
文章太守，挥毫万字，一饮千钟。行乐直须年少，尊前看取衰翁。

【古人点评】

只山色一句，此堂已足千古。

—— 明·潘游龙《古今诗余醉》

山色有无中，写景绝。

—— 明·李廷机《新刻注释草堂诗余评林》

醉翁亭记

环滁皆山也。其西南诸峰，林壑尤美，望之蔚然而深秀者，琅琊也。山行六七里，渐闻水声潺潺，而泻出于两峰之间者，酿泉也。峰回路转，有亭翼然临于泉上者，醉翁亭也。作亭者谁？山之僧曰智仙也。名之者谁？太守自谓也。太守与客来饮于此，饮少辄醉，而年又最高，故自号曰醉翁也。醉翁之意不在酒，在乎山水之间也。山水之乐，得之心而寓之酒也。

若夫日出而林霏开，云归而岩穴暝，晦明变化者，山间之朝暮也。野芳发而幽香，佳木秀而繁阴，风霜高洁，水落而石出者，山间之四时也。朝而往，暮而归，四时之景不同，而乐亦无穷也。

至于负者歌于途，行者休于树，前者呼，后者应，伛偻提携，往来而不绝者，滁人游也。临溪而渔，溪深而鱼肥，酿泉为酒，泉香而酒洌，山肴野蔌，杂然而前陈者，太守宴也。宴酣之乐，非丝非竹，射者中，弈者胜，觥筹交错，起坐而喧哗者，众宾欢也。苍颜白发，颓然乎其间者，太守醉也。

已而夕阳在山，人影散乱，太守归而宾客从也。树林阴翳，鸣声上下，游人去而禽鸟乐也。然而禽鸟知山林之乐，而不知人之乐；人知从太守游而乐，而不知太守之乐其乐也。醉能同其乐，醒能述以文者，太守也。太守谓谁？庐陵欧阳修也。

【古人点评】

文中之画。昔人读此文，谓如游幽泉邃石，入一层，才见一层。路不穷，兴亦不穷。读已，令人神骨悠然长往矣。此是文章中洞天也。

——明·茅坤《唐宋八大家文钞》

秋声赋

欧阳子方夜读书，闻有声自西南来者，悚然而听之，曰：异哉！初淅沥以萧飒，忽奔腾而砰湃，如波涛夜惊，风雨骤至。其触于物也，鏦鏦铮铮，金铁皆鸣。又如赴敌之兵，衔枚疾走，不闻号令，但闻人马之行声。

余谓童子："此何声也？汝出视之。"童子曰："星月皎洁，明河在天，四无人声，声在树间。"

余曰："噫嘻，悲哉！此秋声也，胡为而来哉？盖夫秋之为状也：其色惨淡，烟霏云敛；其容清明，天高日晶；其气慄冽，砭人肌骨；其意萧条，山川寂寥。故其为声也，凄凄切切，呼号愤发。丰草绿缛而争茂，佳木葱茏而可悦；草拂之而色变，木遭之而叶脱。其所以摧败零落者，乃其一气之余烈。

"夫秋，刑官也，于时为阴；又兵象也，于行为金。是谓天地之义气，常以肃杀而为心。天之于物，春生秋实。故其在乐也，商声主西方之音，夷则为七月之律。商，伤也，物既老而悲伤；夷，戮也，物过盛而当杀。嗟乎！草木无情，有时飘零。人为动物，惟物之灵。百忧感其心，万事劳其形。有动于中，必摇其精。而况思其力之所不及，忧其智之所不能；宜其渥然丹者为槁木，黝然黑者为星星。奈何以非金石之质，欲与草木而争荣？念谁为之戕贼，亦何恨乎秋声！"

童子莫对，垂头而睡。但闻四壁虫声唧唧，如助余之叹息。

【古人点评】

秋声，无形者也，却写得形色宛然，变态百出。末归于人之忧劳，自少至老，犹物之受变，自春而秋。凛乎悲秋之意，溢于言表。结尾虫声唧唧，亦是从声上发挥，绝妙点缀。

——清·吴楚材、吴调侯《古文观止》

梅圣俞诗集序（节选）

予闻世谓诗人少达而多穷，夫岂然哉？盖世所传诗者，多出于古穷人之辞也。凡士之蕴其所有而不得施于世者,多喜自放于山巅水涯。外见虫鱼草木风云鸟兽之状类,往往探其奇怪。内有忧思感愤之郁积,其兴于怨刺,以道羁臣、寡妇之所叹,而写人情之难言,盖愈穷则愈工。然则非诗之能穷人,殆穷者而后工也。

【古人点评】

"穷而后工"四字,是欧公独创之言,实为千古不易之论。通篇写来,低昂顿折,一往情深。

——清·吴楚材、吴调侯《古文观止》

曾巩

咏柳

乱条犹未变初黄,倚得东风势便狂。

解把飞花蒙日月,不知天地有清霜。

【今人点评】

诗的表层含意是咏柳的一种自然属性和自然现象,而对得志便猖狂的小人的讽刺,则完全隐含在文字表层下面。

——张鸣《宋诗选》

西楼

海浪如云去却回,北风吹起数声雷。

朱楼四面钩疏箔,卧看千山急雨来。

【古人点评】

清新婉约,得诗人之风旨。谓其不能诗者,妄矣。

——清·潘德舆《养一斋诗话》

墨池记

临川之城东，有地隐然而高，以临于溪，曰新城。新城之上，有池洼然而方以长，曰王羲之之墨池者，荀伯子《临川记》云也。羲之尝慕张芝，临池学书，池水尽黑，此为其故迹，岂信然邪？方羲之之不可强以仕，而尝极东方，出沧海，以娱其意于山水之间，岂其徜徉肆恣，而又尝自休于此邪？羲之之书晚乃善，则其所能，盖亦以精力自致者，非天成也。然后世未有能及者，岂其学不如彼邪？则学固岂可以少哉！况欲深造道德者邪？

墨池之上，今为州学舍。教授王君盛恐其不章也，书"晋王右军墨池"之六字于楹间以揭之，又告于巩曰："愿有记。"推王君之心，岂爱人之善，虽一能不以废，而因以及乎其迹邪？其亦欲推其事以勉学者邪？夫人之有一能，而使后人尚之如此，况仁人庄士之遗风余思，被于来世者如何哉！

庆历八年九月十二日，曾巩记。

【古人点评】

小中见大，得此意者，随处皆可悟学。

——清·张伯行《唐宋八大家文钞》

醒心亭记（节选）

滁州之西南，泉水之涯，欧阳公作州之二年，构亭曰"丰乐"，自为记以见其名之意。既又直丰乐之东几百步，得山之高，构亭曰"醒心"，使巩记之。

凡公与州之宾客者游焉，则必即丰乐以饮。或醉且劳矣，则必即醒心而望。以见夫群山之相环，云烟之相滋，旷野之无穷，草树众而泉石嘉，使目新乎其所睹，耳新乎其所闻，则其心洒然而醒，更欲久而忘归也。故即其所以然而为名，取韩子退之《北湖》之诗云。

【古人点评】

　　《丰乐亭记》，欧公自道其乐也。《醒心亭记》，子固能道欧公之乐也。

——清·张伯行《唐宋八大家文钞》

后记

经过一个多月的修改，这部书稿终于要付梓了。

自从 2010 年初在《百家讲坛》开讲《唐宋八大家》，八位大作家至今已然介绍过半。韩愈、柳宗元、欧阳修、曾巩纷纷成为历史，接下来进入视线的将是王安石与苏洵、苏轼、苏辙父子三人。

讲完欧阳修，最大的感慨是：宋仁宗庆历六年（1046），四十岁的欧阳修被贬滁州。他登上琅琊山，坐在亭子边上，喝着酒，慢慢吐出"醉翁之意不在酒，在乎山水之间也"这一句，然后醉倒在座位上。今年我也四十岁了，天天趴在电脑前，喝着茶水，偶尔抽支烟，慢慢地写欧阳修。

讲完曾巩，最大的感受是：一个普通人，要想做成一件事，就得静下心来，持之以恒地做这件事，慢慢地也就做成了。

书稿付梓之际，依然应该感谢中央电视台《百家讲坛》栏目。感谢中央电视台科教频道副总监冯存礼先生。第一次见面时，他问我：你说欧阳修被贬夷陵，走了五千多里路，这个数据是否准确？这么长的距离从何算起？我吃了一惊，没想到他看得这么细。其实这五千里是指从开封到宜昌的水上交通距离，怪我讲的时候没说清楚。

感谢《百家讲坛》制片人聂丛丛女士，与她交谈总是那样轻松愉快。感谢主编那尔苏先生，总导演高虹先生。感谢编导组王珊女士、孟庆吉先生、李伟宏女士、于洪先生。他们给予我很多宝贵的帮助与支持。

感谢中华书局大众图书分社社长宋志军先生，编辑娄建勇先生、刘树林女士，没有他们的一再督促，这本书不知还要拖到什么时候。

感谢"百度贴吧——康震吧"的朋友们，谢谢大家！

国庆节到了，祝愿祖国繁荣、富强！

康震

2010 年国庆节

北京师范大学丽泽楼

再版后记

欧阳修是北宋文坛的宗师，门下弟子数以百计，不乏出类拔萃之人，但他最喜欢的，偏偏是那个不怎么耀眼的曾巩。这种偏爱甚至让欧阳公闹了两次不大不小的笑话。

在唐宋八大家里，曾巩的个性不如韩愈鲜明，出身不如柳宗元显赫，做官不如王安石位高，才华不如苏轼出众，影响力也不如苏洵、苏辙。但欧阳修、王安石、苏轼、苏辙，都对曾巩推崇备至，评价甚高。凭什么？凭的就是曾巩自己的真本事——仁厚的品质，笃实的道德、纯正的文章，还有勤恳持家、朴实耕耘的一颗诚心。

至于欧阳修，可以用四个字来概括：海纳百川。他对包括北宋其他五大家在内的文人学士，多有奖掖、提携之恩；他对北宋的文学、经学、史学、金石学多有开创之功；他主持朝政或为官一方，多有建树，恩惠百姓，其泽甚远。有机会在央视向全国亿万观众介绍欧阳修，真是我莫大的荣幸。

感谢中华书局徐俊、顾青两位掌门，决定再版《欧阳修·曾巩》，给我一个再次学习先哲的机会。感谢申作宏、陈虎、傅可、孙永娟等诸位先生、女士，他们为本书的再版付出很多心血。感谢我的学生周云磊、向飞、杨一泓，他们帮我核校书稿，处理冗务。《芥子园画传》《一词一画》给我很多启发，谨表谢意。感谢读者朋友的多年支持。感谢家人，感谢儿子为本书题写书名。谨将本书献给亲爱的爸爸妈妈，祝你们福寿绵长！

康震

2017 年 8 月 28 日